2021—2022年中国工业和信息化发展系列蓝皮书

2021—2022年中国工业发展质量蓝皮书

中国电子信息产业发展研究院 编 著

刘文强 主 编

关 兵　王 昊　张文会 副主编

电子工业出版社
Publishing House of Electronics Industry
北京·BEIJING

内 容 简 介

本书以习近平新时代中国特色社会主义思想为指引，围绕我国工业经济当前的重点、热点、难点问题进行研究，特别是对制造业高质量发展过程中面临的机遇与挑战进行深度分析，构建了成熟的指标体系。

全书围绕"工业高质量发展"，遵循新发展理念，紧密结合制造强国建设的主要目标，充分吸纳"供给侧结构性改革"对工业经济发展的新要求，全面剖析了工业发展质量的内涵，明确了构建评价体系的基本原则和主要思路，并在往年评价体系的基础上，对一些指标进行了适时调整，对全国和各省（市、自治区）的工业发展质量，以及工业主要行业发展质量进行了评价。

本书旨在推动我国工业经济高质量发展，可供相关人士参考阅读。

未经许可，不得以任何方式复制或抄袭本书之部分或全部内容。
版权所有，侵权必究。

图书在版编目（CIP）数据

2021—2022年中国工业发展质量蓝皮书 / 中国电子信息产业发展研究院编著；刘文强主编. —北京：电子工业出版社，2022.12
（2021—2022年中国工业和信息化发展系列蓝皮书）
ISBN 978-7-121-44591-0

Ⅰ. ①2… Ⅱ. ①中… ②刘… Ⅲ. ①工业发展－经济运行质量－研究报告－中国－2021-2022 Ⅳ. ①F424

中国版本图书馆CIP数据核字（2022）第223702号

责任编辑：陈韦凯
文字编辑：张佳虹
印　　刷：北京虎彩文化传播有限公司
装　　订：北京虎彩文化传播有限公司
出版发行：电子工业出版社
　　　　　北京市海淀区万寿路173信箱　邮编：100036
开　　本：720×1 000　1/16　印张：16　字数：358千字　彩插：1
版　　次：2022年12月第1版
印　　次：2023年 5月第2次印刷
定　　价：218.00元

凡所购买电子工业出版社图书有缺损问题，请向购买书店调换。若书店售缺，请与本社发行部联系，联系及邮购电话：(010) 88254888，88258888。
质量投诉请发邮件至zlts@phei.com.cn，盗版侵权举报请发邮件至dbqq@phei.com.cn。
本书咨询联系方式：chenwk@phei.com.cn，(010) 88254441。

前言

  2021年,新冠肺炎疫情持续反复,扰动世界各国经济。一方面,主要发达经济体意识到产业链、供应链的重要性,加快推动产业链、供应链本地区区域化和多元化;另一方面,各国开始重新思考产业政策的重要性,加快出台人工智能、集成电路等产业政策,抢抓产业制高点,全球产业竞争更加激烈。新冠肺炎疫情之下,美国对中国的战略遏制并没有放松,加快联合盟友构建"去中国化"产业链,对中国产业链供应安全提出了严峻挑战。

  2021年,面对国内外复杂形势,在以习近平同志为核心的党中央领导下,我国工业经济稳步发展,成为稳定世界经济发展的中坚力量。然而,新冠肺炎疫情冲击、大宗产品价格上涨、"限电限产"等事件加剧了我国产业链、供应链的不稳定性,工业经济发展中存在的结构性矛盾突出,产业基础高级化和产业链现代化任重道远。我国工业经济在这样的发展背景下,加快推进制造强国战略,加快推动工业高质量发展,增强我国工业特别是制造业的国际竞争力迫在眉睫。

  本书深入研究"工业发展质量",目的在于考量我国各省(市、自治区)工业经济及各工业行业在上述新的发展背景和环境下的发展进程。工业发展质量是指在一定时期内一个国家或地区工业发展的状态,综合反映了速度、结构、效益、创新、资源、环境及信息化等各方面关系的协调程度。本书围绕"工业高质量发展"主线，遵循新发展理念，紧密围绕制造强国建设的发展战略目标，充分吸纳"供给侧结构性改革"对工业经济发展的新要求，全面剖析工业发展质量的内涵，明确构建评价体系的基本原则和主要思路，在往年评价体系的基础上，对 19 项指标进行了适时的调整，对过去几年全国及各省（市、自治区）的工业发展质量，以及工业主要行业发展质量进行了评价。

在研究过程中我们深刻体会到，工业发展质量内涵丰富，构建一套相对合理的评价体系，并对全国、各省（市、自治区）及工业行业进行评价，是一项极富挑战性和创造性的工作，具有现实意义。本蓝皮书前几版问世以来，引发了产业界和学术界的广泛关注和热烈反响，《2021—2022 年中国工业发展质量蓝皮书》在认真吸收和采纳行业专家及学者的建议和意见的基础上，对 2021 年我国工业发展质量相关热点、重点和难点问题进行透析，期望能够引起更多国内外学术界有识之士的关注。

由于时间、精力、能力有限，虽谨思慎为、几经推敲，但本书不足之处在所难免，恳请读者不吝赐教。

目 录

理 论 篇

第一章 理论基础 ··· 002
    第一节 研究背景和文献综述 ··· 002
    第二节 工业发展质量的概念及研究意义 ··· 006

第二章 评价体系 ··· 009
    第一节 研究思路 ·· 009
    第二节 基本原则 ·· 011
    第三节 指标体系 ·· 013
    第四节 评价方法 ·· 018
    第五节 数据来源及说明 ·· 020

全 国 篇

第三章 全国工业发展质量分析 ·· 023
    第一节 全国工业发展质量指数走势分析 ··· 023
    第二节 全国工业发展质量分类指数分析 ··· 025

第四章 工业大类行业发展质量分析与评价 ··· 031
    第一节 评价体系构建与数据收集 ·· 031
    第二节 工业大类行业发展质量指数分析与评价 ···································· 033

区 域 篇

第五章 四大区域工业发展质量评价与分析 ································· 038
- 第一节 四大区域截面指数分析 ··· 038
- 第二节 四大区域分类指数分析 ··· 040

第六章 地方工业发展质量评价与分析 ····································· 043
- 第一节 梯队分析 ··· 043
- 第二节 分类指数分析 ··· 049
- 第三节 地区分析 ··· 051

专 题 篇

第七章 工业高质量发展专题研究 ··· 164
- 第一节 "后疫情时代"PPI持续上涨对我国工业经济影响 ················· 164
- 第二节 从《2021年全球独角兽企业榜》看中国独角兽企业与美国独角兽企业的三大差距 ··· 180
- 第三节 要素成本持续上涨趋势下，保持我国制造业竞争优势的几点建议 ··· 185
- 第四节 基于《2020年欧盟产业研发记分牌》评判中美研发竞争力 ········· 189

第八章 数字经济专题研究 ··· 195
- 第一节 数字经济下我国完善税收制度的研究 ····························· 195
- 第二节 从欧盟《数字服务法案》《数字市场法案》看平台经济反垄断 ······· 208

第九章 新能源汽车及智能网联汽车专题研究 ······························· 211
- 第一节 东盟国家汽车市场分析及中国企业"走出去"研究 ················· 211
- 第二节 智能网联汽车产业发展和投融资情况 ····························· 220

展 望 篇

第十章 形势展望 ··· 236
- 第一节 对2022年工业经济形势的基本判断 ······························· 236
- 第二节 需要关注的几个问题 ··· 238
- 第三节 应采取的对策建议 ··· 239

第十一章 政策展望 ································· 242
第一节 形成工业经济稳增长的长效机制 ············· 242
第二节 提升制造业核心竞争力 ····················· 244
第三节 加强优质市场主体培育力度 ················· 245
后记 ··· 247

理 论 篇

第一章

理论基础

党的十九大报告作出了重大战略判断:"我国经济已由高速增长阶段转向高质量发展阶段,正处在转变发展方式、优化经济结构、转换增长动力的攻关期,建设现代化经济体系是跨越关口的迫切要求和我国发展的战略目标"。我国工业经济发展不仅实现了从高速到中高速的平稳"换挡",而且从追求规模速度的粗放型增长开始转向质量效益型发展,工业发展更加注重质量与效益的平衡,追求稳中有进、稳中提质,更加注重工业发展质量变革、效率变革、动力变革。基于这一现状,本章主要从我国工业发展走势和研究成果出发,提出有关工业发展质量的概念,并认为对工业发展质量的衡量是多维度的,主要体现在速度和效益有机统一、结构持续调整和优化、技术创新能力不断提高、绿色发展持续推进、两化融合不断深化、人力资源结构优化和待遇提升6个方面。对工业发展质量进行评价,不仅是衡量工业转型升级成果的需要,而且是把握工业经济运行规律和正确指导地方工业科学发展的有效手段。

第一节 研究背景和文献综述

一、研究背景

新中国成立以来,我国经济社会发生了翻天覆地的历史性变化,主要经济社会指标全球占比大幅提高,国际地位和国际影响力显著提升。自2006年以来,中国对世界经济增长的贡献率稳居世界第1位,是世界经济增长的第一引擎。2021年,我国经济总量突破110万亿元,初步核算,全年国内生产总值达1143670亿元,比上年增长8.1%,两年平均增长5.1%,稳居全球第二大经济体。工业是立国之本,是实体经济的主体和建设现代化经济体系的主要着力点。我国已拥有全球门类最齐全的工业体系和配套网络,其中,220多种工业产品产量居世界第一。2021年,我国制造业增加值规模达313797亿元,连续12年成为世界最大的制造业国家。

当前新冠肺炎疫情冲击下,"百年未有三大变局"加速演进,外部环境更趋复杂严峻和不确定,我国经济发展面临需求收缩、供给冲击、预期转弱三重压力。2021年,在以习近平同志为核心的党中央坚强领导下,统筹新冠肺炎疫情防控和经济社会发展的各项政策措施取得显著成效,"六稳""六保"扎实推进,工业生产稳中有进。2021年全部工业增加值达372575亿元,比上年增长9.6%,占GDP的比例为32.6%。装备制造业持续发挥重要支撑作用,新业态、新模式加速发展。2021年,规模以上装备制造业增加值增长12.9%,增速高于规模以上工业3.3个百分点,对规模以上工业增长贡献率达45.0%,有力支撑工业增长稳步回升。高技术制造业增加值增长18.2%,增速高于规模以上工业8.6个百分点。其中,医药制造业、电子及通信设备制造业、计算机及办公设备制造业增速分别为24.8%、18.3%、18.0%。

近年来,我国坚持以创新、协调、绿色、开放、共享为发展理念,推动制造业高质量发展,不断推进制造强国建设。

一是科技创新引领作用增强。2021年我国位列全球创新指数排名第12位,连续9年排名稳步上升。创新投入增长较快,2021年全国研究与试验发展(R&D)经费支出比上年增长14.2%,占国内生产总值比例为2.4%。

二是发展协调性稳步提高。重大区域发展战略统筹推进,京津冀协同发展、长江经济带发展、粤港澳大湾区建设、长三角一体化发展按下快进键,黄河流域生态保护和高质量发展上升为国家战略,区域协同发展格局进一步优化。

三是节能降耗减排成效显现。2021年全国万元国内生产总值能耗比上年下降2.7%,万元国内生产总值二氧化碳排放比上年下降3.8%。

四是对外贸易稳中提质。2021年我国货物进出口总额为39.1万亿元,比上年增长21.4%,逼近40万亿元大关。2021年,我国对"一带一路"沿线国家进出口总额达11.6万亿元,比上年增长23.6%。

五是供给侧结构性改革成效明显。2021年全国工业产能利用率为77.5%,比上年上升3个百分点。截至2021年年底,规模以上工业企业资产负债率为56.1%,比上年末下降0.1个百分点。

2021年中央经济工作会议指出:"无论国际风云如何变幻,我们都要坚定不移做好自己的事情,不断做强经济基础,增强科技创新能力,坚持多边主义,

主动对标高标准国际经贸规则，以高水平开放促进深层次改革、推动高质量发展。""要深化供给侧结构性改革，重在畅通国内大循环，重在突破供给约束堵点，重在打通生产、分配、流通、消费各环节。要提升制造业核心竞争力，启动一批产业基础再造工程项目，激发涌现一大批'专精特新'企业。""强化国家战略科技力量，发挥好国家实验室作用，重组全国重点实验室，推进科研院所改革。""实施新的减税降费政策，强化对中小微企业、个体工商户、制造业、风险化解等的支持力度，适度超前开展基础设施投资。""扩大高水平对外开放，推动制度型开放，落实好外资企业国民待遇，吸引更多跨国公司投资，推动重大外资项目加快落地。""要立足以煤为主的基本国情，抓好煤炭清洁高效利用，增加新能源消纳能力，推动煤炭和新能源优化组合。"

我国将着力振兴实体经济，工业发展将更加注重质量和效益，更加注重质量变革、效率变革、动力变革，更加注重质量发展的体系建设。推动高质量发展是当前和今后一个时期确定发展思路、制定经济政策、实施宏观调控的根本要求，将形成高质量发展的指标体系、政策体系、标准体系、统计体系、绩效评价体系、政绩考核体系，推动我国经济在实现高质量发展上不断取得新进展。

二、文献综述

党的十九届六中全会指出，必须坚持党的基本理论、基本路线、基本方略，增强"四个意识"，坚定"四个自信"，做到"两个维护"，坚持系统观念，统筹推进"五位一体"总体布局，协调推进"四个全面"战略布局，立足新发展阶段、贯彻新发展理念、构建新发展格局、推动高质量发展，全面深化改革开放，促进共同富裕，推进科技自立自强，发展全过程人民民主，保证人民当家作主，坚持全面依法治国，坚持社会主义核心价值体系，坚持在发展中保障和改善民生，坚持人与自然和谐共生，统筹发展和安全，加快国防和军队现代化，协同推进人民富裕、国家强盛、中国美丽。部分专家和学者对此进行了解读和研究。

高培勇（2021）认为，新发展阶段之"新"，体现在发展目标的阶梯式递进、发展环境发生的深刻复杂变化、面临的机遇和挑战发生的新变化、对新发展理念的完整准确全面贯彻，以及构建新发展格局。新发展阶段要努力实现更高质量、更有效率、更加公平、更可持续、更为安全的发展。

许召元（2022）认为，制造业高质量发展关系到经济高质量发展全局，制造业核心竞争力在短期内影响产业经济效益和经济增长，在长期上关系到经济高质量发展。制造业竞争力主要可分为4个层级，第一层级是来自资源禀赋优势的竞争力，第二层级是来自生产效率的优势，第三层级是来自生产技术、工艺及质量管理体系的优势，第四层级是来自核心技术与品牌价值。

任保平、李培伟（2022）认为，在新一轮科技革命和产业变革中，数字经济是培育我国经济高质量发展的战略支点，数字经济以要素配置优化、规模经济、产业融合和创新驱动4个维度来培育我国经济高质量发展新动能。

科技创新是工业高质量发展的核心驱动力。《中华人民共和国国民经济和社会发展第十四个五年规划和2035年远景目标纲要》把创新放在了具体任务的首位，提出坚持创新在我国现代化建设全局中的核心地位，把科技自立自强作为国家发展的战略支撑。冉征、郑江淮（2021）指出，我国推动实施创新驱动战略是实现经济高质量发展的根本保障，创新能力将决定经济高质量发展的成色。国家统计局测算结果显示，中国创新指数再创新高，2020年中国创新指数达到242.6（2005年为100），比上年增长6.4%。分领域看，创新环境指数、创新投入指数、创新产出指数和创新成效指数比上年均呈现不同程度的增长。测算结果表明，我国创新能力和水平持续提升，创新环境不断优化，创新投入继续增加，创新产出较快增长，创新成效进一步显现。2022年，工业和信息化部推进制造业强链补链，创建一批国家制造业创新中心和国家地方共建中心，培育一批国家级先进制造业集群。实施产业基础再造工程，组织实施一批重点项目。

"碳达峰""碳中和"目标蕴含工业高质量发展新机遇。《2022年国务院政府工作报告》提出，"持续改善生态环境，推动绿色低碳发展。""推动能源革命，确保能源供应，立足资源禀赋，坚持先立后破、通盘谋划，推进能源低碳转型。"史丹等（2022）指出，绿色发展既是新一轮科技革命和产业变革下实体经济转型升级的必然趋势，也是中国工业高质量发展的根本要求，更是中国工业由大转强的必由之路。张志新等（2022）指出，"双碳"目标能够通过促进价值链上游企业发展，倒逼中游企业提升价值链地位，同时淘汰部分重污染、高能耗的价值链低端下游企业，提升我国制造业整体价值链地位，进而带动制造业高质量发展。

对外贸易稳中提质是实现工业高质量发展的必经之路。《2022年国务院政府工作报告》中提出，扩大高水平对外开放，推动外贸外资平稳发展。充分利用两个市场、两种资源，不断拓展对外经贸合作，以高水平开放促进深

层次改革、推动高质量发展。高运胜等（2021）认为，百年未遇之大变局的国际环境加国内不平衡、不充分发展的现实与困境，决定我国对外贸易转向高质量发展阶段存在历史必然性，是实现"贸易大国"到"贸易强国"的必由之路。王一鸣（2021）认为，要塑造我国参与国际合作和竞争新优势，持续深化商品和要素流动型开放，稳步拓展规则、规制、管理、标准等制度型开放，构建与国际通行规则相衔接的制度体系和监管模式。

综上所述，当前以及未来相当长的一段时期内，我国工业经济发展应更加关注工业发展的质量和效益，更加注重工业发展质量变革、效率变革、动力变革。推动工业经济高质量发展，是保持工业经济持续健康发展的必然要求，是遵循经济规律发展的必然要求。就当前国内外复杂形势看，急需构建一套合理、完善的评价体系，来客观、科学地反映和评价我国新时代工业发展质量，引导和推动工业产业结构向更加合理的方向调整。

第二节 工业发展质量的概念及研究意义

一、概念及内涵

工业发展质量的衡量是多维度的，涉及生态效益、经济结构、创新能力、民生水平等多个方面。赛迪研究院工业经济研究所认为：广义上，工业发展质量是指一定时期内一个国家或地区工业发展的优劣状态；狭义上，工业发展质量是在保持合理增长速度的前提下，更加重视增长的效益，不仅包括规模扩张，而且包括结构优化、技术创新、资源节约、环境改善、两化融合、惠及民生等诸多方面。现阶段，其内涵主要体现在以下6个方面。

第一，速度和效益有机统一。工业发展质量的提高是以稳定的发展速度为基础的。目前，我国工业经济运行呈现"稳中有进"的特点，"稳"主要体现在工业增速保持在一定的水平，"进"更多地体现在质量和效益的提高。忽视效益和质量的盲目扩张很可能以资源高消耗、环境高污染为代价，并可能导致产业结构失衡等一系列严重问题，将影响工业的良性循环和健康发展。提升工业发展质量的关键在于实现速度和效益的有机统一。

第二，结构持续调整和优化。工业结构反映了生产要素在产业间、地区间、企业间的资源配置情况，是工业总体发展水平的重要评价维度。工业结构的优化升级有助于提高工业发展质量，是工业发展质量提升的重要表现，必须要统筹处理好传统产业和新兴产业、劳动密集型产业和资本技术密集型产业、重化工业与轻工业、东部地区与中西部地区、大集团/大企业与中小企业、国有企业与非国有企业等重要关系，优化生产要素配置。

第三，技术创新能力不断提高。技术创新是工业经济发展质量提高的源泉，提高产业技术创新能力有助于实现内涵式发展，推动工业转型升级。在新一轮科技革命的背景下，必须转变经济发展方式，建立健全工业化的创新驱动机制，实现工业化动力从投资驱动向创新驱动转变，进而形成创新驱动的现代化经济体系。提高工业发展质量，要求完善创新生态体系，实现创新链、产业链与资金链的有机统一，保障科研经费投入，促进科技成果的转化。

第四，绿色发展持续推进。实现工业经济与资源环境的和谐发展，是缓解资源约束矛盾的根本出路，是提高工业发展质量的前提。绿色发展是工业发展质量的重要要求，也是工业经济效益的具体表现方面之一。实践证明，粗放利用资源的发展模式只会加剧资源约束矛盾，而以损害环境为代价的工业发展具有极强的社会负外部性。提升工业发展质量，必须提高资源利用效率，发展循环经济，有效控制污染排放。

第五，两化融合不断深化。随着新兴信息技术的产生和应用，工业互联网、大数据、人工智能、虚拟现实和实体经济深度融合，信息技术、信息产品、信息资源、信息化标准等信息化要素，在工业技术、工业产品、工业装备、工业管理、工业基础设施、市场环境等各个层面的渗透与融合，是推动工业转型升级的重要科技助力，也是优化工业系统管理水平的重要手段。

第六，人力资源结构优化和待遇提升。随着我国人口老龄化的加剧，劳动力成本上升，以廉价劳动力为特征的人口红利在不断消失。但随着改革开放后我国人均受教育水平的提高，劳动力质量呈现明显改善，成为我国人口红利的新特征。提高工业发展的质量，既要充分依托我国在人才和劳动力资源方面的巨大优势，特别是要关注人均受教育水平的提高，同时还要着眼于解决广大人民群众的就业与收入问题，实现发展成果人民共享的同时，扩大内需，增强国内购买力。

二、研究意义

党的十九大明确提出，必须坚持质量第一、效益优先，以供给侧结构性改革为主线，推动经济发展质量变革、效率变革、动力变革，提高全要素生产率，着力加快建设实体经济、科技创新、现代金融、人力资源协同发展的

产业体系，着力构建市场机制有效、微观主体有活力、宏观调控有度的经济体制，不断增强我国经济创新力和竞争力。结合实际情况，我们认为，未来我国工业发展质量的评价，应综合考虑产业结构优化、协调发展、绿色发展、工业创新能力等多个维度，着力提高工业发展的质量和效益。加强对工业发展质量的评价和研究，是推进工业转型升级的重要基础性工作之一，也是深入贯彻落实十九大及十九届二中、三中、四中、五中、六中全会和中央经济工作会议相关精神，实现制造强国战略的重要实践性工作之一，对我国新时代工业经济实现健康平稳增长具有重要意义。

第一，研究和评价工业发展质量是科学衡量工业转型升级效果的迫切需要。加快工业转型升级已成为推进我国经济结构调整和发展方式转变的重大举措。工业转型升级主要体现在自主创新、结构优化、两化深度融合、绿色低碳、对外开放等诸多方面，其核心目标是要实现工业发展质量的不断提升。工业转型升级是一个系统性工程，单一指标难以准确、客观地衡量转型升级的效果，当前急需构建一套能够全面、准确地衡量工业发展质量的指标体系，引导地方政府和企业走内生增长、集约高效的发展道路。

第二，研究和评价工业发展质量是正确引导地方工业实现科学发展的有效手段。长期以来，片面追求规模、增速的指标扭曲了行业或地区工业发展的经济行为，在推动工业规模高速扩张的同时，也引发了资源浪费、环境污染、产能过剩、产品附加值低、竞争力不强等深层次问题。加强对工业发展质量的评价，有利于引导各级政府实现工业增速与效益的统一，通过加大创新投入、优化产业结构、推进节能减排等措施改善工业整体素质，引导地方将工作重心转移到发展方式转变上。

第三，研究和评价工业发展质量是准确把握工业经济运行规律的内在要求。通过对工业发展质量的长期持续跟踪评价，有利于全面分析工业经济运行的中长期特点、趋势及影响因素，深刻剖析工业经济发展中的深层次问题和矛盾，准确把握工业经济运行的客观规律，进而在把握规律的基础上指导实践，提高政府决策的科学性与合理性。

因此，了解和掌握2021年我国工业相关政策，构建我国工业发展质量的评价体系，分析全国及地方省（市、自治区）的工业发展质量水平和工业细分行业的发展质量情况，探讨工业发展质量的热点和面临的问题，展望工业发展存在的机遇与挑战，对促进我国新时代工业经济更高质量、更有效率、更可持续的发展具有重要意义。

第二章

评价体系

《国民经济和社会发展第十四个五年规划和二〇三五年远景目标的建议》（以下简称《建议》）提出，保持制造业比重基本稳定，巩固壮大实体经济根基。2021年中央经济工作会议指出，在充分肯定成绩的同时，必须看到我国经济发展面临需求收缩、供给冲击、预期转弱三重压力。2022年经济工作要稳字当头、稳中求进，各地区各部门要担负起稳定宏观经济的责任，各方面要积极推出有利于经济稳定的政策，政策发力适当靠前。本章将基于工业发展质量的基本内涵，从工业高质量发展的主要特征出发以确定评价指标体系的基本框架和主要内容，并按内在逻辑要求来选择具有代表性的指标；同时，坚持以指标数据的可获得性为前提以保证评价结果的客观性。在构建评价体系时坚持系统性、可比性、可测度、可扩展等原则，最终选取的指标涵盖速度效益、结构调整、技术创新、资源环境、两化融合、人力资源6个方面，包含20项具体指标。本章详细介绍了工业发展质量评价指标体系的指标选取、指标权重、指标数据来源，以及工业发展质量时序指数和截面指数的测算方法，是后续测算工业发展质量指数的基础。

第一节 研究思路

2022年以来，国务院多次重要会议在研判经济形势时，均强调了经济平稳运行面临较大挑战，释放出稳增长政策适时加力的明确信号，稳增长成为当前经济工作的重要任务。《建议》提出，坚持把发展经济着力点放在实体经济上，坚定不移建设制造强国、质量强国、网络强国、数字中国，推进产业基础高级化、产业链现代化，提高经济质量效益和核心竞争力。《建议》还提出，坚持系统观念。加强前瞻性思考、全局性谋划、战略性布局、整体

性推进，统筹国内国际两个大局，办好发展安全两件大事，坚持全国一盘棋，更好发挥中央、地方和各方面积极性，着力固根基、扬优势、补短板、强弱项，注重防范化解重大风险挑战，实现发展质量、结构、规模、速度、效益、安全相统一。

因此，速度、效益、结构、可持续发展等指标均是评价工业发展质量的重要方面。为推动制造强国战略深入实施，笔者构建完善了工业发展质量评价指标体系，以科学监测我国工业发展质量，准确分析推动工业发展过程中存在的突出问题，助力工业发展方式转变，提高工业竞争力和创新力。

评价体系的构建需要认真研究、不断尝试和逐步完善，必须在明确工业发展质量内涵的基础上，选取能够反映当前发展阶段下我国工业发展水平和质量的指标，对数据进行处理，并对初步测算结果进行分析与验证，然后根据验证结果对指标体系进行必要的修改和调整，确立适合我国国情和工业化发展阶段的评价指标体系，最终用于全国及地方（省、区、市）的工业发展质量评价。中国工业发展质量研究思路如图 2-1 所示。

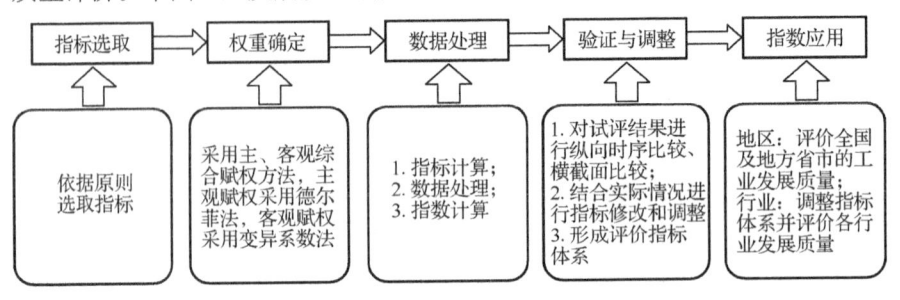

图 2-1 中国工业发展质量研究思路

资料来源：赛迪智库整理，2022 年 4 月

（一）指标选取

根据工业发展质量的基本内涵，确定评价指标体系的基本框架和主要内容，并按内在逻辑要求选择重要而有代表性的指标组成初步的指标框架体系。在确立指标体系基本框架和主要内容的基础上，按照系统性、可比性、可测度、可扩展的原则，选取具体指标。为保证评价结果的准确性和客观性，本书所需数据全部来源于国家统计局等权威机构发布的统计年鉴和研究报告。

（二）权重确定

采用主、客观综合赋权法，主观赋权法选用德尔菲法，客观赋权法选用变异系数法。这样不仅能够充分挖掘数据本身的统计意义，而且能够充分利用数据指标的经济意义。主、客观综合赋权法能够客观、公正、科学地反映各指标所占权重，具有较高的可信度。为便于逐年之间的比较，采用2015—2020年主、客观权重的平均值作为统一权重。

（三）数据处理

先计算无法直接获取的二级指标，如高技术产品出口占比、就业人员平均受教育年限等。对于截面指数，将所有指标进行无量纲化处理，利用无量纲化数据和确定的权重，得到地方的工业发展质量截面指数；对于时序指数，将所有指标换算为以2015年为基期的发展速度指标，然后进行加权，得到全国及地方（省、市、自治区）工业发展质量时序指数。

（四）验证与调整

指标体系确定后，对全国及地方（省、市、自治区）的工业发展质量进行试评。利用试评结果对工业发展质量进行纵向时序分析和横向截面比较，并结合全国及地方省市的实际情况，发现指标体系存在的问题，对指标体系进行修改和调试，直至形成科学、全面、准确的评价指标体系。

（五）指数应用

利用调整后的指标体系，对全国及地方的工业发展质量进行评价。通过分析评价结果，发现我国及各省（市、自治区）工业发展过程中存在的问题，并据此提出促进工业发展质量提升的对策建议。针对行业的实际情况，对部分不适合指标和不可获得指标进行剔除，得到适用于行业之间比较的评价指标体系，并利用实际数据评价行业发展质量。

第二节 基本原则

一、研究的指导原则

以创新、协调、绿色、开放、共享的发展理念为指导，以质量效益明显提升为中心，以推进供给侧结构性改革为主线，加快构建以国内大循环为主体、国内国际双循环相互促进的新发展格局，坚定不移地走好中国特色新型工业化道路。紧紧围绕新型工业化道路的内涵和高质量发展的要求，聚焦制

造强国战略的主要目标，在保证一定增长速度的前提下，工业应实现更具效益的增长，结构不断优化升级，技术创新能力不断增强，资源环境不断改善，两化融合不断加深，人力资源优势得到更充分发挥。

二、指标的选取原则

指标的选择应根据工业发展质量的基本内涵，确定评价指标体系的基本框架和主要内容，并按内在逻辑要求选择具有代表性的指标。同时，以指标数据的可获得性为前提并保证评价结果的客观性，指标数据应来源于统计年鉴或权威机构发布的研究报告。

三、体系的构建原则

构建评价指标体系是开展工业发展质量评价工作的关键环节。针对工业发展质量的内涵和特征，在构建评价指标体系的过程中要遵循以下4个原则。

第一，系统性原则。工业发展质量涉及经济、社会、生态等诸多方面，但评价指标体系不可能无所不包，只有那些真正能够直接反映工业发展质量内在要求的要素才能被纳入指标体系中。同时，评价指标体系不应是一些指标和数据的简单堆砌与组合，而应当是一个安排科学、结构合理、逻辑严谨的有机整体。

第二，可比性原则。指标的选择必须充分考虑不同地区在产业结构、自然环境等方面的差异，尽可能选取具有共性的综合指标，并且代表不同经济含义的指标，在经过无量纲化处理后，可以相互比较。考虑总量指标不具备可比性，指标选择尽量采用均量指标，兼顾采用总量指标；尽量采用普适性指标，兼顾采用特殊指标。

第三，可测度原则。所选指标应充分考虑数据的可获得性和指标量化的难易程度，定量与定性相结合，既能全面反映工业发展质量的各种内涵，又能最大限度地利用统计资料和有关规范标准，采取各种直接或间接的计算方法加以量化，否则就会失去指标本身的含义和使用价值。

第四，可扩展原则。指标的选取要突出现阶段工业发展的战略导向，构建符合工业转型升级、两化深度融合等新形势、新要求的指标体系。同时，由于受统计指标、数据来源等多种因素制约，建立评价指标体系不宜过分强调其完备性。对于暂时无法纳入本评价体系的指标，要根据实际需要和可能，逐渐补充和完善。

第三节 指标体系

一、概念

工业发展质量评价指标是指能够反映工业经济发展质量和效益等多方面的各项具体数据。这些数据按照一定的目的和方式进行组织而形成的指标集合，构成了工业发展质量评价指标体系，从而能够比较科学、全面、客观地向人们提供工业发展质量的相关信息。

二、作用

工业发展质量评价体系能够反映我国工业经济与社会发展的健康程度，指导我国走好新型工业化道路，有利于我国国民经济的持续稳定增长。

工业发展质量评价体系具有三大作用：

第一，描述与评价的功能，可以将工业经济的发展质量利用相关的指标进行具体描述，使工业经济高质量发展的现状一目了然。

第二，监测和预警的功能，可以监测战略目标的完成情况和政策实施的效果，为防止经济、社会和资源环境危害的产生，提供预警信息。

第三，引导和约束的功能，对于各地区的工业发展具有一定的导向作用，可以与周边类似省份互设标杆进行比较。

总之，工业发展质量评价体系提供了评价工业经济与社会、资源、环境等之间关系的量化工具。为了实现工业经济可持续发展的目标，我国有必要利用好这一工具，对工业发展的过程进行监测和评价、指导和监督、规范和约束。当然，工业发展阶段和水平是动态变化的，其评判标准并非一成不变，工业发展质量评价体系的内容也将与时俱进。

三、框架设计

（一）指标选取

评价指标体系的框架设计，必须建立在准确理解和把握工业发展质量内涵的基础上。根据对工业发展质量内涵的理解和指标选取的基本原则，本书建立了由速度效益、结构调整、技术创新、资源环境、两化融合、人力资源共六大类（一级指标）、20项具体指标（二级指标）组成的中国工业发展质量评价指标体系（见表2-1）。

表 2-1　中国工业发展质量评价指标体系

总指标	一级指标	二级指标
工业发展质量	速度效益	规上工业增加值增速
		工业企业资产负债率
		工业成本费用利润率
		工业营业收入利润率
	结构调整	高技术制造业营业收入占比
		制造业 500 强企业占比
		规上小型工业企业营业收入占比
		新产品出口占货物出口额比重
	技术创新	规上工业企业 R&D 经费投入强度
		规上工业企业 R&D 人员投入强度
		规上工业企业单位 R&D 经费支出发明专利数
		规上工业企业新产品销售收入占比
	资源环境	单位工业增加值能耗
		单位工业增加值用水量
	两化融合	电子信息产业占比
		两化融合水平
		宽带人均普及率
	人力资源	工业城镇单位就业人员平均工资增速
		第二产业全员劳动生产率
		就业人员平均受教育年限

资料来源：赛迪智库整理，2022 年 4 月。

需要说明的是，由于工业发展质量的内涵十分丰富，涉及领域较多，并且关于工业发展质量的研究仍然在不断探索和完善中，目前社会各界对如何评价工业发展质量也还没有形成统一的认识。因此，构建评价指标体系是一项需要不断探索和长期实践，且极富挑战性的工作。经过近几年的摸索和调整，目前指标体系已相对稳定，本书在上一版评价指标体系的基础上，根据数据可获取情况对部分指标进行了微调，主要是以"新产品出口占货物出口额比重"来代替"高技术产品出口占货物出口额比重"，未来仍会根据经济发展需要和数据获取情况进行微调。

（二）指标阐释

根据评价体系的框架设计，主要分为如下六大类一级指标。

一是速度效益类。发展速度和经济效益是反映一个国家和地区工业发展质量的重要方面。这里主要选取了规上工业增加值增速、工业企业资产负债率、工业成本费用利润率和工业营业收入利润率4项指标（见表2-2）。

表2-2 速度效益类指标及说明

指　标	计　算　公　式	说　明
规上工业增加值增速	$\left(\dfrac{\text{当年工业增加值}}{\text{上年工业增加值}} - 1\right) \times 100\%$	反映规模以上（指标名称中简称"规上"）工业增加值的增长速度
工业企业资产负债率	$\dfrac{\text{负债总额}}{\text{资产总额}} \times 100\%$	反映企业利用债权人提供的资金从事经营活动的能力，也反映工业企业经营风险的大小
工业成本费用利润率	$\dfrac{\text{工业利润总额}}{\text{工业成本费用总额}} \times 100\%$	反映工业企业投入的生产成本及费用的经济效益，同时也反映企业降低成本所取得的经济效益
工业营业收入利润率	$\dfrac{\text{规上工业利润总额}}{\text{规上工业营业收入}} \times 100\%$	反映工业企业所营业务的获利能力

资料来源：赛迪智库整理，2022年4月。

二是结构调整类。产业结构的优化和升级是走新型工业化道路的必然要求，对于工业经济的高质量增长具有重要意义。这里主要选取了高技术制造业营业收入占比、制造业500强企业占比、规上小型工业企业营业收入占比和新产品出口占货物出口额比重4项指标（见表2-3）。

表2-3 结构调整类指标及说明

指　标	计　算　公　式	说　明
高技术制造业营业收入占比	$\dfrac{\text{高技术产业主营业务收入}}{\text{工业主营业务收入}} \times 100\%$	一定程度上能够反映我国产业结构的优化程度
制造业500强企业占比	评价全国时为世界500强企业中的中国企业数量占比，评价地方省市时为中国制造业企业500强中的各省市企业数量占比	反映具有国际竞争力的大中型工业企业发展状况及产业组织结构
规上小型工业企业营业收入占比	$\dfrac{\text{规上小型工业企业营业收入}}{\text{规上工业企业营业收入}} \times 100\%$	反映规模以上小型工业企业的发展活力

续表

指　标	计算公式	说　明
新产品出口占货物出口额比重	$\dfrac{\text{新产品出口额}}{\text{货物出口额}} \times 100\%$	反映国家/地区货物出口结构的优化程度

资料来源：赛迪智库整理，2022年4月。

三是技术创新类。创新是第一动力，是走内涵式发展道路的根本要求，也是我国工业转型升级的关键环节。这里主要选取了规上工业企业R&D经费投入强度、规上工业企业R&D人员投入强度、规上工业企业单位R&D经费支出发明专利数和规上工业企业新产品销售收入占比4项指标（见表2-4）。

表2-4　技术创新类指标及说明

指　标	计算公式	说　明
规上工业企业R&D经费投入强度	$\dfrac{\text{规上工业企业R\&D经费支出}}{\text{规上工业企业主营业务收入}} \times 100\%$	反映规模以上工业企业研发经费的投入强度
规上工业企业R&D人员投入强度	$\dfrac{\text{规上工业企业R\&D人员数}}{\text{规上工业企业从业人员年平均人数}} \times 100\%$	反映规模以上工业企业研发人员的投入强度
规上工业企业单位R&D经费支出发明专利数	$\dfrac{\text{规上工业企业发明专利申请数}}{\text{规上工业企业R\&D经费支出}}$	反映规模以上工业企业单位研发经费投入所创造的科技成果的实力
规上工业企业新产品销售收入占比	$\dfrac{\text{规上工业企业新产品主营业务收入}}{\text{规上工业企业主营业务收入}} \times 100\%$	反映规模以上工业企业自主创新成果转化能力以及产品结构

资料来源：赛迪智库整理，2022年4月。

四是资源环境类。加强资源节约和综合利用，积极应对气候变化，是加快转变经济发展方式的重要着力点，也是实现工业可持续发展的内在要求。限于数据可获取性，这里主要选取了单位工业增加值能耗、单位工业增加值用水量两项指标（见表2-5）。

表2-5　资源环境类指标及说明

指　标	计算公式	说　明
单位工业增加值能耗	$\dfrac{\text{工业能源消费总量}}{\text{不变价工业增加值}}$	反映工业生产节约能源情况和利用效率
单位工业增加值用水量	$\dfrac{\text{工业用水总量}}{\text{不变价工业增加值}}$	反映工业生产过程中水资源的利用效率

资料来源：赛迪智库整理，2022年4月。

五是两化融合类。信息化与工业化融合是我国走新型工业化道路的必然要求，也是提高工业发展质量的重要支撑。根据数据可获得性原则，本研究选取了电子信息产业占比、两化融合水平、宽带人均普及率 3 项指标（见表 2-6）。我们认为，电子信息产业发展的好坏，与地方产业结构轻量化、高级化有高度相关性。宽带人均普及率能够反映两化融合基础设施水平。

表 2-6　两化融合类指标及说明

指　标	计　算　公　式	说　明
电子信息产业占比	$\dfrac{电子信息制造业收入}{规上工业营业收入}\times 50\% + \dfrac{软件业务收入}{GDP}\times 50\%$	反映地区电子信息制造业和软件业的发展程度和水平，体现工业化与信息化的发展水平
两化融合水平	《中国两化融合发展数据地图》公布，包括单项应用、综合集成、协同与创新 3 个一级指标，评估内容主要是产品、企业管理、价值链 3 个维度	反映地区两化融合发展水平和发展进程，体现新时代两化融合发展新目标、新内容、新要求
宽带人均普及率	$\dfrac{互联网宽带接入用户数}{年末人口数}\times 100\%$	宽带是信息化的基础，是两化融合的关键，宽带人均普及率能够反映区域两化融合基础设施建设效果

资料来源：赛迪智库整理，2022 年 4 月。

六是人力资源类。人才是第一资源，人力资源是知识经济时代经济增长的重要源泉，也是我国建设创新型国家的基础和加速推进我国工业转型升级的重要动力。这里主要选取了工业城镇单位就业人员平均工资增速、第二产业全员劳动生产率和就业人员平均受教育年限 3 项指标来反映人力资源情况（见表 2-7）。

表 2-7　人力资源类指标及说明

指　标	计　算　公　式	说　明
工业城镇单位就业人员平均工资增速	$\left(\dfrac{当年工业企业职工平均工资}{上年工业企业职工平均工资}-1\right)\times 100\%$	体现一定时期内工业企业职工以货币形式得到的劳动报酬的增长水平，反映工业发展对改善民生方面的贡献
第二产业全员劳动生产率	$\dfrac{不变价第二产业增加值}{第二产业就业人员数}$	综合反映第二产业的生产技术水平、经营管理水平、职工技术熟练程度和劳动积极性

续表

指　标	计　算　公　式	说　明
就业人员平均受教育年限	就业人员小学占比×6+就业人员初中占比×9+就业人员高中占比×12+就业人员大专及以上占比×16	能够较好地反映就业人员的总体素质

资料来源：赛迪智库整理，2022 年 4 月。

第四节　评价方法

一、指数构建方法

统计指数是综合反映由多种因素组成的经济现象在不同时间和空间条件下平均变动的相对数。从不同的角度，可以对统计指数进行不同的分类：按照所反映现象的特征不同，可以分为质量指标指数和数量指标指数；按照所反映现象的范围不同，可分为个体指数和总指数；按照所反映对象的对比性质不同，可分为动态指数和静态指数。

本书通过构建工业发展质量时序指数来反映全国及地方（省、市、自治区）工业发展质量的时序变化情况，旨在进行自我评价；通过构建工业发展质量截面指数来反映全国行业发展质量、地方工业发展质量在某一时点上的截面比较情况，旨在进行对比评价。按照统计指数的分类，工业发展质量时序指数即为动态指数中的定基指数，工业发展质量截面指数即为静态指数，并在上述过程中计算了速度效益、结构调整等六个方面的分类指数，即个体指数。

（一）时序指数的构建

首先，计算 2015—2020 年各省（市、自治区）各项指标以 2015 年为基期的发展速度；然后，根据所确定的权重，对各年发展速度加权计算，得到各地区工业发展质量时序指数及分类指数。

（二）截面指数的构建

首先，按照式（2-1）将 2015—2020 年各省（市、自治区）的原始指标进行无量纲化处理；然后，按照式（2-2）和式（2-3）进行加权求和，分别得到各地区工业发展质量截面指数和分类指数。

$$X'_{ijt} = \frac{X_{ijt} - \min\{X_{jt}\}}{\max\{X_{jt}\} - \min\{X_{jt}\}} \quad (2\text{-}1)$$

$$\text{IDQI}_{it} = \frac{\sum_{j=1}^{20} X'_{ijt} W_j}{\sum_{j=1}^{20} W_j} \quad (2\text{-}2)$$

$$I_{it} = \frac{\sum X'_{ijt} W_j}{\sum W_j} \quad (2\text{-}3)$$

式（2-1）～式（2-3）中，i 代表各省（市、自治区），j 代表 20 项二级指标，X_{ijt} 代表 t 年 i 省 j 指标，$\max\{X_{jt}\}$ 和 $\min\{X_{jt}\}$ 分别代表 t 年 j 指标的最大值和最小值，X'_{ijt} 代表 t 年 i 省 j 指标的无量纲化指标值，W_j 代表 j 指标的权重，IDQI_{it} 代表 t 年 i 省的工业发展质量截面指数，I_{it} 代表 t 年 i 省的分类指数，分类指数的权重为该分类指数所对应指标的权重。

需要说明的是，因为全国工业发展质量无须做截面比较，因此，全国工业发展质量指数是时序指数。

二、权重确定方法

在指标体系的评价过程中，权重的确定是一项十分重要的内容，因为权重直接关系到评价结果的准确性与可靠性。从统计学上来看，权重确定一般分为主观赋权法和客观赋权法，前者一般包括德尔菲法（Delphi Method）、层次分析法（The Analytic Hierarchy Process，简称 AHP）等，后者一般包括主成分分析法、变异系数法、离差及均方差法等。主观赋权法的优点在于能够充分利用专家对于各指标的内涵及其相互之间关系的经验判断，并且简便易行，但存在因评价主体偏好不同有时会有较大差异这一缺陷；客观赋权法的优点在于不受人的主观因素的影响，能够充分挖掘指标数据本身所蕴含的信息，但存在有时会弱化指标的内涵及其现实意义这一缺陷。为避免主观赋权法的经验性较强以及客观赋权法的数据依赖性较强，本书利用德尔菲法和变异系数法进行主、客观综合赋权的方法。选择变异系数法的原因在于，从评价体系中的各项指标来看，差异越大的指标越重要，因为它更能反映各地区工业发展质量的差异，如果全国各省市的某个指标没有多大差别，则没有必要再将其作为一项衡量的指标，所以对差异越大的指标要赋予更大的权重。

权重的测算过程如下：首先按照式（2-4）计算各项指标的变异系数；然后按照式（2-5）和式（2-6）计算各项指标的客观权重；最后利用由德尔菲

法得到的主观权重和由变异系数法得到的客观权重进行平均，得到各项指标的最终权重。

$$V_{jt} = \frac{\sigma_{jt}}{X_{jt}} \quad (2\text{-}4)$$

$$W_{jt} = \frac{V_{jt}}{\sum_{j=1}^{19} V_{jt}} \quad (2\text{-}5)$$

$$W_j = \sum_{t=2012}^{2018} W_{jt}/7 \quad (2\text{-}6)$$

式中，V_{jt} 代表 t 年 j 指标的变异系数，σ_{jt} 代表 t 年 j 指标的标准差，X_{jt} 代表 t 年 j 指标的均值，W_{jt} 代表 t 年 j 指标的权重，W_j 代表 j 指标的最终权重。

第五节 数据来源及说明

一、数据来源

本书所使用的数据主要来源于国家统计局发布的历年《中国统计年鉴》《中国科技统计年鉴》《中国高技术产业统计年鉴》《中国工业统计年鉴》《中国劳动统计年鉴》，各省（市、自治区）统计局发布的历年地方统计年鉴，工业和信息化部发布的历年《中国电子信息产业统计年鉴》，历年《中国两化融合发展数据地图》。

二、数据说明

（一）对象

由于西藏缺失指标较多，故不参与本评价；加之港澳台地区的数据来源有限也不作评价；因此，本书的最终研究对象为全国及 30 个省（市、自治区）。

（二）指标说明

由于历年统计年鉴没有直接公布全国及各地区 2015—2020 年的单位工业增加值能耗、单位工业增加值用水量数据，因此，为保证工业发展质量时序指数在时间维度上的可比性，我们利用各地历年统计年鉴中的工业增加值、工业增加值指数、工业能耗、工业用水量数据，计算得到 30 个省（市、自治区）以 2015 年为不变价的单位工业增加值能耗和单位工业增加值用水量。

　　由于 2019 年开始只公布营业收入，不再公布主营业务收入，因此涉及主营业务收入的指标，自 2018 年起均改为采用营业收入；在计算第二产业全员劳动生产率时，将第二产业增加值数据调整为 2015 年不变价，以保证时序指数能够真实反映走势情况；工业企业单位 R&D 经费支出发明专利数采用 R&D 价格指数进行平减，该指数由工业生产者出厂价格和消费者价格指数按等权合成；制造业 500 强企业占比这一指标，在衡量全国工业发展质量时，是指世界 500 强企业中的中国企业数量所占比重，在衡量地方工业发展质量时，是指中国企业联合会和中国企业家协会联合发布的历年中国制造业企业 500 强中的各省市企业数量所占比重。

　　此外，将单位工业增加值能耗、单位工业增加值用水量、工业企业资产负债率作为逆向指标，因此，在计算过程中我们对其进行取倒数处理，以便于统一分析。

全　国　篇

第三章
全国工业发展质量分析

在第二章构建的工业发展质量评价体系的基础上,本章测算了2015—2020年全国工业发展质量总指数及分类指数,分析了分类指数对总指数增长的贡献情况。结果显示:2015—2020年,全国工业发展质量指数呈逐年提升趋势,从2015年的100.0提高至2020年的131.2,年均增速为5.6%。表明自2015年以来,我国工业发展质量稳步提升。从分类指数看,六大分类指数整体呈上升趋势。其中,技术创新、资源环境、两化融合提升较快,年均增速分别为9.1%、7.3%、7.3%,快于总指数年均增速;速度效益、结构调整、人力资源提升较慢,年均增速分别为2.1%、3.9%、4.4%,低于总指数年均增速。从分类指数对总指数的影响看,与2015年相比,2020年六大分类指数对工业发展质量总指数增长的贡献率和拉动作用差异较大,技术创新和两化融合对总指数增长的贡献率较高,均超过20%;结构调整、资源环境的贡献率均接近14%,人力资源、速度效益的贡献率均不足10%。

第一节 全国工业发展质量指数走势分析

利用本书构建的评价体系,根据主、客观综合赋权法,按照时序指数计算方法,得到2015—2020年全国工业发展质量指数及分类指数(见表3-1)。根据表3-1中最后一行绘制全国工业发展质量指数走势图(见图3-1)。需要说明的是,由于全国工业发展质量无须做截面比较,因此该指数即为时序指数。

结合表3-1和图3-1,2015—2020年,全国工业发展质量指数呈逐年提升趋势,从2015年的100.0提高至2020年的131.2,年均增速为5.6%。表明自2015年以来,我国工业发展质量稳步提升。

表 3-1　2015—2020 年全国工业发展质量指数及分类指数

	2015 年	2016 年	2017 年	2018 年	2019 年	2020 年	2016—2020 年年均增速/%
速度效益	100.0	104.0	109.4	112.6	108.9	111.2	2.1
结构调整	100.0	107.0	108.7	110.7	113.6	121.3	3.9
技术创新	100.0	106.7	116.8	132.9	142.2	154.7	9.1
资源环境	100.0	106.8	113.6	119.6	125.7	142.3	7.3
两化融合	100.0	106.8	116.2	125.4	134.0	142.3	7.3
人力资源	100.0	104.4	110.0	116.8	122.6	124.1	4.4
工业发展质量指数	100.0	105.9	112.3	119.4	123.6	131.2	5.6

资料来源：赛迪智库整理，2022 年 4 月。

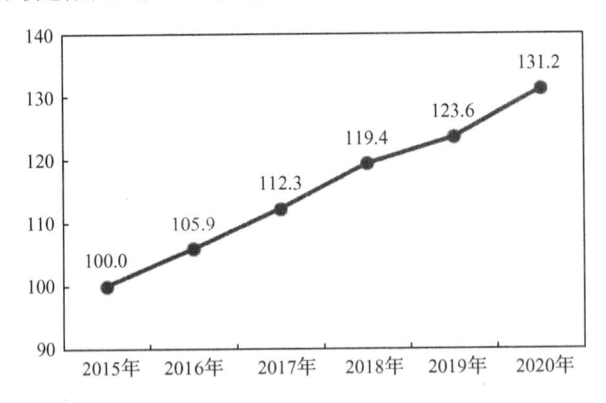

图 3-1　2015—2020 年全国工业发展质量指数

资料来源：赛迪智库整理，2022 年 4 月

从增速看，"十三五"时期我国规模以上工业增加值年均增长 5.5%，平均增速较"十二五"时期回落 4.1 个百分点，从高速增长平台转入中高速增长平台。2020 年，受新冠肺炎疫情冲击，我国规模以上工业增加值增速回落至 2.8%，虽然增速较往年有较大幅度回落，但我国是全球唯一实现经济正增长的主要经济体。2021 年，我国工业经济继续快速恢复，规模以上工业增加值同比增长 9.6%，反弹至 2013 年以来的新高；两年平均增长 6.1%，较 2019 年回升 0.4 个百分点。

从结构看，2015 年以来我国产业结构不断优化，产业新动能加速释放。2021 年我国高技术制造业增加值较上年增长 18.2%，增速高出规模以上工业 8.6 个百分点；装备制造业增加值较上年增长 12.9%，增速高出规模以上工业

3.3 个百分点。主要工业行业中，医药制造业、电气机械和器材制造业、计算机通信和其他电子设备制造业、金属制品业等的 2021 年全年增速和两年平均增速都超过 10%。

从国际看，2015 年以来，我国工业产品的国际竞争力显著增强。在我国制造业产出规模稳居世界第一的同时，工业产品出口结构不断优化，中高端工业品的国际竞争力持续增强。2021 年，我国规模以上工业企业实现出口交货值超过 14.5 万亿元，较上年增长 17.7%，两年平均增长 8.3%，较 2019 年加快 7 个百分点。其中，医药制造业受防疫物资带动，出口交货值增长 64.6%，两年平均增长 44.6%；计算机通信和其他电子设备制造业、汽车制造业、电气机械及器材制造业、专用设备制造业出口交货值当年增速超过 20%、两年平均增速超过 10%，都远高于规模以上工业平均水平。同时，工业品出口结构持续优化，2021 年计算机通信和其他电子设备制造业出口交货值占比为 45.4%，比 2015 年提高 5.3 个百分点；纺织服装服饰业、纺织业、皮革制鞋业等劳动密集型行业出口交货值占比降至 2% 左右，较 2015 年分别下降 2.2 个、1.3 个、1.3 个百分点。

综合看，2015 年以来，我国工业经济整体保持中速增长，但企业效益逐步改善；产业结构调整取得积极成效，技术创新能力不断提升，两化融合水平继续提高，资源环境有所改善，人力资源水平明显改善。整体看，工业发展质量稳步提高。

第二节　全国工业发展质量分类指数分析

本章第一节分析了 2015—2020 年全国工业发展质量总指数走势，本节着重分析各分类指数的走势及其影响因素。

一、分类指数走势及其对总指数的影响

（一）评价结果分析

2015—2020 年，全国工业发展质量的六大分类指数整体呈上升趋势（见图 3-2）。其中，技术创新、资源环境、两化融合提升较快，年均增速分别为 9.1%、7.3%、7.3%，快于总指数年均增速；速度效益、结构调整、人力资源提升较慢，年均增速分别为 2.1%、3.9%、4.4%，低于总指数年均增速。从分类指数对总指数的影响看，2015—2020 年，六大分类指数对工业发展质量

指数增长的贡献率和拉动作用差异较大（见表3-2）。其中，技术创新和两化融合对总指数增长的贡献率较高，均超过20%；结构调整、资源环境的贡献率均接近14%，人力资源、速度效益的贡献率均不足10%。

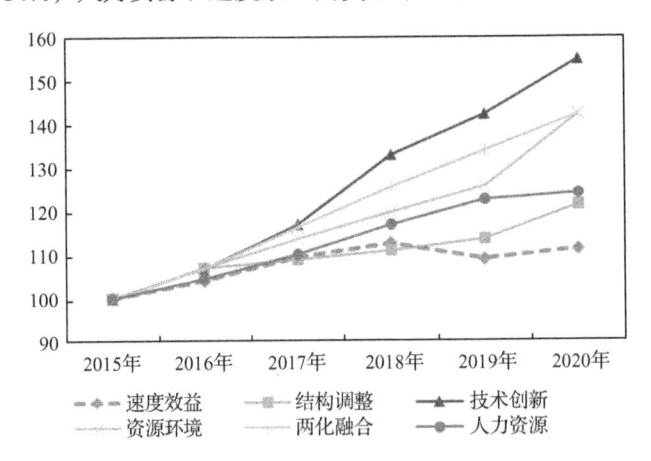

图 3-2　2015—2020 年全国工业发展质量分类指数

资料来源：赛迪智库整理，2022 年 4 月

表 3-2　2015—2020 年六大分类指数对总指数增长的贡献率和拉动[①]

	速度效益指数	结构调整指数	技术创新指数	资源环境指数	两化融合指数	人力资源指数	合计
贡献率（%）	8.2	13.6	35.0	13.6	20.3	9.3	100.0
拉动（百分点）	0.5	0.8	2.0	0.8	1.1	0.5	5.6

资料来源：赛迪智库整理，2022 年 4 月。

（二）原因分析

1. 技术创新

从创新投入来看，我国工业企业 R&D 经费投入和人员投入强度都持续提高。2020 年，我国规模以上工业企业研究与试验发展（R&D）经费支出

---

① 表中数据经四舍五入后只取到小数点后一位，累加后与实际"合计"数可能会有偏差，特此说明，全书同。

15271.3 亿元，与营业收入之比达到 1.41%，比 2015 年提升了 0.5 个百分点。2020 年，我国规模以上工业企业 R&D 人员全时当量为 346.0 万人年，比 2015 年增加了 82.2 万人年；占工业平均用工人数的比重为 4.46%，比 2015 年提高了 1.76 个百分点。

从创新产出来看，近年来，我国工业企业专利数量不断攀升。2020 年，规模以上工业企业专利申请数达到 1243927 件，其中，发明专利数 446069 件，规模以上工业企业有效发明专利数为 1447950 件。专利数量的持续增长，反映出我国工业自主创新能力和水平日益提高。

2. 结构调整

2015 年以来，我国工业在结构调整方面取得显著成效。

一方面，高技术制造业规模不断扩大。从收入看，2020 年我国高技术制造业营业收入达到 17.5 万亿元，占规模以上工业企业营业收入的 16.1%，比 2015 年提高 3.5 个百分点。从增加值看，2020 年，我国高技术制造业增加值占规模以上工业比重为 15.1%，比 2015 年提高 3.3 个百分点，产业结构明显优化。

另一方面，工业企业组织结构不断优化。从大企业来看，2021 年发布的《财富》世界 500 强榜单，我国有 143 家企业上榜，上榜企业数量全球第一，大企业的国际竞争力稳步提高。从中小企业来看，2020 年年底，我国规模以上小型企业达到 352330 家，吸纳就业达 3173 万人，在规模以上工业企业中占比分别为 88.2%和 40.9%，企业数量和吸纳就业占比都较 2015 年水平提高 4.8 个百分点。当前，中小企业已经成为支撑我国国民经济和社会发展的重要力量，在促进经济增长、保障就业稳定等方面发挥着不可替代的重要作用。可以预见，随着我国经济发展环境的逐步完善，"大众创业、万众创新"将成为我国经济增长的新引擎，中小企业特别是小微企业的发展活力将对宏观经济增长起到重要作用。

3. 人力资源

2015 年以来，我国就业人员的平均受教育年限稳步提高，工业职工工资水平不断提高，劳动生产率也持续提升，人力资源水平明显提高。从工资增速看，2020 年我国规模以上工业城镇单位就业人员平均工资达到 8.6 万元，较 2015 年增长接近 50%；从劳动生产率看，2020 年我国第二产业全员劳动生产率（2015 年不变价）达到 16.7 万元/人，较 2015 年提高 34.5%；从平均受教育年限看，2020 年我国就业人员平均受教育年限达到 10.4 年，较 2015 年提高接近 0.4 年。

4. 两化融合

近几年，我国在两化融合方面取得较大进展，电子信息产业、工业应用信息化水平等都有明显突破。

从电子信息产业的发展来看，2021年，我国规模以上电子信息制造业增加值同比增长15.7%，增速较上年回升8.0个百分点；电子信息制造业营业收入同比增长14.7%，增速较上年加快6.4个百分点；电子信息产品出口交货值同比增长12.7%，增速较上年加快6.3个百分点；软件和信息技术服务业完成软件业务收入9.5万亿元，同比增长17.7%。

从两化融合水平看，2015年以来，我国两化融合程度稳步提高，2021年我国规模以上工业企业关键工序数控化率和数字化研发设计工具普及率分别达到55.3%和74.7%，较2015年提高9.9个和13.6个百分点。

5. 速度效益

从规模和速度来看，2021年，我国全部工业增加值达到37.3万亿元，比上年增长9.6%，两年平均增长5.9%；对GDP增长的贡献率近两年保持在36%以上。从经济效益来看，2021年，我国规模以上工业企业资产负债率为56.1%，较上年降低0.1个百分点；营业收入利润率为6.81%，较上年提高0.76个百分点；每百元主营业务收入中的成本为83.74元，较上年减少0.23元，我国工业企业效益逐步改善。

6. 资源环境

自2015年以来，我国主要工业行业能耗和水耗都显著下降。一方面，单位工业增加值能耗明显下降。"十三五"时期，我国单位工业增加值能耗（2015年不变价）持续下降。2020年，我国单位工业增加值能耗（2015年不变价）为1.06吨标准煤/万元，较2015年累计下降16%。另一方面，单位工业增加值用水量快速下降。2020年，我国工业用水总量降至1030.4亿立方米，用水绝对量持续下降；单位工业增加值用水量（2015年不变价）降至34.3立方米/万元，较2015年累计下降39.6%。我国工业用能和用水效率提升显著。

综合来看，"十三五"时期，我国工业发展取得了较大成绩，技术创新能力明显提升，两化融合不断深化，人力资源素质和待遇明显改善，资源利用效率持续提升，结构持续调整和优化，速度回落至中速增长平台，企业效益稳步提升。

二、分类指数影响因素分析

为清楚地看到影响全国工业发展质量分类指数的内部因素，本书计算了

20项指标对各自所属分类指数的贡献率和拉动，计算结果见表3-3。

表3-3　20项指标对分类指数的贡献率和拉动

一级指标	二级指标	贡献率（%）	拉动（百分点）
速度效益	规上工业增加值增速（%）	71.1	1.5
	工业企业资产负债率（%）	0.7	0.0
	工业成本费用利润率（%）	14.3	0.3
	工业营业收入利润率（%）	13.9	0.3
	合计	100.0	2.1
结构调整	高技术制造业营业收入占比（%）	39.2	1.5
	制造业500强企业占比（%）	42.3	1.7
	规上小型工业企业营业收入占比（%）	-4.0	-0.2
	新产品出口占货物出口额比重（%）	22.5	0.9
	合计	100.0	3.9
技术创新	规上工业企业R&D经费投入强度（%）	30.8	2.8
	规上工业企业R&D人员投入强度（%）	35.8	3.3
	规上工业企业单位R&D经费支出发明专利数（件/亿元）	10.9	1.0
	规上工业企业新产品销售收入占比（%）	22.5	2.1
	合计	100.0	9.1
资源环境	单位工业增加值能耗（吨标准煤/万元）	22.5	1.6
	单位工业增加值用水量（立方米/万元）	77.5	5.7
	合计	100.0	7.3
两化融合	电子信息产业占比（%）	24.8	1.8
	两化融合水平	10.2	0.7
	宽带人均普及率（%）	65.1	4.8
	合计	100.0	7.3
人力资源	工业城镇单位就业人员平均工资增速（%）	34.0	1.5
	第二产业全员劳动生产率（万元/人）	59.7	2.6
	就业人员平均受教育年限（年）	6.3	0.3
	合计	100	4.4

资料来源：赛迪智库整理，2022年4月。

2015—2020年，全国工业发展质量的六个分类中，技术创新指数、资源环境指数、两化融合指数增长较快。其中，技术创新指数显著提升，主要是由规上工业企业R&D人员投入强度、R&D经费投入强度及新产品销售收入占比提高联合驱动的，贡献率分别为35.8%、30.8%和22.5%。资源环境指数增长主要是由单位工业增加值用水量下降推动的，贡献率高达77.5%。两化融合指数由宽带人均普及率和电子信息产业占比联合拉动，两者的贡献率分别为65.1%和24.8%，拉动两化融合指数提升4.8个和1.8个百分点。

人力资源指数、结构调整指数和速度效益指数增长低于总指数。其中，人力资源指数主要是由第二产业全员劳动生产率提高及工业城镇单位就业人员平均工资增速带动的，贡献率分别为59.7%和34.0%。结构调整指数增长主要是由制造业500强企业占比持续提高、高技术制造业营业收入占比提高联合推动的，贡献率分别为42.3%和39.2%，分别拉动结构调整指数增长1.7个和1.5个百分点。速度效益指数缓慢增长，且主要靠规上工业增加值增速带动，贡献率高达71.1%；而效益指标贡献率普遍不高，"十三五"时期工业成本费用利润率和工业主营业务收入利润率分别提高0.39个百分点和0.35个百分点，工业企业资产负债率下降0.19个百分点，三者对速度效益指数提升的贡献率之和不到30%。

第四章

工业大类行业发展质量分析与评价

本章通过构建工业大类行业发展质量评价指标体系，对我国工业大类行业"十三五"时期的发展质量进行评价。本评价体系涵盖速度效益和技术创新两大类、共计8个指标。基于指标体系从横向和纵向分别计算截面指数和时序指数，以便于分别评价发展质量水平和质量提升速度。评价结果表明，装备制造业在技术创新的带动下，发展质量水平普遍较高，但质量提升速度并不快；消费品制造业中大多数行业属于传统劳动密集型行业，个别产业质量水平较高，大部分产业速度效益和技术创新水平均一般，质量提升速度也有待加快，增长压力较大；原材料行业等上游行业速度效益提升更为明显，从而带动了整体质量较快提升；采矿业受技术创新的制约，整体发展质量一般。

第一节 评价体系构建与数据收集

一、指标选取

行业和地区通常是工业发展质量评价的两个维度，而在地区的工业发展质量评价体系中，有部分指标不适用于工业大类行业评价，如结构调整类指标。同时，对于资源环境、两化融合、人力资源类指标大部分行业未公布统计数据或难以收集，且由于行业自身特点，这类指标的行业间比较意义不大。因此，为了体现工业大类行业间的主要差异和特色，以下构建速度效益和技术创新两大类、8个具体指标的评价体系（见表4-1）。

表 4-1 行业发展质量评价指标及说明

指　　标	计　算　公　式	说　　明
规上工业增加值增速	$\left(\dfrac{当年工业增加值}{上年工业增加值}-1\right)\times100\%$	反映规模以上工业增加值的增长速度
工业劳动生产率	$\dfrac{规上工业营业收入}{规上工业从业人数}\times100\%$	反映单位从业人员创造的营业收入，反映生产技术水平、经营管理水平、职工技术熟练程度和劳动积极性
工业成本费用利润率	$\dfrac{工业利润总额}{工业成本费用总额}\times100\%$	反映工业企业投入的生产成本及费用的经济效益，同时也反映企业降低成本所取得的经济效益
工业营业收入利润率	$\dfrac{规上工业利润总额}{规上工业营业收入}\times100\%$	反映工业企业所营业务的获利能力
规上工业企业R&D经费投入强度	$\dfrac{规上R\&D经费支出}{规上工业营业收入}\times100\%$	反映规模以上工业企业研发费的投入强度
规上工业企业R&D人员投入强度	$\dfrac{规上工业企业R\&D人员数}{规上工业企业从业人员年平均人数}\times100\%$	反映规模以上工业企业研发人员的投入强度
规上工业企业单位R&D经费支出发明专利数	$\dfrac{规上工业企业发明专利申请数}{规上工业企业R\&D经费支出}$	反映不变价规模以上工业企业单位研发经费投入所创造的科技成果的实力
规上工业企业新产品销售收入占比	$\dfrac{规上工业企业新产品营业收入}{规上工业营业收入}\times100\%$	反映规模以上工业企业自主创新成果转化能力以及产品结构

资料来源：赛迪智库整理，2022年4月。

二、行业选取

根据国家统计局最新国民经济行业分类，我国工业大类行业分为41个，但由于开采辅助活动、其他采矿业、废弃资源综合利用业3个行业的部分指标数据缺失，故本指标体系仅对此外的38个工业大类行业进行评价。

三、数据来源

规上工业增加值增速为国家统计局直接公布，另外7个指标数据均通过公式计算得出，原始数据全部来自国家统计局数据库、历年中国统计年鉴等。

第二节 工业大类行业发展质量指数分析与评价

为突出行业发展特点,本章在确定指标权重时,对 8 个指标取相等权重。从横向看,对原始数据进行标准化,对 38 个工业大类行业"十三五"时期的发展质量、速度效益、技术创新截面指数均值进行排名(见表4-2),旨在比较"十三五"时期行业发展水平。从纵向看,将原始数据调整为以 2015 年为基期,对 38 个工业大类行业"十三五"时期的发展质量、速度效益、技术创新的年均增速即时序指数进行排名,旨在反映"十三五"时期行业发展质量的提升速度。

表 4-2 38 个行业发展质量截面指数和时序指数排名(单位:位)

工业大类行业		截面指数排名			时序指数排名		
		发展质量	速度效益	技术创新	发展质量	速度效益	技术创新
装备制造业	仪器仪表制造业	1	7	2	15	9	20
	计算机、通信和其他电子设备制造业	4	16	3	26	11	27
	铁路、船舶、航空航天和其他运输设备制造业	5	29	1	36	32	32
	专用设备制造业	6	12	5	13	6	17
	电气机械和器材制造业	7	14	4	25	18	23
	汽车制造业	8	8	8	34	25	30
	通用设备制造业	9	18	7	20	19	19
	金属制品业	18	28	14	19	30	14
消费品制造业	医药制造业	2	2	6	21	7	26
	烟草制品业	3	1	15	38	28	38
	化学纤维制造业	10	21	9	35	26	35
	酒、饮料和精制茶制造业	12	3	27	22	3	33
	食品制造业	20	10	26	24	21	21
	印刷和记录媒介复制业	21	24	17	10	35	6
	造纸和纸制品业	23	26	16	17	16	18
	家具制造业	26	30	18	9	23	4
	文教、工美、体育和娱乐用品制造业	30	34	23	18	27	13
	纺织业	32	36	22	23	34	16

续表

工业大类行业		截面指数排名			时序指数排名		
		发展质量	速度效益	技术创新	发展质量	速度效益	技术创新
消费品制造业	农副食品加工业	34	31	31	29	29	24
	木材加工及木、竹、藤、棕、草制品业	35	33	29	16	37	11
	皮革、毛皮、羽毛及其制品和制鞋业	36	35	30	12	31	10
	纺织服装、服饰业	37	38	28	32	36	22
原材料行业	化学原料和化学制品制造业	11	17	12	28	14	31
	橡胶和塑料制品业	16	27	13	11	22	9
	黑色金属冶炼和压延加工业	17	20	19	4	2	29
	有色金属冶炼和压延加工业	19	22	20	30	10	34
	非金属矿物制品业	22	15	24	8	8	8
	石油加工、炼焦和核燃料加工业	25	6	33	27	12	28
采矿业	石油和天然气开采业	28	19	25	31	38	15
	有色金属矿采业	29	9	32	5	4	5
	煤炭开采和洗选业	31	11	37	3	1	36
	非金属矿采选业	33	23	36	7	13	7
	黑色金属矿采选业	38	37	35	2	17	2
其他制造业	其他制造业	13	32	10	14	24	12
	金属制品、机械和设备修理业	14	25	11	37	20	37
电力、燃气及水的生产和供给业	电力、热力生产和供应业	15	13	21	33	33	25
	燃气生产和供应业	24	4	38	1	15	1
	水的生产和供应业	27	5	34	6	5	3

资料来源：赛迪智库整理，2022年4月。

从横向截面指数看，工业大类行业发展质量呈现以下特点：

（1）装备制造行业的发展质量水平普遍较高。在国家统计局统计的8个装备制造行业中，除金属制品业外，其他七大制造行业发展质量指数均排名前10位。主要原因是此类行业研发投入强度和创新产出效率较高，进一步说明了装备制造业和高技术产业在我国经济发展中的重要战略地位。同时，"十三五"期间此类行业在速度效益方面的表现逐渐走强，仪器仪表制造业、

汽车制造业的速度效益指数分别排名第 7 位和第 8 位，其他行业的速度效益指数除铁路、船舶、航空航天和其他运输设备制造业和金属制品业外排名均进入前 20 位。

（2）多数消费品行业发展质量水平不高。但酒、饮料和精制茶制造业，以及烟草制品业由于其行业特殊性，速度效益水平长期居于高位，带动其发展质量指数排名靠前；其他消费品行业因为效益水平一般、技术创新水平整体不高，导致发展质量指数排名均靠后。但值得一提的是，医药制造业发展质量指数排名第 2 位，速度效益和技术创新指数分别排名第 2 位和第 6 位。

（3）原材料行业和采矿业发展质量水平均不高。排名前 10 的行业中没有原材料行业和采矿业，仅化学原料和化学制品制造业的发展质量排名第 11 位；石油和天然气开采业、黑色金属冶炼和压延加工业、非金属矿物制品业等行业发展质量排名均为中游。石油加工、炼焦和核燃料加工业速度效益指数排名第 6 位，但由于技术创新排名靠后，拖累其发展质量水平。

从纵向时序指数看，工业大类行业发展质量呈现以下特点：

（1）装备制造行业发展质量提升较慢。专用设备制造业和仪器仪表制造业在速度效益的带动下，分别排在第 13 位和第 15 位，在装备制造业 8 个行业中，年均提升速度较快。其余 6 个行业中，汽车制造业，以及铁路、船舶、航空航天和其他运输设备制造业的速度效益和技术创新指标质量提升速度均相对落后。尤其是铁路、船舶、航空航天和其他运输设备制造业在速度效益方面长期滞后，拖累了其发展质量的提升。

（2）消费品行业发展质量提升速度大多处于中游水平。仅家具制造业，印刷和记录媒介复制业，皮革、毛皮、羽毛及其制品和制鞋业，木材加工和木、竹、藤、棕、草制品业的质量提升较快，其他行业提升速度排名普遍分布在第 16~24 位。纺织业由于速度效益提升缓慢，其整体质量提升速度也排名靠后。

（3）多数原材料行业和采矿业发展质量提升快。"十三五"期间发展质量年均增速排名靠前的行业中，有近一半是原材料行业和采矿业等上游行业。这类行业发展质量加快提升，主要是由于近几年此类行业"去产能"力度加大，产能利用率不断提高，相关企业的效益水平持续提升；此外，黑色金属矿采选业、有色金属矿采选业、非金属矿物制品业技术创新水平也实现一定程度的提升。

综合来看，不同类型的行业各有特点。装备制造业发展质量水平普遍较高，但提升速度不快；大多数消费品行业属于劳动密集型行业，其发展质量水平不高，且质量提升速度一般，可持续增长压力较大；原材料和采矿业速度效益提升明显，带动整体质量快速提升。

区域篇

第五章

四大区域工业发展质量评价与分析

本章，我们对东部、东北、中部和西部四大区域工业发展质量进行比较分析，为区域协调发展战略的实施推进提供量化分析参考。根据四大区域工业发展质量截面指数测算结果，2015—2020年，我国东部地区的工业发展质量具有显著的领先优势，中部地区的工业发展质量稳步提升，紧随东部地区之后，西部地区的工业发展质量有所提升，东北地区工业发展质量的提升相对缓慢。此外，本章基于分类指数分析了四大区域工业发展质量指数变化的具体影响因素。

第一节 四大区域截面指数分析

基于第二章构建的工业发展质量评价指标体系和评价方法，我们计算2015—2020年全国30个省（市、自治区）[①]的工业发展质量截面指数，并基于各省（市、自治区）的指标计算四大区域工业发展质量截面指数及排名（见表5-1和表5-2）。

表5-1 2015—2020年四大区域截面指数

	2015年	2016年	2017年	2018年	2019年	2020年	2016—2020年[②] 指数均值
东北地区	32.0	33.0	29.8	29.3	28.6	30.7	30.3

---

① 我国西藏、香港、澳门、台湾的工业发展质量本书未做分析。
② 计算均值时，只计算2016—2020年这5年，即"十三五"期间。

续表

	2015年	2016年	2017年	2018年	2019年	2020年	2016—2020年指数均值
东部地区	56.0	56.7	52.0	51.6	52.5	52.8	53.1
西部地区	33.6	35.0	33.4	34.0	36.0	35.9	34.9
中部地区	39.8	41.2	38.8	41.3	44.7	43.9	42.0

资料来源：赛迪智库整理，2022年4月。

表5-2　2015—2020年四大区域截面指数排名（单位：位）

	2015年	2016年	2017年	2018年	2019年	2020年	2016—2020年指数均值排名
东北地区	4	4	4	4	4	4	4
东部地区	1	1	1	1	1	1	1
西部地区	3	3	3	3	3	3	3
中部地区	2	2	2	2	2	2	2

资料来源：赛迪智库整理，2022年4月。

根据上述结果，2015—2020年期间，东部地区以深化改革开放引领创新发展，工业发展质量始终处于领先地位。中部地区持续推进"中部崛起""长江经济带发展"战略，工业发展质量有明显提升，逐步缩小了与东部地区的差距。西部地区大开发不断开创新局面，以"一带一路"建设释放对外开放新活力，工业发展质量有较为明显的提升。东北地区经济下行压力增大，体制机制和结构性矛盾凸显，工业发展质量提升较慢。

从各地区工业增长情况来看，四大区域呈现相当程度的分化。总体来看，西部地区工业增加值的增长速度在四大区域中相对最快，西部开发稳步推进。2020年，共有10个省（市、自治区）实现工业正增长。其中，5个省（市、自治区）工业增加值同比增速位于4.5%～7.0%，2个省（市、自治区）工业增加值同比增速位于2%～4.5%，3个省（市、自治区）工业增加值同比增速位于0.5%～1.5%。2021年，9个省（市、自治区）工业增速位于8%～13%，陕西省和内蒙古自治区工业增速分别为7.6%和6.0%。在东部地区率先发展战略下，东部地区在工业规模领先的基础上仍保持较快增长，工业增速仅次于西部地区。2020年，共9个省（市、自治区）实现工业正增长。其中，4个省（市、自治区）工业增加值同比增速位于4.5%～6.5%，5个省（市、自治区）工业增加值同比增速位于1.5%～2.5%。2021年，北京市工业增加值同比增速为31%，此外，有8个省（市、自治区）工业增加值同比增速位

于 8%~13%，河北省工业同比增长 4.9%。中部地区崛起的总体势头较好。2020 年，共有 5 个省（市、自治区）实现工业正增长。其中，4 个省（市、自治区）工业增速位于 4.5%~6.0%，河南省工业同比增长 0.4%。2021 年，5 个省（市、自治区）工业增速位于 8%~15%，河南省工业同比增长 6.3%。东北地区的工业增速相对较为缓慢，东北振兴仍任重道远。2020 年，3 个省（市、自治区）均实现工业正增长，吉林省同比增长 6.9%，其他两省增速位于 1.5%~3.5%。2021 年，3 个省（市、自治区）的工业增速位于 4.5%~7.5%。

从工业高质量发展实践来看，东部地区是引领我国创新发展的前沿阵地。2021 年发布的《北京市关于加快建设全球数字经济标杆城市的实施方案》中提出，北京将着力打造全球数字经济发展高地，到 2030 年建设成为全球数字经济标杆城市。2021 年，河北省首条国际互联网数据专用通道开通，标志着河北省正式拥有了首条通达我国互联网国际出入口局的直联高速通道，将为推动河北省数字经济发展和京津冀大数据协同发展发挥积极作用。中部地区积极推进"专精特新"中小企业培育、制造业数字化转型。2021 年，湖北省建立专精特新"小巨人"企业培育库，重点助力提高产业链、供应链关键环节的质量水平，及充分发挥和进一步打造区域特色产业优势。河南省积极推动制造业创新中心和省级产业研究院建设，引导企业向"专精特新"方向发展，共认定 2021 年度河南省"专精特新"中小企业 928 家。江西省两化融合向深度和广度演进，企业上云数量为 3.3 万余家。西部地区工业发展提质增效呈现良好局面。四川省 2021 年 5G 网络"强镇兴乡"工程全面动工建设，旨在通过大力推动 5G 基础设施建设，促进 5G 网络在乡镇加快普及应用。新疆维吾尔自治区私营经济发展服务平台正式上线运行，将为全区小微企业、个体工商户等私营经济提供全方位、多角度、宽领域的各类服务，更好地促进私营经济健康快速发展。广西壮族自治区南宁市国家级互联网骨干直联点正式开通运行，对提高广西壮族自治区网络层级、完善全国互联网架构，加快广西壮族自治区数字经济发展，推动中国—东盟数字互联互通具有重要意义。东北地区作为我国老工业基地，当前迫切需要进一步全面振兴，提升发展活力、内生动力与区域竞争力，开创发展新局面。

第二节 四大区域分类指数分析

本节基于速度效益、结构调整、技术创新、资源环境、两化融合、人力资源 6 个方面的分类指数，比较分析四大区域工业发展质量的影响因素。

2015 年，东部地区在速度效益、结构调整、技术创新、资源环境、两化融

合和人力资源方面都大幅领先于其他地区；中部地区在速度效益、结构调整、技术创新、资源环境方面领先于东北地区和西部地区，在两化融合和人力资源方面处于中下游水平；西部地区在人力资源方面处于中上游水平，其他分类指标排名都比较靠后；东北地区在两化融合方面处于中上游水平，在其他方面则处于中下游水平。2015年四大区域工业发展质量分类指数如表5-3和图5-1所示。

表5-3 2015年四大区域工业发展质量分类指数

	速度效益	结构调整	技术创新	资源环境	两化融合	人力资源
东北地区	33.5	27.5	28.9	21.9	40.1	40.4
东部地区	65.3	39.6	58.4	46.2	68.5	53.8
西部地区	47.7	21.0	29.6	19.5	34.9	44.4
中部地区	55.5	32.7	38.4	27.0	37.8	37.1

资料来源：赛迪智库整理，2022年4月。

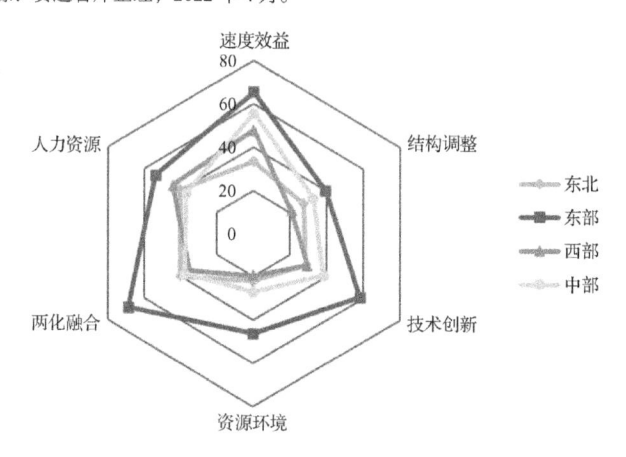

图5-1 2015年四大区域工业发展质量分类指数

资料来源：赛迪智库整理，2022年4月

如表5-4和图5-2所示，2020年东部地区在速度效益、结构调整、技术创新、资源环境、两化融合、人力资源6个方面均保持领先，特别是在结构调整、技术创新、资源环境和两化融合方面领先优势明显。这表明东部地区仍然是我国工业发展质量的引领者，创新发展的综合优势突出，经过近年来的持续积累，东部地区工业发展质量迈上了新台阶。

中部地区在技术创新方面相对于东北和西部地区的领先优势进一步扩大，与此同时，与东部地区的差距显著缩小；中部地区在人力资源方面仍然相对落后，在一定程度上制约了工业发展质量的提升。中部地区要实现对东部地区的进一步追赶，需要提升对高端人才的引进力度，进一步加强人才支

持政策，营造更为有利的创业创新环境，进一步强化职业技能培训，全面提升人力资本质量，为创新提质增效提供关键性支撑。

西部地区在速度效益方面具有相对优势，但技术创新水平仍较为滞后，主要依靠自然资源粗放式开发，传统产业的比重过大，总体处于价值链底端，资源利用效率偏低。发展应着力推动西部地区全面提升科技支撑发展的水平，助力推动传统产业转型升级；着力加大基础设施建设力度，改善营商环境，为吸引更高质量的企业资源创造条件；加强产业结构调整，加大力度克服产业薄弱环节，推动工业稳步提升技术水平。

东北地区在人力资源发展方面取得成效，在速度效益、结构调整、技术创新、资源环境和两化融合方面仍显不足。未来发展必须立足东北地区资源禀赋的比较优势，推动传统优势产业加快转型升级，加快产业机构调整优化，着力加强更有活力和增长动能的现代化产业的规划发展，弥补限制经济发展速度和质量的基础设施短板，推动东北振兴取得实质性的新突破。2020年四大区域工业发展质量分类指数如表5-4和图5-2所示。

表5-4 2020年四大区域工业发展质量分类指数

	速度效益	结构调整	技术创新	资源环境	两化融合	人力资源
东北地区	29.4	13.7	35.4	18.9	34.6	58.5
东部地区	42.7	43.6	62.5	41.6	66.9	63.4
西部地区	41.9	22.4	36.5	19.7	39.4	55.1
中部地区	40.2	40.6	55.0	24.1	44.4	53.6

资料来源：赛迪智库整理，2022年4月。

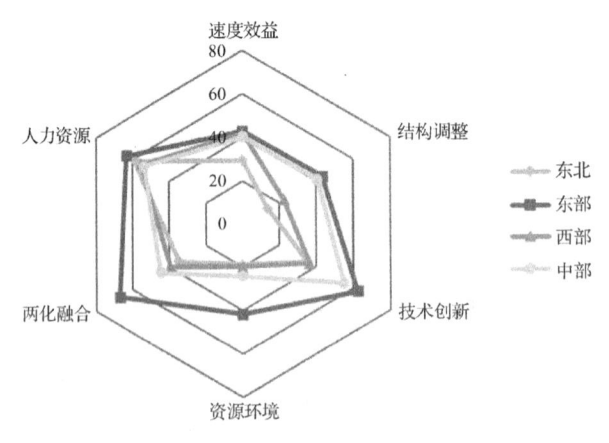

图5-2 2020年四大区域工业质量分类指数

资料来源：赛迪智库整理，2022年4月

第六章

地方工业发展质量评价与分析

本章重点分析了地方省（市、自治区）工业发展质量。首先，将 30 个省（市、自治区）按照时序指数和截面指数两个维度进行梯队分析，描绘出 30 个省（市、自治区）工业发展质量的综合表现。

其次，按照六大分类指数进行地区排序，同时通过离散系数判断区域之间的差距程度。结果显示，当前速度效益和人力资源两个方面区域之间差距较小；结构调整、技术创新和两化融合 3 个方面区域之间有一定差距，离散系数分别为 0.49、0.45 和 0.41；资源环境方面区域之间差距最大，离散系数达 0.69。

最后，在介绍 30 个省（市、自治区）宏观经济总体情况、工业经济运行情况的基础上，具体分析其时序指数和截面指数的表现及背后成因。

第一节　梯队分析

通过前面介绍的评价指标体系计算得到 2015—2020 年全国 30 个省（市、自治区）工业发展质量截面指数及排名，计算结果详见表 6-1 和表 6-2。表 6-1 和表 6-2 中最后一列分别是 2016—2020 年截面指数的均值和均值排名，反映了 2016—2020 年各地区工业发展质量的横向比较水平。表 6-3 为 2015—2020 年全国及 30 个省（市、自治区）工业发展质量时序指数，表 6-3 中最后一列是 2016—2020 年时序指数的年均增速，反映了 2016—2020 年各地区工业发展质量的增长水平。同时，以各地区截面指数均值和时序指数年均增速为基准绘制散点图（见图 6-1），通过 30 个省（市、自治区）在 4 个象限中的位置，可以直观地看出各地区工业发展质量在截面指数和时序指数两个维度上的表现。

表 6-1 2015—2020 年 30 个省（市、自治区）工业发展质量截面指数[①]

	2015 年	2016 年	2017 年	2018 年	2019 年	2020 年	2016—2020 年均值
北 京	74.7	75.2	72.7	68.7	70.8	71.7	71.8
天 津	60.5	59.8	52.6	51.4	50.4	49.2	52.7
河 北	36.3	38.5	35.2	33.9	37.0	36.8	36.3
山 西	22.6	27.6	27.7	28.2	30.5	30.5	28.9
内蒙古	33.6	37.2	36.8	36.8	35.4	32.8	35.8
辽 宁	32.8	32.5	32.7	36.8	32.8	33.2	33.6
吉 林	33.7	35.8	29.6	27.2	28.4	32.7	30.7
黑龙江	29.6	30.7	27.2	23.8	24.6	26.2	26.5
上 海	63.2	64.2	59.2	56.8	54.5	56.3	58.3
江 苏	61.9	62.4	58.0	58.1	61.6	62.7	60.6
浙 江	63.0	65.9	61.6	61.7	64.6	65.2	63.8
安 徽	42.3	44.7	43.5	46.4	49.3	51.2	47.0
福 建	48.8	49.8	45.5	47.2	51.5	48.4	48.5
江 西	38.7	40.1	38.2	42.3	46.4	46.4	42.7
山 东	52.2	52.8	48.8	46.9	43.1	49.7	48.3
河 南	44.5	42.9	39.0	43.2	46.4	43.4	43.0
湖 北	43.8	45.5	41.6	44.9	47.8	43.4	44.7
湖 南	46.9	46.3	42.7	43.0	48.0	48.5	45.7
广 东	62.0	62.8	59.4	61.5	61.6	60.0	61.1
广 西	33.4	33.0	28.0	26.8	28.8	29.4	29.2
海 南	37.0	35.3	26.7	29.9	29.8	28.4	30.0
重 庆	52.1	52.5	54.9	49.7	53.4	55.2	53.2
四 川	38.6	40.5	40.4	43.1	46.0	46.4	43.3
贵 州	37.5	37.9	35.1	38.7	43.6	43.2	39.7
云 南	29.7	29.5	31.7	34.1	35.5	33.6	32.9
陕 西	48.4	48.6	48.0	51.4	47.3	44.6	48.0
甘 肃	21.1	20.5	16.9	18.5	25.4	28.0	21.9
青 海	19.9	24.7	21.2	19.8	23.9	23.3	22.6
宁 夏	26.7	32.2	27.4	28.9	31.6	30.7	30.1
新 疆	28.3	28.2	26.9	26.7	25.4	27.9	27.0

资料来源：赛迪智库整理，2022 年 4 月。

[①] 表中数据经四舍五入后只取到小数点后一位，2016—2020 年均值可能会有偏差，特此说明，全书同。

表6-2 2015—2020年30个省（市、自治区）工业发展质量截面指数排名（单位：位）

	2015年	2016年	2017年	2018年	2019年	2020年	2016—2020年均值排名
北 京	1	1	1	1	1	1	1
天 津	6	6	7	6	8	9	7
河 北	19	17	18	21	18	18	18
山 西	28	28	24	24	23	24	26
内蒙古	21	19	17	19	20	21	19
辽 宁	23	23	20	18	21	20	20
吉 林	20	20	22	25	26	22	22
黑龙江	25	25	26	28	29	29	28
上 海	2	3	4	5	5	5	5
江 苏	5	5	5	4	4	3	4
浙 江	3	2	2	2	2	2	2
安 徽	14	13	11	11	9	7	11
福 建	9	9	10	9	7	11	8
江 西	15	16	16	16	14	13	16
山 东	7	7	8	10	17	8	9
河 南	12	14	15	13	13	16	15
湖 北	13	12	13	12	11	15	13
湖 南	11	11	12	15	10	10	12
广 东	4	4	3	3	3	4	3
广 西	22	22	23	26	25	25	25
海 南	18	21	28	22	24	26	24
重 庆	8	8	6	8	6	6	6
四 川	16	15	14	14	15	12	14
贵 州	17	18	19	17	16	17	17
云 南	24	26	21	20	19	19	21
陕 西	10	10	9	7	12	14	10
甘 肃	29	30	30	30	28	27	30
青 海	30	29	29	29	30	30	29
宁 夏	27	24	25	23	22	23	23
新 疆	26	27	27	27	27	28	27

资料来源：赛迪智库整理，2022年4月。

表 6-3 2015—2020 年全国及 30 个省（市、自治区）工业发展质量时序指数

	2015 年	2016 年	2017 年	2018 年	2019 年	2020 年	2016—2020 年年均增速
全　国	100.0	105.9	112.3	119.4	123.6	131.2	5.59%
北　京	100.0	103.8	110.2	114.2	121.7	129.7	5.34%
天　津	100.0	105.8	107.3	110.1	110.2	113.2	2.51%
河　北	100.0	107.1	116.1	118.6	126.9	128.8	5.19%
山　西	100.0	108.7	120.9	129.5	132.5	136.3	6.39%
内蒙古	100.0	106.3	127.0	131.0	127.7	129.5	5.30%
辽　宁	100.0	104.2	112.1	120.1	112.6	119.1	3.55%
吉　林	100.0	108.8	111.0	114.6	128.9	138.6	6.74%
黑龙江	100.0	103.0	116.3	104.6	109.4	111.5	2.20%
上　海	100.0	106.1	108.4	113.3	115.4	118.5	3.46%
江　苏	100.0	105.2	108.5	115.3	121.2	127.6	5.00%
浙　江	100.0	106.3	111.6	116.4	121.9	130.7	5.50%
安　徽	100.0	107.7	116.1	128.3	136.3	148.2	8.18%
福　建	100.0	104.4	109.3	118.4	130.9	140.0	6.97%
江　西	100.0	110.8	123.2	143.0	157.8	169.2	11.09%
山　东	100.0	104.2	109.2	114.4	112.0	122.9	4.21%
河　南	100.0	103.6	109.6	131.6	136.1	147.3	8.05%
湖　北	100.0	109.0	114.2	124.0	130.4	136.8	6.47%
湖　南	100.0	105.3	109.6	113.0	120.4	131.7	5.66%
广　东	100.0	107.9	114.7	124.3	127.0	131.1	5.56%
广　西	100.0	108.2	111.6	119.0	123.8	131.1	5.57%
海　南	100.0	103.2	103.6	107.4	107.6	111.2	2.15%
重　庆	100.0	105.3	120.1	122.7	123.8	135.0	6.19%
四　川	100.0	106.4	116.7	126.5	134.3	149.2	8.33%
贵　州	100.0	107.1	117.7	131.4	145.1	154.4	9.07%
云　南	100.0	105.1	122.4	130.0	140.1	149.9	8.44%
陕　西	100.0	103.9	113.9	124.9	125.1	130.9	5.53%
甘　肃	100.0	99.6	115.8	117.7	137.6	145.4	7.77%
青　海	100.0	121.4	123.9	118.2	159.9	155.8	9.27%
宁　夏	100.0	117.0	120.6	124.1	128.5	135.4	6.25%
新　疆	100.0	107.4	121.2	133.7	143.4	149.2	8.33%

资料来源：赛迪智库整理，2022 年 4 月。

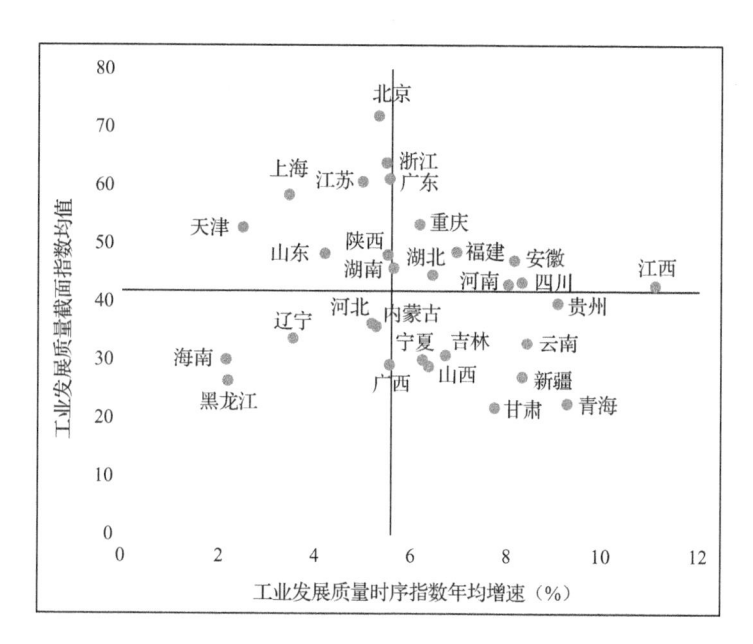

图 6-1　30 个省（市、自治区）工业发展质量综合表现

资料来源：赛迪智库整理，2022 年 4 月

从工业发展质量截面指数（见表 6-2）来看，北京市、浙江省、广东省、江苏省和上海市是我国工业发展质量较好的地区，2015—2020 年始终处于全国前列。

北京市工业发展质量始终处于全国首位，其多年来在速度效益、技术创新、资源环境、两化融合和人力资源五个方面始终处于全国领先水平，其中，资源环境和人力资源 2016—2020 年指数均值位于全国第 1。

浙江省工业发展质量处于全国第 2 位，主要得益于其在结构调整和技术创新两个方面的突出表现，2016—2020 年两大类指数均值位于全国第 1，资源环境和两化融合分别排在全国第 3 位、第 5 位。

广东省工业发展质量处于全国第 3 位，2016—2020 年六大类指数均值中有四大类位于全国前 5，其中，结构调整和技术创新均排在全国第 2 位，两化融合和资源环境分别排在第 3 位、第 4 位，而速度效益位于全国后半段。

江苏省工业发展质量处于全国第 4 位，2016—2020 年六大类指数均值中有三大类位于全国前 3 位，其中，两化融合位于全国第 1 位，结构调整和技术创新均排在全国第 3 位。

上海市工业发展质量处于全国第 5 位，其中，人力资源方面优势尤为明

显，排在全国第 2 位，两化融合排在全国第 4 位，速度效益和技术创新均排在全国第 5 位。

地区分布方面，除东部沿海地区的工业发展质量截面指数处于全国前列以外，西部的重庆市和陕西省，以及中部的安徽省、湖南省和湖北省也表现较好，均处于全国中上游水平，其中，重庆市、安徽省和湖南省排名均有所上升，安徽省上升幅度最为明显，从 2015 年的第 14 位上升至 2020 年的第 7 位。

分类指数方面，东部和中西部地区具有自身的特点和优势。例如，贵州、陕西、内蒙古等省（市、自治区）在速度效益和人力资源等方面取得了突出成就，位于全国前列。与此同时，浙江、北京、江苏、广东等东部省（市、自治区）在结构调整、技术创新、资源环境、两化融合 4 个方面表现较好。综合来看，分类指数的走势体现了处于不同发展阶段的地区各自的发展特点及优势。

从工业发展质量时序指数（见表 6-3）来看，江西省工业发展质量实现两位数年均增长，青海、贵州、云南、新疆、四川、安徽和河南 7 个省（市、自治区）的工业发展质量年均增速均超过 8%。而辽宁、上海、天津、黑龙江和海南 5 个省份的工业发展质量增长相对较慢，年均增速均处于 4%以下，其中，海南年均增速仅为 2.15%。

图 6-1 显示，位于水平线上方的地区是工业发展质量截面指数位于全国平均水平以上的省（市、自治区），位于垂直线右侧的地区是工业发展质量时序指数增速高于全国平均水平的省（市、自治区），因此，位于第一象限的地区是工业发展质量截面指数和时序指数均高于全国平均水平的省（市、自治区）。从 2016—2020 年的总体情况来看，第一象限主要集中了重庆、安徽和湖北等中西部省（市、自治区），即这些地区在横向比较中处于全国中上游水平，在纵向走势上也处于质量提升较快阶段，截面指数和时序指数均处于相对领先位置。北京、江苏、上海、天津和山东等东部省（市、自治区）位于第二象限，这是由于当前东部地区在工业质量上已经处于较高水平，进步速度减弱，因此，截面指数处于领先水平，时序指数偏低。第三象限主要包括辽宁、海南和黑龙江等省（市、自治区），这些地区截面指数和时序指数均表现较弱，处于全国平均水平之下。大量中西部省（市、自治区）处于第四象限，如云南、新疆、青海和甘肃等，这些地区的工业质量处于较快增长阶段，但工业发展质量在全国仍处于偏低的位置。

第二节 分类指数分析

根据2016—2020年全国30个省（市、自治区）工业发展质量的6个分类指数的均值，并按照6个分类指数进行地区排序，同时计算6个分类指数的离散程度，结果见表6-4。

表6-4 2016—2020年全国工业发展质量分类指数各省份表现

排名	速度效益 省份	指数	结构调整 省份	指数	技术创新 省份	指数	资源环境 省份	指数	两化融合 省份	指数	人力资源 省份	指数
1	贵州	72.7	浙江	61.5	浙江	85.8	北京	100.0	江苏	84.5	北京	88.8
2	陕西	69.5	广东	57.5	广东	78.3	天津	46.9	北京	84.4	上海	75.1
3	北京	66.8	江苏	57.2	江苏	73.3	浙江	46.8	广东	81.4	陕西	73.2
4	福建	61.1	山东	50.4	北京	72.5	广东	46.7	上海	77.0	内蒙古	70.7
5	上海	61.1	重庆	47.1	上海	70.9	山东	44.4	浙江	75.2	天津	59.2
6	江西	60.8	安徽	43.9	安徽	70.4	陕西	43.4	重庆	70.9	新疆	57.2
7	内蒙古	59.4	河南	43.9	天津	68.2	重庆	37.1	福建	69.1	江苏	56.4
8	河南	55.2	北京	43.2	重庆	59.5	河南	34.6	天津	67.4	宁夏	55.5
9	浙江	55.1	江西	41.4	湖南	57.3	福建	32.6	山东	63.2	湖北	52.8
10	四川	54.0	湖南	40.3	湖北	55.2	四川	29.0	四川	59.0	重庆	51.9
11	江苏	53.6	四川	37.6	山东	51.7	河北	28.6	辽宁	47.1	湖南	51.4
12	湖南	52.0	湖北	35.1	辽宁	43.2	上海	28.1	安徽	44.4	福建	50.7
13	湖北	51.2	福建	33.9	福建	39.7	江西	27.7	湖北	44.3	广东	49.6
14	云南	50.9	天津	33.8	河北	37.0	江苏	26.9	陕西	44.1	辽宁	49.6
15	安徽	50.2	上海	33.2	陕西	36.9	湖南	23.6	河南	42.6	浙江	47.8
16	重庆	49.0	贵州	29.1	四川	36.4	吉林	21.4	河北	41.5	吉林	46.6
17	广东	48.2	河北	28.3	宁夏	35.8	安徽	20.4	江西	40.2	海南	45.6
18	海南	46.5	陕西	24.3	河南	35.8	辽宁	19.6	山西	38.7	山西	45.1
19	天津	45.0	广西	23.8	贵州	35.8	湖北	18.5	湖南	38.1	黑龙江	44.1
20	新疆	44.8	吉林	18.5	江西	35.4	云南	16.8	宁夏	35.2	山东	43.0
21	吉林	42.1	辽宁	17.5	云南	33.9	山西	16.3	内蒙古	33.0	云南	42.8
22	河北	42.0	山西	17.4	黑龙江	30.7	贵州	15.5	广西	32.8	青海	40.5
23	广西	40.8	云南	17.1	内蒙古	26.2	黑龙江	14.2	吉林	31.3	广西	38.4

续表

排名	速度效益 省份	指数	结构调整 省份	指数	技术创新 省份	指数	资源环境 省份	指数	两化融合 省份	指数	人力资源 省份	指数
24	山 东	38.1	黑龙江	16.0	海 南	26.1	甘 肃	12.6	海 南	31.3	江 西	37.8
25	山 西	33.4	宁 夏	15.0	吉 林	24.5	内蒙古	12.0	贵 州	28.4	河 南	37.5
26	宁 夏	32.0	甘 肃	14.8	山 西	24.3	海 南	11.1	云 南	27.5	河 北	37.2
27	黑龙江	28.4	海 南	14.1	甘 肃	24.1	新 疆	9.3	青 海	26.8	四 川	35.7
28	辽 宁	28.3	青 海	12.8	广 西	23.2	广 西	8.7	甘 肃	26.3	贵 州	35.1
29	青 海	26.1	内蒙古	11.3	青 海	22.0	青 海	7.4	黑龙江	26.0	甘 肃	34.4
30	甘 肃	20.6	新 疆	9.2	新 疆	16.1	宁 夏	6.9	新 疆	25.9	安 徽	32.8
离散系数	速度效益	0.27	结构调整	0.49	技术创新	0.45	资源环境	0.69	两化融合	0.41	人力资源	0.27

资料来源：赛迪智库整理，2022年4月。

速度效益方面，贵州、陕西和北京位于全国前3位，速度效益指数分别为72.7、69.5和66.8；辽宁、青海、甘肃位于全国最后3位，速度效益指数分别为28.3、26.1和20.6。由计算结果可知，速度效益指数表现较好的主要为西部省份，而东部发达地区中，北京、福建、上海的速度效益指数位居前列，其他省市处于中等或中等偏下位置。同时，速度效益指数的离散系数为0.27，在6个分类指数中离散程度低，表明这方面各地区差距较小。

结构调整方面，浙江、广东和江苏位于全国前3位，结构调整指数分别为61.5、57.5和57.2；青海、内蒙古、新疆位于全国最后3位，结构调整指数分别为12.8、11.3和9.2。可以看到，东部发达省份在结构调整方面成绩显著，中部地区结构调整的速度在加快，而西部地区的结构调整进展相对较慢。同时，结构调整指数的离散系数为0.49，在6个分类指数的离散程度中排名第2，表明结构调整方面各省份存在一定差距。

技术创新方面，浙江、广东和江苏位于全国前3位，技术创新指数分别为85.8、78.3和73.3；广西、青海和新疆位于全国最后3位，技术创新指数分别为23.2、22.0和16.1。整体来看，技术创新方面，东部地区省份表现较好，中部省份的安徽处于领先水平，西部省份普遍排名靠后。同时，技术创新的离散系数为0.45，表明在技术创新方面各地区仍然有一定差距。

资源环境方面，北京、天津、浙江位于全国前3位，资源环境指数分别为100.0、46.9和46.8；广西、青海和宁夏位于全国最后3位，资源环境指

数分别为 8.7、7.4 和 6.9。同时，资源环境离散系数为 0.69，是分类指数中离散程度最大的，表明各地区之间存在明显差距。

两化融合方面，江苏、北京和广东位于全国前 3 位，两化融合指数分别为 84.5、84.4 和 81.4；甘肃、黑龙江、新疆位于全国最后 3 位，两化融合指数分别为 26.3、26.0 和 25.9。同时，两化融合的离散系数为 0.41，表明各地区在两化融合方面差距相对较大。

人力资源方面，北京、上海、陕西位于全国前 3 名，人力资源指数分别为 88.8、75.1 和 73.2；贵州、甘肃、安徽位于全国最后三位，三个省份的人力资源指数分别为 35.1、34.4 和 32.8。从全国整体来看，各地区人力资源指数的离散系数为 0.27，表明地区之间差距较小。

从上述 6 个分类指数的地区分析可以看到，各地区在资源环境、结构调整、技术创新、两化融合方面分化比较明显，差距较大，东部发达地区普遍表现较好。中部地区的安徽在结构调整、技术创新方面处于全国前列。各地区在速度效益、人力资源方面差距较小，其中，贵州、陕西占据速度效益指数的前两位，内蒙古位于人力资源指数的第四位，表现突出。

第三节　地区分析

一、北京

（一）总体情况

1. 宏观经济总体情况

2021 年，北京市实现地区生产总值 40269.6 亿元，同比增速为 8.5%。其中，第一产业、第二产业、第三产业增加值分别为 111.3 亿元、7268.6 亿元和 32889.6 亿元，同比增速分别为 2.7%、23.2%和 5.7%。三次产业结构为 0.3∶18.0∶81.7，与上年相比，第二产业比重明显上升。2021 年全年高技术产业实现增加值 10866.9 亿元，战略性新兴产业实现增加值 9961.6 亿元，按现价计算，分别较上年增长 14.2%和 14.0%，占北京市地区生产总值的比重分别达到 27.0%和 24.7%。

2021 年，全社会固定资产投资较上年增长 4.9%。分产业看，第一产业下降 59.5%，第二产业增长 38.2%，其中，制造业投资增长 68.3%。信息传输、软件和信息技术服务业投资增长 20.0%。2021 年全年北京实现社会消费

品零售总额增长 11.0%，进出口总额为 30438.4 亿元，比 2020 年增长 30.6%，出口、进口增速分别为 31.2% 和 30.4%。

2. 工业经济运行情况

2021 年，北京市实现工业增加值 5692.5 亿元，按不变价格计算，较上年增长 31.0%。其中，规模以上工业增加值增长 31.0%。规模以上工业中，外商及港澳台企业增长 40.8%，在所有类型的企业中增长最快。

（二）指标分析

1. 时序指数（见图 6-2 和表 6-5）

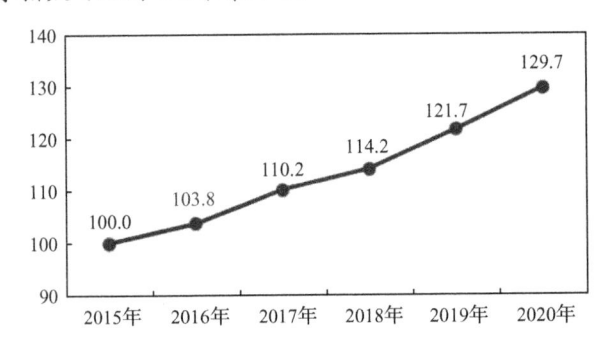

图 6-2 北京市工业发展质量时序指数

资料来源：赛迪智库整理，2022 年 4 月

表 6-5 2015—2020 年北京市工业发展质量时序指数

	2015 年	2016 年	2017 年	2018 年	2019 年	2020 年	2016—2020 年年均增速/%
速度效益	100.0	99.7	111.9	97.0	100.5	99.9	-0.02
结构调整	100.0	104.1	105.4	125.1	142.8	160.4	9.91
技术创新	100.0	101.2	103.8	102.6	104.9	110.5	2.03
资源环境	100.0	118.6	130.1	139.4	141.4	155.4	9.21
两化融合	100.0	101.7	109.5	122.1	131.3	147.6	8.10
人力资源	100.0	105.6	109.8	117.7	127.2	123.8	4.36
时序指数	100.0	103.8	110.2	114.2	121.7	129.7	5.34

资料来源：赛迪智库整理，2022 年 4 月。

纵向来看，北京市工业发展质量时序指数从 2016 年的 103.8 升至 2020 年的 129.7，年均增速为 5.34%，低于全国增速 0.25 个百分点。

北京市在结构调整和资源环境方面的改善最为显著，2016—2020 年年均

增速（以下简称"年均增速"）分别达到 9.91%和 9.21%，两化融合发展也快于工业发展质量整体增速，年均增速达到 8.10%。结构调整方面，新产品出口额占货物出口额比重表现最为突出，年均增速达到 29.82%，拉动作用明显；高技术制造业营业收入占比略高于工业整体增速，年均增速为 5.40%；规上小型工业企业营业收入占比、制造业 500 强企业占比则呈现低速增长甚至负增长，年均增速分别为 1.10%和-2.47%。资源环境方面，单位工业增加值能耗和单位工业增加值用水量指标均增长明显，年均增速分别高达 9.83%和 8.59%。两化融合方面，电子信息产业占比、宽带人均普及率两个指标年均增速均高于工业发展质量整体增速，分别达到 11.09%和 8.71%；两化融合水平年均增速为 4.00%，低于工业发展质量增速。

除上述 3 项指标外，其他方面增速均低于总体增速，速度效益、技术创新和人力资源 3 项指标增速分别只有-0.02%、2.03%和 4.36%。

速度效益方面，所有指标均低于工业发展质量整体增速，规上工业增加值增速、工业企业资产负债率、工业成本费用利润率、工业营业收入利润率年均增速分别为 4.13%、1.35%、-3.03%和-3.05%。技术创新方面，规上工业企业 R&D 人员投入强度、规上工业企业单位 R&D 经费支出发明专利数、规上工业企业新产品销售收入占比 3 项指标实现了正增长，增速分别为 3.86%、1.60%和 3.48%；规上工业企业 R&D 经费投入强度则为负增长，增速为-0.73%。人力资源方面，工业城镇单位就业人员平均工资增长较快，年均增速达到 10.44%；就业人员平均受教育年限增速和第二产业全员劳动生产率增速则低于工业发展质量整体增速，分别为 1.21%和 4.59%。

2. 截面指数（见表 6-6）

表 6-6　2015—2020 年北京市工业发展质量截面指数排名（单位：位）

	2015 年	2016 年	2017 年	2018 年	2019 年	2020 年	2016—2020 年均值排名
速度效益	1	1	1	7	8	2	3
结构调整	9	9	9	8	4	4	8
技术创新	2	4	3	5	5	5	4
资源环境	1	1	1	1	1	1	1
两化融合	3	3	3	1	1	1	2
人力资源	1	1	1	1	1	1	1
截面指数	1	1	1	1	1	1	1

资料来源：赛迪智库整理，2022 年 4 月。

横向来看，北京工业发展质量截面指数连续多年排名全国第1位，2016—2020年平均截面指数为71.8，排名全国第1位。

2020年，北京在资源环境、两化融合和人力资源方面表现较好，均处于全国第1位。

资源环境方面，单位工业增加值能耗和单位工业增加值用水量分别排在全国第2位、第1位，两项指标的良好表现支撑了资源环境总体排名全国第1位。

两化融合方面，电子信息产业占比表现抢眼，位居全国第1位；两化融合水平同样排名靠前，排在全国第5位；宽带人均普及率则有待进一步提升，排在全国第14位。

人力资源方面，就业人员平均受教育年限连续多年位于全国第1位；第二产业全员劳动生产率同样表现较好，排在全国第2位；工业城镇单位就业人员平均工资增速位列全国第13位，还有较大提升空间。

此外，2020年北京市在速度效益、结构调整和技术创新等方面也处于全国领先水平，分别排在全国第2位、第4位和第5位。

速度效益方面，尽管工业企业资产负债率位居全国之首，但工业成本费用利润率、工业营业收入利润率和规上工业增加值增速指标均有待进一步提升，分别排在全国第8位、第10位和第19位。

结构调整方面，新产品出口占货物出口额比重排在全国第2位，高技术制造业营业收入占排在全国第3位，制造业500强企业占比排在全国第5位，表现较好；规上小型工业企业营业收入占比指标排在全国第31位，成为制约结构调整发展的最主要因素。

技术创新方面，规上工业企业R&D人员投入强度排在全国第3位，规上工业企业单位R&D经费支出发明专利数排在全国第5位，规上工业企业新产品销售收入占比和规上工业企业R&D经费投入强度则分别处于全国第8位和第11位，仍有进一步提升空间。

3. 原因分析

近年来，北京市在京津冀协同发展的背景下，非首都功能逐步向外疏解，工业发展速度有所放缓，但两化融合、资源环境和人力资源等方面依然领先其他地区。

资源环境方面，近年来，北京市一直将工业绿色转型发展作为调整工业产业结构的重要抓手，全市生态环境明显改善。2021年，全市首次实现六项

空气质量指标全部达标，土壤污染得到全面管控，劣 V 类水体全面消除，年均细颗粒物浓度为 33 微克/立方米，全市空气质量持续显著改善。

两化融合方面，不断加强数据标准化建设和大数据上云上链共享工作，培育了一批数据灯塔项目，工业加速转型升级。国际大数据交易所成功设立运行，数字经济标杆城市稳步推进。

人力资源方面，北京市持续加大人才就业和生活环境，发布实施了科技创新战略行动计划，全面推进人才支撑行动。

（三）结论与展望

综合时序指数和截面指数来看，北京市工业发展质量排名全国第 1 位。具体来看，6 个分类指数也在全国领先，体现了近年来北京市在加快疏解非首都功能的背景下，统筹做好新冠肺炎疫情防控和经济社会发展，高质量推动工业经济平稳健康发展。

未来，北京市可以从以下两个方面着手，推动工业发展质量迈上新台阶。一是促进高精尖产业健康发展，进一步推进新一代信息技术、集成电路、人工智能、生物医药等重点领域关键核心技术实现新突破，布局一批带动性强的重大前沿产业项目和产业服务平台。二是充分发挥科技资源优势，争创国家实验室，支持专业孵化器等创新创业平台建设，力争取得更多基础性、原创性成果和底层技术突破。

二、天津

（一）总体情况

1. 宏观经济总体情况

2021 年，天津市地区生产总值达到 15695.05 亿元，同比增速为 6.6%。其中，第一产业、第二产业、第三产业增加值分别为 225.41 亿元、5854.27 亿元和 9615.37 亿元，分别同比增长 2.7%、6.5%和 6.7%。全年固定资产同比增长 4.8%。分产业看，第一产业、第二产业、第三产分别增长-45.8%、7.8%和 4.9%。分领域来看，工业投资增长 7.6%，制造业投资增长 13.8%。

2. 工业经济运行情况

2021 年，天津市工业增加值为 5224.57 亿元，较上年增长 8.0%。分行业来看，采矿业、制造业、"电力、热力、燃气及水的生产和供应业"增速分别为 3.3%、8.3%和 17.9%。分企业规模来看，大型企业增加值增长 6.3%，中小微企业增加值增长 10.3%。分重点行业来看，"石油、煤炭及其他燃料加工业"、医药制造业、"计算机、通信和其他电子设备制造业"快速发展，增加值增速分别增长 22.5%、18.9%和 13.1%。

（二）指标分析

1. 时序指数（见图 6-3 和表 6-7）

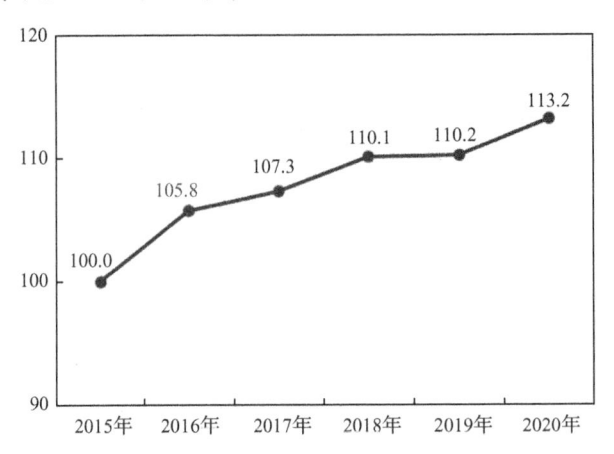

图 6-3 天津市工业发展质量时序指数

资料来源：赛迪智库整理，2022 年 4 月

表 6-7 2015—2020 年天津市工业发展质量时序指数

	2015 年	2016 年	2017 年	2018 年	2019 年	2020 年	2016—2020 年年均增速/%
速度效益	100.0	102.5	94.6	97.8	97.1	88.9	-2.32
结构调整	100.0	105.8	93.2	95.9	91.5	88.8	-2.35
技术创新	100.0	106.4	117.4	108.9	99.2	104.1	0.80
资源环境	100.0	111.4	117.9	120.7	121.3	137.0	6.49
两化融合	100.0	107.7	124.3	140.3	155.3	163.0	10.27
人力资源	100.0	103.8	108.2	112.6	119.3	133.6	5.96
时序指数	100.0	105.8	107.3	110.1	110.2	113.2	2.51

资料来源：赛迪智库整理，2022 年 4 月。

纵向来看,天津市工业发展质量时序指数从 2016 年的 105.8 上涨至 2020

年的113.2，年均增速仅为2.51%，较全国平均增速低3.08个百分点。

天津市在资源环境、两化融合和人力资源方面提升较快，年均增速分别为6.49%、10.27%和5.96%。资源环境方面，单位工业增加值能耗、单位工业增加值用水量两项指标均好于工业发展质量总体表现，年均增速分别达到6.02%和6.95%。两化融合方面，电子信息产业占比和宽带人均普及率指标增速较快，分别达到7.81%和17.29%；两化融合水平指标增速为3.95%，低于工业总体增速。人力资源方面，第二产业全员劳动生产率和工业城镇单位就业人员平均工资增速高于工业整体增速，2016—2020年年均增速分别为9.84%和6.76%；就业人员平均受教育年限增速年均增速为1.03%，低于工业整体增速。

此外，其他3项指标均表现欠佳，出现了低速增长甚至负增长。速度效益方面，规上工业增加值增速、工业企业资产负债率两项指标实现了正增长，分别为3.59%和2.59%；工业营业收入利润率和工业成本费用利润率两项指标表现较差，增速分别为-8.45%和-8.96%。结构调整方面，规上小型工业企业营业收入占比与高技术制造业营业收入占比两项指标实现了正增长，年均增速分别为6.04%和0.41%；制造业500强企业占比和新产品出口占货物出口额比重则呈负增长状态，年均增速为-7.22%和-11.69%，降幅较大。技术创新方面，规上工业企业单位R&D经费支出发明专利数年均增速为9.52%，但规上工业企业新产品销售收入占比、规上工业企业R&D人员投入强度和规上工业企业R&D经费投入强度3项指标均为零增长或负增长，增速分别为0.0%、-4.44%和-0.92%。

2. 截面指数（见表6-8）

表6-8 2015—2020年天津市工业发展质量截面指数排名（单位：位）

	2015年	2016年	2017年	2018年	2019年	2020年	2016—2020年均值排名
速度效益	3	6	22	21	19	21	19
结构调整	11	11	13	12	14	15	14
技术创新	3	3	2	6	9	11	7
资源环境	4	2	3	3	4	3	2
两化融合	8	8	8	8	7	7	8
人力资源	4	10	6	5	6	4	5
截面指数	6	6	7	6	8	9	7

资料来源：赛迪智库整理，2022年4月。

横向来看，天津市 2020 年工业发展质量截面指数为 49.2，排在全国第 9 位。2016—2020 年天津市平均截面指数为 52.7，排在全国第 7 位。

2020 年，天津市的资源环境、两化融合、人力资源 3 项指标表现突出，均位于全国前 10 位。资源环境方面，单位工业增加值用水量和单位工业增加值能耗两个指标差别较大，分别排在全国第 2 位和第 18 位，单位工业增加值用水量是整体表现较好的支撑因素。两化融合方面，电子信息产业占比、两化融合水平、宽带人均普及率均表现良好，2020 年分别排在全国第 6 位、第 8 位和第 5 位。人力资源方面，就业人员平均受教育年限和第二产业全员劳动生产率指标分别排在全国第 3 位和第 9 位，处于全国领先地位；工业城镇单位就业人员平均工资增速排在全国第 25 位，有待进一步提升。

速度效益、结构调整和技术创新方面均处于全国中下游水平，分别排在第 21 位、第 15 位和第 11 位。速度效益方面，工业成本费用利润率、工业营业收入利润率和工业企业资产负债率增速 3 项指标均处于全国中游，分别排在全国第 12 位、第 12 位和第 18 位；规上工业增加值增速指标则处于全国下游，排在全国第 25 位。结构调整方面，高技术制造业营业收入占比进入了全国前 10 位，排在第 8 位；制造业 500 强企业占比、规上小型工业企业营业收入占比和新产品出口占货物出口额比重处于全国中游水平，2020 年分别排在全国第 12 位、第 13 位、第 14 位。技术创新方面，规上工业企业 R&D 人员投入强度处于全国领先水平，排在第 5 位；规上工业企业新产品销售收入占比和规上工业企业 R&D 经费投入强度分别排在全国第 10 位和第 12 位；规上工业企业单位 R&D 经费支出发明专利数排在全国第 20 位，仍有待进一步提升。

3. 原因分析

近年来，天津市扎实践行新发展理念，深入推进供给侧结构性改革，统筹做好新冠肺炎疫情防控和经济社会发展，工业经济结构不断优化。

资源环境方面，天津市编制出台了《碳达峰碳中和促进条例》《碳达峰实施方案》，持续推进锅炉改燃并网或深度治理，全市工业园区污水集中处理基本实现全覆盖，排放废水达标率近 100%。

两化融合方面，天津市出台了数字经济"1+3"行动方案，工业互联网进一步拓展，冶金、纺织等产业加速迈向数字化、智能化，"云服务""云体验"等新业态、新模式不断涌现，成功获批国家人工智能创新应用先导区。

人力资源方面，天津市深入实施人才引领战略，以"津八条""海河英

才"等一系列优惠政策为依托，大力开展招才引智工作，全年累计引进各类人才超过 40 万人，在首届全国博士后创新创业大赛上金奖和获奖数均进入全国前 3 位。

（三）结论与展望

综合时序指数和截面指数来看，天津市工业发展质量多个方面表现较好，但也存在一些问题。未来，天津市可以重点做好3个方面工作。一是在京津冀协同发展的大格局下，加强项目、平台、产业链对接统筹，高标准承接北京市非首都功能疏解，推进"北京研发"与"天津转化"融合发展，加快北方国际航运枢纽建设。二是继续加强创新体系建设，促进科技创新与产业升级的良性互动，充分发挥国家自主创新示范区引领作用，持续推动海河实验室建设运行；围绕人工智能、生物医药、新能源、新材料等战略性新兴产业，谋划实施一系列重大科技攻关项目。三是持续优化营商环境，坚持以改革促进高水平开放、以开放倒逼深层次改革，更好地吸引国内外优质要素资源聚集，助力天津市高质量发展。

三、河北

（一）总体情况

1. 宏观经济总体情况

2021 年，河北省地区生产总值达到 40391.3 亿元，较上年增长 6.5%。其中，第一产业增加值为 4030.3 亿元，第二产业增加值为 16364.2 亿元，第三产业增加值为 19996.7 亿元，增速分别为 6.3%、4.8%和 7.7%。三次产业比例调整为 10.0∶40.5∶49.5。2021 年，河北省全社会固定资产投资较上年增长 3.0%。具体来看，第二产业投资增长 0.6%，工业技改投资占工业投资的比重达到 57.1%。2021 年，实现社会消费品零售总额 13509.9 亿元，较上年增长 6.3%。其中，城镇消费增速快于乡村消费增长水平，增速分别达到 6.8%和 3.8%；进出口总值达到 5415.6 亿元，较上年增长 21.5%，进口总值增长快于出口总值增长，增速分别达到 20.2%和 23.2%。

2. 工业经济运行情况

2021 年，河北省实现全部工业增加值 14097.7 亿元，同比增长 4.6%，规模以上工业增加值达增速为 4.9%。分门类来看，采矿业增长最快，增速达为 7.7%。分主要行业来看，"计算机、通信和其他电子设备制造业"、食品制造业、医药制造业增长最快，增速分别为 22.4%、15.4%和 14.0%。

（二）指标分析

1. 时序指数（见图 6-4 和表 6-9）

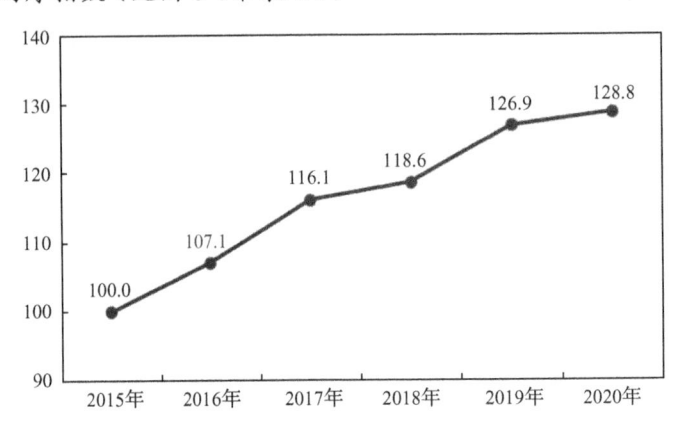

图 6-4　河北省工业发展质量时序指数

资料来源：赛迪智库整理，2022 年 4 月。

表 6-9　2015—2020 年河北省工业发展质量时序指数

	2015 年	2016 年	2017 年	2018 年	2019 年	2020 年	2016—2020 年年均增速/%
速度效益	100.0	109.8	114.9	108.9	104.1	103.7	0.73
结构调整	100.0	104.9	104.3	94.1	107.9	102.2	0.43
技术创新	100.0	108.1	128.1	149.9	169.6	173.5	11.65
资源环境	100.0	106.3	114.0	123.9	132.2	145.0	7.72
两化融合	100.0	108.7	125.4	125.3	133.7	131.9	5.69
人力资源	100.0	102.6	108.1	113.4	118.5	129.6	5.32
时序指数	100.0	107.1	116.1	118.6	126.9	128.8	5.19

资料来源：赛迪智库整理，2022 年 4 月。

纵向来看，河北省工业发展质量时序指数从 2016 年的 107.1 上涨至 2020 年的 128.8，年均增速达到 5.19%，但低于全国平均增速 0.4 个百分点。河北省在技术创新、资源环境和两化融合方面表现较好，3 个方面的增速均高于工业发展质量总体增速，年均增速分别为 11.65%、7.72%和 5.69%。具体来看，技术创新方面，规上工业企业 R&D 经费投入强度、规上工业企

业新产品销售收入占比增长较快,年均增速分别达到 12.40%和 16.92%;规上工业企业单位 R&D 经费支出发明专利数、规上工业企业 R&D 人员投入强度增速也高于工业整体增速,年均增速分别为 8.73%和 8.71%。资源环境方面,单位工业增加值用水量、单位工业增加值能耗年均增速均高于工业发展质量整体增速,分别为 9.13%和 6.23%。两化融合方面,宽带人均普及率指标年均增速达到 13.62%,表现较好;电子信息产业占比和两化融合水平则表现欠佳,年均增速分别为-2.31%和 3.24%。

此外,速度效益、结构调整、人力资源 3 项指标也都实现了正增长,但有待进一步优化提升。速度效益方面,只有规上工业增加值增速实现了正增长,年均增速为 4.74%;工业营业收入利润率、工业成本费用利润率和工业企业资产负债率均为负增长,年均增速分别为-0.52%、-0.60%和-1.58%。结构调整方面,只有高技术制造业营业收入占比和新产品出口占货物出口额比重实现了正增长,年均增速分别为 1.17%和 10.55%。人力资源方面,工业城镇单位就业人员平均工资增速和第二产业全员劳动生产率两项指标增速高于工业整体增速,年均增速分别达到 8.79%和 8.18%。

2. 截面指数(见表 6-10)

表 6-10 2015—2020 年河北省工业发展质量截面指数排名(单位:位)

	2015 年	2016 年	2017 年	2018 年	2019 年	2020 年	2016—2020 年均值排名
速度效益	22	17	21	22	22	18	22
结构调整	14	18	17	19	16	16	17
技术创新	20	20	18	15	13	16	14
资源环境	14	10	11	11	12	11	11
两化融合	15	14	15	16	17	16	16
人力资源	23	27	20	28	25	28	26
截面指数	19	17	18	21	18	18	18

资料来源:赛迪智库整理,2022 年 4 月。

横向来看,2016—2020 年,河北省工业发展质量截面指数平均值为 36.8,排在全国第 18 位;2020 年河北省工业发展质量截面指数为 36.3,同样排在全国第 18 位。具体来看,除人力资源外,河北省工业发展质量其他 5 项指标均排在全国中游。

速度效益方面，规上工业增加值增速处于全国中游，排在第 13 位；工业企业资产负债率、工业成本费用利润率和工业营业收入利润率分别排在第 17 位、第 23 位、第 24 位，均处于全国下游。

结构调整方面，制造业 500 强企业占比仍处于全国前列，2020 年排名尽管较 2019 年排名下降 1 位，但仍排在全国第 6 位；规上小型工业企业营业收入占比和新产品出口占货物出口额比重分别排在全国第 15 位和第 16 位；高技术制造业营业收入占比则处于全国下游水平，排在全国第 27 位。

技术创新方面，规上工业企业新产品销售收入占比、规上工业企业 R&D 经费投入强度和规上工业企业 R&D 人员投入强度 3 项指标均处于全国中游，2020 年分别排在全国第 14 位、第 15 位和第 16 位；规上工业企业单位 R&D 经费支出发明专利数指标表现较差，排在全国第 29 位。

资源环境方面，单位工业增加值用水量指标处于全国前列，排在第 5 位；单位工业增加值能耗则处于全国下游水平，排在第 25 位。

两化融合方面，两化融合水平和宽带人均普及率指标均处于全国中游水平，分别排在全国第 14 位和第 16 位；电子信息产业占比指标排在全国第 27 位，有待进一步提升。

人力资源方面，就业人员平均受教育年限处于全国中游，排在全国第 15 位；工业城镇单位就业人员平均工资增速和第二产业全员劳动生产率表现有待提升，分别排在全国第 20 位和第 29 位。

3. 原因分析

近年来，河北省按照"三六八九"的工作思路，积极贯彻落实京津冀协同发展国家战略，全面落实"六稳""六保"任务，工业转型升级稳步推进，高质量发展取得成效。结构调整方面，不断深化供给侧结构性改革，加快培育新动能，2021 年全省装备制造业营业收入超万亿元，成为推动工业结构转型的主引擎。技术创新方面，始终坚持科技自立自强，创新型"河北建设"不断加快，2021 年全省实施了电子信息、新能源等重点领域的 20 多个科技专项，17 项科研成果荣获国家科学技术奖，全省技术合同成交总额超 1000 亿元。

（三）结论与展望

综合时序指数和截面指数来看，河北省各项指标处于全国中下游。未来，河北省应从以下 3 个方面着手。一是落实京冀、津冀战略合作协议，加快"三区一基地"建设，高标准、高质量建设雄安新区，积极承接产业转移。二是

持续推动工业转型升级，培育建设国家级先进制造业集群，加快新旧动能转换，推进制造强省建设。三是整合创新资源，建设一批高质量的国家级创新平台，加快突破一批核心技术，促进科技成果交易转化，推进科技强省建设。

四、山西

（一）总体情况

1. 宏观经济总体情况

2021年，山西省实现地区生产总值22590.2亿元，其中第一产业、第二产业、第三产业增加值分别达到1286.9亿元、11213.1亿元和10090.2亿元，同比增速分别达到8.1%、10.2%和8.3%。全省固定资产投资（不含农户、不含跨省）增长8.7%。分产业来看，第二产业投资增长5.1%，其中，工业投资增长5.3%。全省社会消费品零售总额为7747.3亿元，增长14.8%，其中，城镇消费品零售额增长14.5%，乡村消费品零售额增长16.5%。

2. 工业经济运行情况

2021年，山西省规模以上工业增加值同比增长12.7%，其中，制造业增长17.5%。全省规模以上工业企业实现营业收入比上年增长49.3%，其中制造业增长39%。全省主要工业产品产量方面，新能源汽车产量增长1.5倍，手机增长37.9%，光伏电池增长6.1%。规模以上工业企业每百元营业收入的成本为78.9元，较上年减少3.1元。

（二）指标分析

1. 时序指数（见图6-5和表6-11）

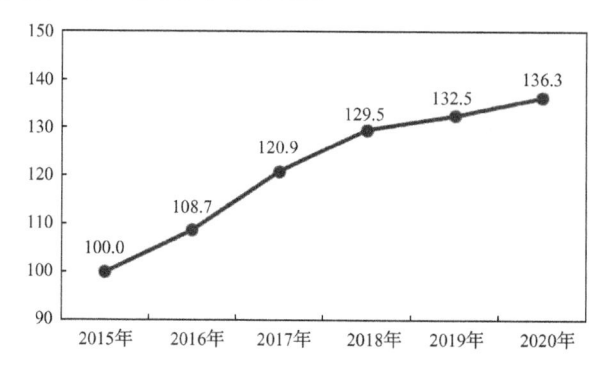

图6-5　山西省工业发展质量时序指数

资料来源：赛迪智库整理，2022年4月

表 6-11 2015—2020 年山西省工业发展质量时序指数

	2015 年	2016 年	2017 年	2018 年	2019 年	2020 年	2016—2020 年年均增速/%
速度效益	100.0	114.3	130.8	150.9	129.6	123.6	4.33%
结构调整	100.0	104.8	133.6	130.6	159.6	159.8	9.83%
技术创新	100.0	110.5	115.8	127.4	123.9	137.3	6.55%
资源环境	100.0	103.8	106.3	107.4	113.7	124.1	4.41%
两化融合	100.0	111.9	117.1	124.4	129.2	139.4	6.86%
人力资源	100.0	101.4	106.1	115.4	127.4	126.2	4.77%
时序指数	100.0	108.7	120.9	129.5	132.5	136.3	6.39%

资料来源：赛迪智库整理，2022 年 4 月。

纵向来看，山西省工业发展质量时序指数自 2015 年的 100.0 上涨至 2019 年的 136.3，年均增速为 6.4%，较全国平均增速高 0.81 个百分点。

山西省在结构调整、两化融合、技术创新等方面表现较好，年均增速分别达到 9.83%、6.86% 和 6.55%。结构调整方面，指标增速差异较大，制造业 500 强企业占比增速最快，为 21.7%；规上小型工业企业营业收入占比年均增速也达到 4.7%；新产品出口占货物出口额比重和高技术制造业营业收入占比年均增速分别为 2.6% 和 1.3%。两化融合方面，宽带人均普及率年均增速高达 11.8%，两化融合水平、电子信息产业占比年均增速分别达 4.2%、3.9%。技术创新方面，规上工业企业新产品销售收入占比、规上工业企业单位 R&D 经费支出发明专利数表现较好，年均增速分别达到 13.0%、11.7%；规上工业企业 R&D 人员投入强度、规上工业企业 R&D 经费投入强度指标也实现了稳步增长，年均增速分别为 3.0%、0.6%。

山西省在速度效益、资源环境和人力资源年均增速分别为 4.33%、4.41% 和 4.77%，均保持低速增长态势。速度效益方面，工业成本费用利润率、工业营业收入利润率、规上工业增加值增速指标年均增速分别为 5.7%、5.4%、4.6%，均稳步增长；工业企业资产负债率年均增速为 0.8%。资源环境方面，单位工业增加值用水量年均增速达到 6.4%，单位工业增加值能耗年均增速达到 2.3%。人力资源方面，工业城镇单位就业人员平均工资增速、第二产业全员劳动生产率指标表现最好，年均增速达到 8.5%、7.1%；就业人员平均受教育年限指标年均增速仅为 0.5%。

2. 截面指数（见表6-12）

表6-12　2015—2020年山西省工业发展质量截面指数排名（单位：位）

	2015年	2016年	2017年	2018年	2019年	2020年	2016—2020年均值排名
速度效益	30	27	25	23	25	26	25
结构调整	28	28	26	24	20	20	22
技术创新	24	24	25	22	27	27	26
资源环境	20	18	20	22	22	23	21
两化融合	19	18	18	18	18	19	18
人力资源	25	26	12	18	15	15	18
截面指数	28	28	24	24	23	24	26

资料来源：赛迪智库整理，2022年4月。

横向来看，2015—2020年山西省工业发展质量截面指数平均数为28.9，排在全国第26名。2020年山西省工业发展质量截面指数为30.5，排在全国第24位，较2019年下降1位。

山西省工业发展质量截面指数所有指标均值排名都处于全国下游水平，速度效益、结构调整、技术创新、资源环境、两化融合、人力资源分别排在全国第26位、第20位、第27位、第23位、第19位、第15位。

速度效益方面，指标表现差异较明显，其中，规上工业增加值增速、工业企业资产负债率、工业成本费用利润率、工业营业收入利润率分别排在全国第8位、第31位、第24位、第25位。

结构调整方面，新产品出口占货物出口额比重、制造业500强企业占比表现相对较好，排在全国第11位、第16位；高技术制造业营业收入占比、规上小型工业企业营业收入占比指标排名分别为全国第21位和第28位。

技术创新方面，4项指标均处于全国下游水平，规上工业企业R&D经费投入强度、规上工业企业R&D人员投入强度、规上工业企业单位R&D经费支出发明专利数、规上工业企业新产品销售收入占比分别排在全国第24位、第26位、第22位和第20位。

资源环境方面，单位工业增加值用水量全国排名第10位，但单位工业增加值能耗表现较差，排在全国第27位。

两化融合方面，山西省整体表现有待提升，宽带人均普及率、两化融

合水平、电子信息产业占比3项指标全国排名分别为第9位、第18位和第20位。

人力资源方面，就业人员平均受教育年限、工业城镇单位就业人员平均工资增速指标表现较好，分别排在全国第6位、第7位；第二产业全员劳动生产率排在全国第26位，较2019年降幅较大。

3. 原因分析

山西省工业经济高质量发展需要思考如何破解"资源魔咒"，抓好传统动能与新动能的统筹平衡。依托资源优势，山西省形成以钢铁、装备等重工业为主的产业结构，和以国企为主的企业结构，但传统产业普遍附加值较低、科技含量与品牌附加值有待提升。近年来，山西省深入贯彻习近平总书记视察山西省重要讲话和重要指示，积极探索和实践高质量发展新路径，山西省在结构调整、人力资源等维度的相对表现有所提升，但应该引起注意的是，速度效益、技术创新、资源环境、两化融合等维度指数的全国排名均下降。特别是技术创新、两化融合等指标下滑应引起重视，说明山西省较全国其他省份仍处于进步相对缓慢的地位，亟待进一步激发企业创新活力，加快智能制造相关企业的技改工作。

（三）结论与展望

综合时序指数和截面指数来看，山西省工业发展质量总体仍有较大提升空间。未来，山西省应从以下3个方面着手。一是着力推动传统优势产业内涵集约发展，推动钢铁、有色、煤化工、焦化、建材等行业企业迈过生存线，达到发展线。着力推动战略性新兴产业成链式、集群式发展，通过深入实施千亿产业培育工程，做强做优高端装备制造、新材料、节能环保、数字产业等千亿级产业，做大做深节能与新能源汽车、合成生物、现代医药和大健康等百亿级产业，做精做专通航、信创、软件业等潜力产业，布局量子信息、碳基芯片、氢能与储能、下一代互联网等未来产业。二是把握能源革命综合改革试点的发展机遇，加快新能源汇集站、能源互联网等新型基础设施建设，积极拓展晋电外送市场，提高光伏、风电、水电等清洁能源利用规模，开发利用地热能和生物质能。三是立足山西省区位优势，主动融入"一带一路"建设，落实黄河流域生态保护和高质量发展等国家战略，积极融入京津冀一体化协同发展，加强与中部省份、沿黄省份及周边省份区域合作，加强与长三角地区、粤港澳大湾区优质产业项目对接，提高新兴产业开放合作水平。

五、内蒙古

（一）总体情况

1. 宏观经济总体情况

2021年，内蒙古自治区实现生产总值2.05万亿元，比上年增长6.3%，全区经济持续回稳。其中，第一产业增加值较上年增长4.8%，第二产业增加值较上年增长6.1%，第三产业增加值较上年增长6.7%。2021年，全区实现进出口总值1235.6亿元，比上年增长17.2%，其中，出口总值为478.4亿元，同比增长37.1%；进口总值为757.2亿元，同比增长7.4%。2021年，全区居民消费价格上涨0.9%，其中，城市居民消费价格上涨0.8%；农村居民消费价格上涨1.1%；全区工业生产者出厂价格较上年上涨28.5%，工业生产者购进价格较上年上涨28%。

2. 工业经济运行情况

2021年，全区全部工业增加值比上年增长6.5%，规模以上工业增加值比上年增长6.0%，制造业增加值比上年增长11.3%。其中，专用设备制造业比上年增长5.8%，电气机械和器材制造业比上年增长11.4%，计算机、通信和其他电子设备制造业比上年增长21.3%，产业结构持续优化。2021年，全区规模以上工业企业实现利润3380.8亿元，增长1.5倍，规模以上工业企业营业收入利润率为14.1%，工业经济效益水平保持良好。

（二）指标分析

1. 时序指数（见图6-6和表6-13）

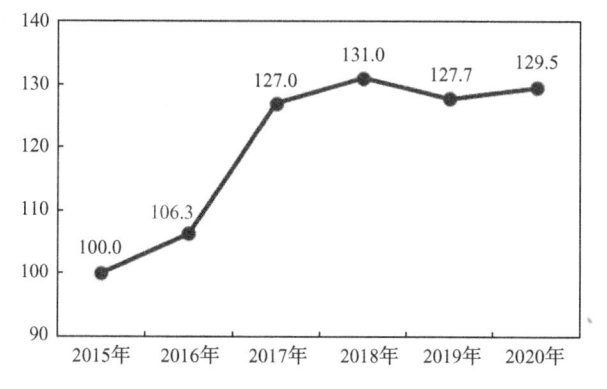

图6-6 内蒙古工业发展质量时序指数

资料来源：赛迪智库整理，2022年4月

表 6-13 2015—2020 年内蒙古工业发展质量时序指数

	2015 年	2016 年	2017 年	2018 年	2019 年	2020 年	2016—2020 年年均增速/%
速度效益	100.0	113.2	149.9	149.2	138.5	127.8	5.03
结构调整	100.0	98.3	81.7	99.2	90.8	96.7	-0.66
技术创新	100.0	108.4	154.7	136.2	137.8	149.2	8.33
资源环境	100.0	106.0	114.2	113.3	123.9	126.9	4.88
两化融合	100.0	102.9	134.7	159.4	147.6	148.9	8.28
人力资源	100.0	107.8	113.4	119.3	130.2	132.1	5.73
时序指数	100.0	106.3	127.0	131.0	127.7	129.5	5.30

资料来源：赛迪智库整理，2022 年 4 月。

纵向来看，2016—2020 年，内蒙古工业发展质量时序指数由 100.0 上涨至 129.5，年均增速达到 5.3%，低于全国平均增速 0.29 个百分点。

内蒙古在技术创新、两化融合两个方面增长较快，年均增速均在 8.3% 左右。构成技术创新的指标中，规上工业企业 R&D 经费投入强度、规上工业企业 R&D 人员投入强度、规上工业企业单位 R&D 经费支出发明专利数、规上工业企业新产品销售收入占比 4 项指标的年均增速分别达到 3.4%、-2.2%、18.4%、15.1%。构成两化融合的指标中，电子信息产业占比、两化融合水平、宽带人均普及率年均增速分别达到 3.1%、5.3%、15.0%，其中，电子信息产业占比得分较上年有所回落。速度效益方面，工业成本费用利润率、工业营业收入利润率指标表现相对较好，年均增速分别为 6.8%、6.3%，规上工业增加值增速、工业企业资产负债率指标增速相对平稳，年均增速分别为 4.8%、1.4%。资源环境方面，单位工业增加值能耗、单位工业增加值用水量年均增速分别达到-5.2%、12.1%，单位工业增加值能耗指标得分连续 3 年下降，且 2020 年降幅较大。人力资源方面，工业城镇单位就业人员平均工资增速、第二产业全员劳动生产率、就业人员平均受教育年限等指标年均增速分别为 11.1%、7.6%、1.1%，指标表现差异较大，其中，就业人员平均受教育年限较上年小幅回落。结构调整方面，高技术制造业营业收入占比表现相对较好，年均增速为 2.9%，制造业 500 强企业占比仍稳定在 2015 年水平，但新产品出口占货物出口额比重、规上小型工业企业营业收入占比年均增速分别为-0.4%、-8.9%，2020 年情况虽较 2019 年有所好转，但总体仍低

于 2015 年水平,成为结构调整指数增长的主要短板。

2. 截面指数(见表 6-14)

表 6-14　2015—2020 年内蒙古工业发展质量截面指数排名(单位:位)

	2015 年	2016 年	2017 年	2018 年	2019 年	2020 年	2016—2020 年均值排名
速度效益	21	15	5	3	4	14	7
结构调整	23	23	30	28	29	29	29
技术创新	23	21	19	23	28	29	23
资源环境	25	24	24	25	25	26	25
两化融合	29	25	20	20	22	22	21
人力资源	5	4	4	3	4	3	4
截面指数	21	19	17	19	20	21	19

资料来源:赛迪智库整理,2022 年 4 月。

横向来看,2020 年内蒙古工业发展质量截面指数为 32.8,排在全国第 21 位,较 2019 年排名下降 1 位。

2020 年,内蒙古在人力资源方面处于全国领先水平,排在全国第 3 名。其中,第二产业全员劳动生产率是促进内蒙古人力资源方面全国领先的主要支撑指标,2015 年以来一直处于全国前 3 位。2020 年内蒙古工业城镇单位就业人员平均工资增速指标排名从 2019 年全国第 16 位大幅回升至全国第 2 位,就业人员平均受教育年限仍然处于中游水平,全国排名第 12 位。

2020 年,内蒙古在速度效益方面排名回落较大,从 2019 年全国第 4 位下降至 2020 年的第 14 位。其中,工业成本费用利润率与工业营业收入利润率两个指标全国领先,分别位居全国第 4 位、第 3 位。规上工业增加值增速排名下滑幅度较大,由 2019 年的第 16 位降至 2020 年的第 27 位,工业企业资产负债率排名有所上升,由 2019 年的第 25 位升至 2020 年的第 20 位。

2020 年,内蒙古工业发展质量截面指数排名靠后主要受到结构调整、技术创新、资源环境、两化融合 4 个方面影响,指标分别排在全国第 29 名、第 29 名、第 26 名、第 22 名。结构调整方面,高技术制造业营业收入占比、制造业 500 强企业占比、规上小型工业企业营业收入占比、新产品出口占货物出口额比重 4 项指标排名分别为第 30 名、第 26 名、第 27 名和第 19 名。技术创新方面,规上工业企业 R&D 经费投入强度、规上工业企业 R&D 人员

投入强度、规上工业企业单位 R&D 经费支出发明专利数、规上工业企业新产品销售收入占比在全国排名分别是第 23 位、第 22 位、第 27 位和第 28 位。资源环境方面，单位工业增加值用水量排名居于全国中游，为第 15 位；单位工业增加值能耗排名第 29 位，成为制约资源环境指数排名的主要影响因素。两化融合方面，各项指标基本保持稳定，电子信息产业占比、两化融合水平、宽带人均普及率分别位于全国第 29 位、第 17 位、第 26 位。

3. 原因分析

内蒙古作为西部省份，产业后发优势突出，近年来处于快速追赶的进程中，在速度效益、人力资源等方面指数排名相对较高。但总体看，内蒙古工业发展质量仍处于全国中下游，结构调整、技术创新、资源环境、两化融合方面是制约工业高质量发展的主要维度。长期以来，内蒙古依托煤炭、铁矿、稀土等矿产资源优势，成为全国重要的能源输出地和原料来源地，但产业附加值低，并未能将资源优势进一步转化为产业优势，高技术制造业发展长期滞后，结构转型是内蒙古工业高质量发展的关键。

（三）结论与展望

综合时序指数和截面指数来看，内蒙古在结构调整、技术创新、资源环境、两化融合等方面仍需加快提升步伐，以实现工业的高质量发展。

内蒙古今后还需在以下 3 个方面加大工作力度。一要推进制造业高端化、智能化、绿色化发展，推动化工、装备、冶金等传统产业改造升级，打造稀土应用、新材料、新能源等领域产业新引擎，加快推动智能化工厂、数字化车间建设。二是继续全面深化"科技兴蒙"行动，强化研发投入攻坚的财力保障，加大对高新技术企业和科技型中小企业的培育扶持力度。三是大力推进能源和战略资源基地优化升级，加快源网荷储、风光火储一体化综合应用示范，壮大风光氢储产业集群。深度融入"东数西算"工程，将绿色低碳能源优势转化为算力优势，进而转化为数字经济新动能。

六、辽宁

（一）总体情况

1. 宏观经济总体情况

2021 年，辽宁省完成地区生产总值 27584.1 亿元，比上年增长 5.8%，其

中，第一产业增加值增长5.3%，第二产业增加值增长4.2%，第三产业增加值增长7.0%；全省固定资产投资较上年增长2.6%；社会消费品零售总额达到9783.9亿元，较上年增长9.2%；进出口总额为7724.0亿元，较上年增长17.6%，其中出口总额为3312.6亿元，增长24.9%，进口总额为4411.4亿元，增长12.6%。2021年，全省一般公共预算收入为2764.7亿元，比上年增长4.1%，一般公共预算支出为5901.3亿元，比上年增长6.0%。2021年，全省居民消费价格比上年增长1.1%，工业生产者购进价格比上年增长15.0%，工业生产者出厂价格比上年增长13.6%。

2. 工业经济运行情况

2021年，辽宁省规模以上工业增加值比上年增长4.6%，制造业增加值增长4.0%。其中，装备制造业增加值增长8.1%，石化工业增加值增长0.3%，冶金工业增加值增长0.6%。2021年，第二产业投资增长5.1%，高技术制造业投资增长71.2%。其中，电子及通信设备制造业投资增长1.0倍，医药制造业投资增长67.8%，计算机及办公设备制造业投资增长39.0%。

（二）指标分析

1. 时序指数（见图6-7和表6-15）

纵向来看，辽宁工业发展质量时序指数自2015年的100.0上涨至2020年的119.1，年均增速为3.6%，低于全国平均增速约2个百分点。

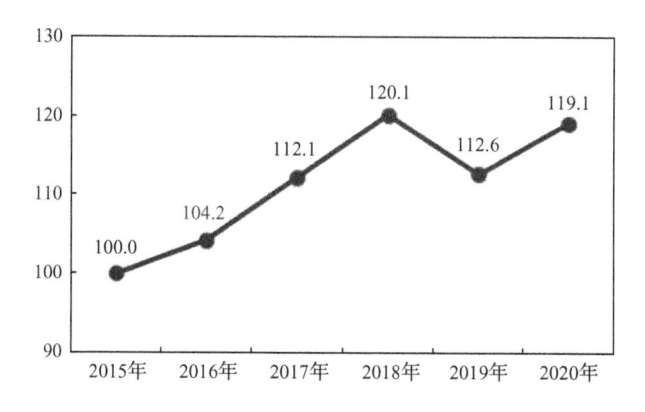

图6-7 辽宁工业发展质量时序指数
资料来源：赛迪智库整理，2022年4月

表 6-15　2015—2020 年辽宁省工业发展质量时序指数

	2015 年	2016 年	2017 年	2018 年	2019 年	2020 年	2016—2020 年年均增速/%
速度效益	100.0	85.2	117.9	137.1	118.5	120.6	3.81
结构调整	100.0	107.7	91.6	90.7	83.8	88.7	-2.37
技术创新	100.0	136.4	146.3	156.7	137.4	153.6	8.96
资源环境	100.0	90.7	95.8	103.1	107.2	108.6	1.66
两化融合	100.0	95.2	99.4	99.3	105.3	111.3	2.17
人力资源	100.0	103.9	107.9	115.9	121.9	127.5	4.99
时序指数	100.0	104.2	112.1	120.1	112.6	119.1	3.55

资料来源：赛迪智库整理，2022 年 4 月。

技术创新方面，年均增速为 8.96%，其中，规上工业企业 R&D 经费投入强度、规上工业企业 R&D 人员投入强度、规上工业企业单位 R&D 经费支出发明专利数、规上工业企业新产品销售收入占比年均增速分别为 8.5%、13.2%、3.6%、7.6%。

资源环境方面，年均增速达到 1.66%，其中，单位工业增加值能耗和单位工业增加值用水量年均增速分别为-3.6%和 6.0%，能耗问题应予以重视。

两化融合方面，年均增速为 2.17%。其中，宽带人均普及率年均增速为 9.5%，是拉动两化融合发展的主要因素；电子信息产业占比近两年虽缓慢回升，但 2020 年水平较 2015 年基期水平仍有较大落差，年均增速为-9.7%。

人力资源方面，年均增速为 5.0%，其中，工业城镇单位就业人员平均工资增速、第二产业全员劳动生产率年均增速分别为 8.0%、7.9%，此外，就业人员平均受教育年限年均增速为 0.3%。

速度效益方面，年均增速为 3.8%，规上工业增加值增速、工业企业资产负债率、工业成本费用利润率、工业营业收入利润率等指标年均增速分别为 1.1%、-0.04%、6.6%、6.3%，各项指标较上年均有小幅改善。

结构调整方面相对弱势，年均增速为-2.4%。其中，高技术制造业营业收入占比、新产品出口占货物出口额比重年均增速分别为 2.7%、5.8%，但制造业 500 强企业占比、规上小型工业企业营业收入占比年均增速分别为-10.9%、-11.4%，是结构调整的主要阻力。

2. 截面指数（见表6-16）

表6-16　2015—2020年辽宁工业发展质量截面指数排名（单位：位）

	2015年	2016年	2017年	2018年	2019年	2020年	2016—2020年均值排名
速度效益	29	30	28	19	24	28	28
结构调整	18	22	24	21	23	23	21
技术创新	18	11	11	12	18	17	12
资源环境	16	16	17	18	18	18	18
两化融合	9	10	11	11	13	14	11
人力资源	13	12	14	13	17	14	14
截面指数	23	23	20	18	21	20	20

资料来源：赛迪智库整理，2022年4月。

横向来看，2020年辽宁工业发展质量截面指数为33.2，排在全国第20位，处于全国中下游水平。

人力资源方面，全国排名第14位。工业城镇单位就业人员平均工资增速、第二产业全员劳动生产率、就业人员平均受教育年限的全国排名分别位于第17位、第13位、第10位。

资源环境方面，全国排名第18位。单位工业增加值能耗、单位工业增加值用水量的全国排名分别位于第25位、第12位。

技术创新方面，全国排名第17位。规上工业企业R&D经费投入强度、规上工业企业R&D人员投入强度、规上工业企业新产品销售收入占比年均排名分别位于全国第17位、第18位、第17位；但规上工业企业单位R&D经费支出发明专利数表现相对较差，排名位于全国第26位。

两化融合方面，排在全国第14位，较上年下降1个位次。其中，电子信息产业占比、两化融合水平、宽带人均普及率分别排在全国第15位、第11位和第22位。

结构调整方面，全国排名第23位。其中，制造业500强企业占比表现相对较好，位于全国第15位；而高技术制造业营业收入占比、规上小型工业企业营业收入占比、新产品出口占货物出口额比重相对弱势，分别排在全国第22位、第26位和第20位。

速度效益方面，全国排名第28位，较上年下降4个位次。其中，规上

工业增加值增速、工业企业资产负债率、工业成本费用利润率、工业营业收入利润率仍处于全国下游水平，分别排在全国第 21 位、第 26 位、第 26 位和第 26 位。

3. 原因分析

辽宁省作为东北老工业基地，产业发展面临加大转型升级压力，叠加高度城镇化与人口老龄化、偏重国企的企业生态及营商环境短板等诸多因素，近年来产业经济走弱。从各指标表现的全国排名看，速度效益类指标排名降幅较大，两化融合指标排名较上年下滑 1 位，其他维度指标排名总体稳中有升，结构调整、资源环境类指标排名与上年相同，技术创新、人力资源类指标有所改善。评价辽宁省等老工业基地的工业发展质量，除经济指标外，不能忽视其在全国产业经济的地位作用。辽宁省的产业结构主要为化工、冶金等原料及机械装备等产业上中游环节，产品结构以工业品为主，距离终端消费市场相对较远。其传统优势产业与我国产业基础再造工程的发力方向有较大重合度，应重视相关产业"大国重器"的支撑作用，并加大力度科研攻关，提升国际竞争力。

（三）结论与展望

综合时序指数和截面指数结果，辽宁省在两化融合、速度效益等方面还有较大的提升空间，此外，应发挥其在全国产业结构中的地位和作用，在技术创新领域发力突破。

辽宁今后还需在以下 3 个方面加大工作力度。一是坚持创新在振兴发展全局中的核心地位，发挥老工业基地企业技术优势，推动材料实验室、智能制造实验室、精细化工与催化实验室、国家机器人创新中心等重大创新平台建设，深入实施科技企业培育计划，助推高新技术企业、科技型中小企业加快发展。二是加快建设"智造"强省，重点支持数控机床、航空装备、船舶与海工装备、轨道交通装备、菱镁精深加工等产业，扶持壮大集成电路装备、节能环保、新能源汽车、生物医药、人工智能等战略性新兴产业集群，加大工业数字化应用推广力度，加速智能化改造升级。三是以市场经济体制机制建设为改革重点，营造国有企业与民营企业公平竞争的市场环境，切实减轻民营企业压力，改善营商环境。

七、吉林

（一）总体情况

1. 宏观经济总体情况

2021年，吉林省实现GDP总量13235.5亿元，按可比价格计算，同比增长6.6%，低于全国平均水平1.5%，两年平均增长4.4%。分产业看，第一产业增加值为1553.8亿元，增长6.4%，两年平均增长3.8%；第二产业增加值为4768.3亿元，增长5.0%，两年平均增长5.4%；第三产业增加值为6913.4亿元，增长7.8%，两年平均增长3.8%。

2. 工业经济运行情况

2021年，全省规模以上工业增加值同比增长4.6%，增速比1—11月份提高0.3个百分点，低于全国平均水平5.0%。从重点产业看，信息产业增长78.0%，高技术制造业增长21.6%，医药产业增长20.8%，装备制造产业增长15.6%。

（二）指标分析

1. 时序指数（见图6-8和表6-17）

纵向来看，吉林工业发展质量时序指数自2015年的100.0上涨至2020年的138.6，年均增速为6.74%，高于全国平均增速1.15个百分点。

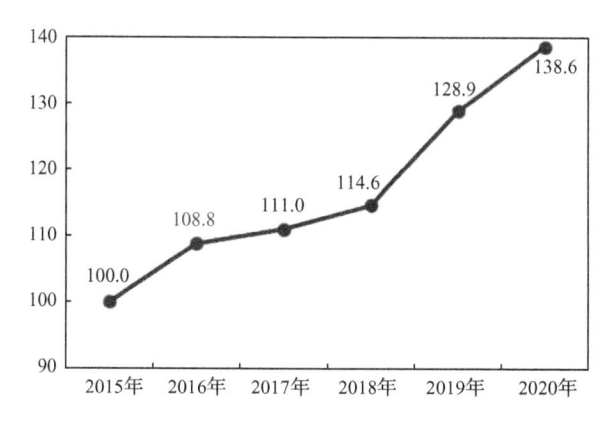

图6-8 吉林工业发展质量时序指数
资料来源：赛迪智库整理，2022年4月

表 6-17　2015—2020 年吉林工业发展质量时序指数

	2015 年	2016 年	2017 年	2018 年	2019 年	2020 年	2016—2020 年年均增速/%
速度效益	100.0	102.7	99.1	110.0	103.3	98.4	-0.32
结构调整	100.0	107.1	88.2	69.6	84.8	95.7	-0.88
技术创新	100.0	117.5	131.3	129.5	190.6	199.8	14.85
资源环境	100.0	116.5	134.5	160.1	179.0	234.0	18.53
两化融合	100.0	106.2	116.3	129.5	115.7	121.9	4.04
人力资源	100.0	105.9	111.7	117.5	123.0	126.2	4.77
时序指数	100.0	108.8	111.0	114.6	128.9	138.6	6.74

资料来源：赛迪智库整理，2022 年 4 月。

吉林省在资源环境和技术创新方面增长相对较快，年均增速分别为 18.53% 和 14.85%。资源环境方面，单位工业增加值用水量和单位工业增加值能耗改善较好，年均增速分别达到 24.2%、11.5%。技术创新方面，规上工业企业 R&D 经费投入强度、规上工业企业单位 R&D 经费支出发明专利数、规上工业企业新产品销售收入占比 3 个指标表现较好，年均增速分别为 8.8%、32.9%、15.7%；规上工业企业 R&D 人员投入强度表现较差，年均增速为 -0.1%。

吉林省在两化融合、人力资源方面的增速表现相对一般，年均增速分别为 4.04%、4.77%。两化融合方面，宽带人均普及率增长较快，年均增速为 10.8%，电子信息产业占比为负增长，增速 -3.9%。人力资源方面，工业城镇单位就业人员平均工资增速较快，为 8.9%，是支撑人力资源发展的有利因素。

吉林省在速度效益、结构调整方面表现较差，年均增速分别为 -0.32%、-0.88%。速度效益方面，工业增加值相对增长较快，年均增速达到 5.4%；工业企业资产负债率、工业成本费用利润率、工业主营业务收入利润率为低速或负增长，年均增速分别为 0.7%、-4.1%、-4.3%。结构调整方面，制造业 500 强企业占比和规上小型工业企业营业收入占比是支撑结构调整的正增长因素，增速分别为 5.9% 和 9.3%，其余两项指标为负增长。

2. 截面指数（见表 6-18）

横向来看，吉林省工业发展质量截面指数连续多年处于全国中下游水平，2020 年截面指数为 32.7，排在第 22 位，比 2019 年排名上升 4 位。

2020 年，吉林在人力资源方面表现相对突出，在全国排第 9 位。其中，

第二产业全员劳动生产率排在全国第5位,是支撑人力资源的主要原因。

表6-18 2015—2020年吉林工业发展质量截面指数排名(单位:位)

	2015年	2016年	2017年	2018年	2019年	2020年	2016—2020年均值排名
速度效益	19	16	23	20	26	16	21
结构调整	19	16	18	27	26	28	20
技术创新	29	28	27	29	22	22	25
资源环境	22	21	19	15	15	13	16
两化融合	23	23	22	22	25	25	23
人力资源	19	18	16	17	19	9	16
截面指数	20	20	22	25	26	22	22

资料来源:赛迪智库整理,2022年4月。

2020年,吉林省在速度效益、资源环境方面表现相对较好,排在全国第16位、第13位,处于全国中游水平。其中,速度效益方面,规上工业增加值增速和工业企业资产负债率表现较好,排在第2位和第8位,促进了速度效益的整体表现;资源环境方面,单位工业增加值能耗和单位工业增加值用水量均处于全国中游水平,分别排在第15位和第14位。

2020年,吉林省在其他3个方面均处于中下游或下游水平。吉林省在结构调整方面排在全国第28位。其中,高技术制造业营业收入占比、制造业500强企业占比和规上小型工业企业营业收入占比分别排全国第26位、第21位和第30位。技术创新排在第22名,与上年持平。其中,规上工业企业R&D经费投入强度和规上工业企业R&D人员投入强度在全球处于下游水平,影响了技术创新指数的排名。在两化融合方面排在全国第25位,电子信息产业占比、两化融合水平、宽带人均普及率3个指标均处于全国中下游水平,分别排在第24位、第22位、第28位,影响了吉林省两化融合指数的排名。

3. 原因分析

吉林省在人力资源、资源环境和速度效益方面表现较好,处于全国中上游水平。

人力资源方面,着力优化引才稳才聚才政策措施,在珠三角等人才密集区域设立"吉人回乡"工作站,探索开展企业人才培养项目并给予资助资金,支持大中型规模以上企业对各类人才进行自我培养、评价、使用、激励,制

定实施了促进专业技术人才发展的 7 项制度政策及促进高技能人才成长的 6 项制度政策。

资源环境方面，颁布《吉林省能源消费总量和强度"双控"考核细则》，合理控制能源消费总量，推动全社会节约能源，推动企业降低单位工业增加值能耗，提高能源利用效率，保护和改善环境。

速度效益方面，光电和智能制造装备产业园、法雷奥新能源汽车零部件基地、精功大丝束碳纤维、梅花味精 300 万吨玉米深加工等百余个项目相继建成；开工建设总投资 12 亿元的巨峰生化年产 20 万吨山梨酸项目，国家第三批"光伏发电应用领跑基地"三个奖励激励基地之一的白城光伏发电领跑奖励激励基地实现并网发电，通钢集团等一大批骨干企业做大做强，通药制药等 11 户企业纳入统计口径等。

（三）结论与展望

整体来看，吉林省在结构调整方面表现较差，未来要集中力量做大做强优势产业，如医疗健康产业、化工产业、装备制造产业、电子信息产业、冶金建材产业等，推动制造业企业向附加值更高的"微笑曲线"两端延伸，进一步提高产业规模、营业收入占比等，同时在具备条件的领域重点培育新兴产业，如新材料产业、新能源产业、商用卫星产业等。

八、黑龙江

（一）总体情况

1. 宏观经济总体情况

2021 年，黑龙江省实现 GDP 总量 14879.2 亿元，按不变价格计算，比上年增长 6.1%，低于全国平均水平 2.0 个百分点。第一产业增加值为 3463.0 亿元，增长 6.6%；第二产业增加值为 3975.3 亿元，增长 5.0%；第三产业增加值为 7440.9 亿元，增长 6.3%，。

2. 工业经济运行情况

2021 年，黑龙江省规模以上工业增加值比上年增长 7.3%，低于全国平均水平 2.3 个百分点。重点行业支撑有力，从产业看，装备工业增加值增长 13.3%，其中，通用设备制造业、汽车制造业分别增长 10.7%、23.0%，石化工业增长 9.8%，能源工业增长 6.3%；从产品产量看，增长率超过 50% 的有金属轧制设备、新能源汽车、金属切削机床和钼精矿折合量（折纯钼 45%），

增长率分别为 260%、90.3%、62.9%和 62.6%。

（二）指标分析

1. 时序指数（见图 6-9 和表 6-19）

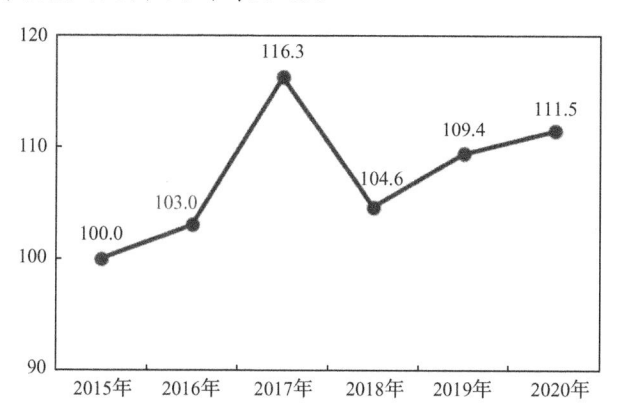

图 6-9　黑龙江工业发展质量时序指数

资料来源：赛迪智库整理，2022 年 4 月

表 6-19　2015—2020 年黑龙江工业发展质量时序指数

	2015 年	2016 年	2017 年	2018 年	2019 年	2020 年	2016—2020 年年均增速/%
速度效益	100.0	82.5	112.1	121.2	104.6	91.2	-1.82
结构调整	100.0	116.3	115.8	81.7	94.9	91.6	-1.75
技术创新	100.0	105.4	124.8	95.1	114.4	126.4	4.79
资源环境	100.0	109.2	114.7	109.8	111.4	117.9	3.34
两化融合	100.0	107.6	117.7	109.2	114.5	118.3	3.42
人力资源	100.0	105.5	110.6	116.8	126.6	144.9	7.70
时序指数	100.0	103.0	116.3	104.6	109.4	111.5	2.20

资料来源：赛迪智库整理，2022 年 4 月。

纵向来看，黑龙江省工业发展质量时序指数自 2015 年的 100.0 上涨至 2020 年的 111.5，年均增速为 2.2%，比全国平均增速少 3.39 个百分点。

黑龙江在人力资源方面增长较快，年均增速为 7.70%。其中，工业城镇单位就业人员平均工资快速增长，年均增速为 9.8%；第二产业全员劳动生产率也保持较快增长，年均增速为 12.6%；就业人员平均受教育年限增长较慢，增速仅为 0.5%。

黑龙江省在技术创新、资源环境、两化融合方面表现一般。技术创新方面，年均增速为 4.79%。其中，规上工业企业单位 R&D 经费支出发明专利数和规上工业企业新产品销售收入占比增速较高，分别为 13.1%和 13.7%；工业企业 R&D 人员投入强度增速表现欠佳，年均增速为-7.7%。资源环境方面，年均增速为 3.34%。其中，单位工业增加值用水量表现较好，年均增速达到 7.9%，促进了资源环境指数的增长。两化融合方面，年均增速为 3.42%。其中，宽带人均普及率年均增速为 13.7%，表现较好；但电子信息产业占比表现较差，年均增速为-13.7%。

黑龙江省在速度效益和结构调整方面表现较差，年均增速均分别为-1.82%和-7.75%。具体看，速度效益方面，工业企业资产负债率、工业成本费用利润率和工业营业收入利润率均呈负增长，年均增速分别为-1.3%、-4.9%和-4.5%。结构调整方面，制造业 500 强企业占比保持较快增长，年均增速为 5.9%；但其余 3 个指标年均增速均为负增长，表现较差。

2. 截面指数（见表 6-20）

表 6-20 2015—2020 年黑龙江工业发展质量截面指数排名（单位：位）

	2015 年	2016 年	2017 年	2018 年	2019 年	2020 年	2016—2020 年均值排名
速度效益	25	28	27	26	28	29	27
结构调整	21	19	22	25	25	26	24
技术创新	15	16	14	24	23	23	22
资源环境	19	20	21	23	23	25	23
两化融合	27	29	29	27	29	29	29
人力资源	21	17	19	20	18	17	19
截面指数	25	25	26	28	29	29	28

资料来源：赛迪智库整理，2022 年 4 月。

横向来看，2020 年黑龙江省截面指数为 26.2，排在全国第 29 位，与 2019 年持平。

黑龙江省在人力资源方面处于全国中游水平，2020 年排在全国第 17 位。其中，第二产业全员劳动生产率排名相对较好，排在第 14 名。

黑龙江省在其余 5 个方面表现均比较一般。速度效益方面，排在全国第 29 位，其中，工业成本费用利润率和工业营业收入利润率表现较差，分别排

在第 30 位和第 31 位。结构调整方面，排在全国第 26 位，其中，高技术制造业营业收入占比表现较差，排在全国第 29 位。技术创新方面，排在全国第 23 名，其中，规上工业企业单位 R&D 经费支出发明专利数表现较好，排在全国第 8 位，但规上工业企业 R&D 人员投入强度和规上工业企业新产品销售收入占比表现较差，均排在全国第 25 位。资源环境方面，排在全国第 25 位，单位工业增加值能耗和单位工业增加值用水量排名均比较靠后。两化融合方面，排在全国第 29 位，其中，电子信息产业占比和宽带人均普及率表现较差，分别排在全国第 30 位和第 27 位。

3. 原因分析

黑龙江省基本没有特别突出的指标，只在人力资源方面表现较好，究其原因，主要是由于黑龙江省对人才体制机制的改革，主要体现在优化升级人才政策体系、实施重点人才项目、健全人才服务保障体系、统筹推进人才分类评价改革、深化事业单位人事制度改革。

（三）结论与展望

整体来看，黑龙江省工业发展质量有待提高，技术创新、资源环境、两化融合、速度效益和结构调整方面均处于国内中下游水平，呈现总量不大、速度不快、质量不高等特点，未来要继续深入推进工业振兴计划，加快培育壮大新动能，进一步推动工业经济提质增效，向高质量发展迈进。一是推动传统产业改造升级，支持企业数字化、绿色化改造；二是推动新兴产业发展壮大，政府应积极争取国家先进制造产业投资基金支持，为当地新兴产业培育提供金融支撑；三是营造良好的创新环境，推动企业创新能力提升，同时加速科技成果高质量就地转化。

九、上海

（一）总体情况

1. 宏观经济总体情况

2021 年，上海市全年实现生产总值 43214.85 亿元，比 2020 年增长 8.1%，两年平均增长 4.8%。其中，第一产业增加值为 99.97 亿元，下降 6.5%；第二产业增加值为 11449.32 亿元，增长 9.4%；第三产业增加值为 31665.56 亿元，增长 7.6%。第三产业增加值占上海市生产总值的比例较上年提高 0.2 个百分点，达到 73.3%。

2. 工业经济运行情况

2021年,上海市全年实现工业增加值10738.80亿元,比上年增长9.5%;全年完成工业总产值42013.99亿元,增长10.2%。其中,规模以上工业总产值为39498.54亿元,增长10.3%。在规模以上工业总产值中,国有控股企业总产值为12707.55亿元,增长6.6%。全年新能源、生物、高端装备、新一代信息技术、新材料、新能源汽车、节能环保、数字创意等工业战略性新兴产业完成规模以上工业总产值16055.82亿元,比上年增长14.6%,占全市规模以上工业总产值比例达到40.6%。全年规模以上工业产品销售率为99.4%。全年规模以上工业企业主要产品中,新能源汽车产量为63.19万辆,增长1.6倍;金属集装箱产量为2337.15万立方米,增长2.2倍;集成电路产量为364.95亿块,增长19.8%;工业机器人产量为7.17万套,增长34.6%;笔记本计算机产量为1949.96万台,增长31.9%;服务器产量为34.99万台,增长27.7%。全年规模以上工业企业实现利润总额3052.33亿元,比上年增长6.3%;实现税金总额1820.80亿元,比上年增长3.3%;规模以上工业企业亏损面为19.3%。

(二)指标分析

1. 时序指数(见图6-10和表6-21)

纵向来看,上海市工业发展质量时序指数自2015年的100.0增长到2020年的118.5,年均增速达到3.46%,低于全国平均增速2.13个百分点。

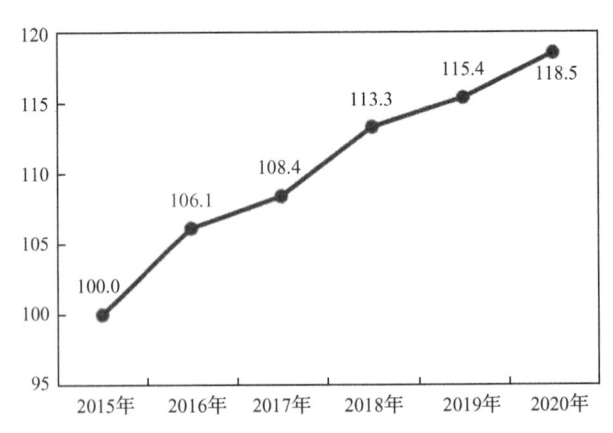

图6-10 上海工业发展质量时序指数

资料来源:赛迪智库整理,2022年4月

表 6-21　2015—2020 年上海工业发展质量时序指数

	2015 年	2016 年	2017 年	2018 年	2019 年	2020 年	2016—2020 年年均增速/%
速度效益	100.0	104.6	107.0	109.0	99.6	99.4	-0.12
结构调整	100.0	109.4	107.3	116.6	120.4	128.8	5.19
技术创新	100.0	109.3	107.8	109.3	110.3	119.5	3.62
资源环境	100.0	102.4	113.6	120.5	121.2	127.0	4.89
两化融合	100.0	104.2	107.3	114.3	122.6	127.6	4.99
人力资源	100.0	103.7	110.7	115.3	131.7	118.1	3.39
时序指数	100.0	106.1	108.4	113.3	115.4	118.5	3.46

资料来源：赛迪智库整理，2022 年 4 月。

从细分指标来看，上海市在结构调整、两化融合、资源环境和技术创新等方面增长较快，年均增速分别达到 5.19%、4.99%、4.89%和 3.62%。结构调整方面，其分项指标制造业 500 强企业占比和新产品出口占货物出口额比重年均增速分别达到 10.8%和 6.4%，成为促进结构调整指标快速增长的主要原因，凸显了上海市在总部经济和新产品开发方面的优势。两化融合方面，其分项指标宽带人均普及率年均增速达到 9.8%，成为促进两化融合指标快速增长的主要原因。资源环境方面，其分项指标单位工业增加值用水量年均增长达到 5.25%，成为促进资源环境指标快速增长的主要原因。技术创新方面，其分项指标规上工业企业单位 R&D 经费支出发明专利数年均增长达到 5.3%，成为促进技术创新指标快速增长的主要原因。

人力资源方面，其分项指标差距较大，其中，工业城镇单位就业人员平均工资增速为 9.2%，而就业人员平均受教育年限年均增速仅为 0.69%，成为拖累人力资源指标增长的主要原因。

速度效益方面首次呈现下降，年均增速为-0.12%。其中，仅规上工业增加值增速达到 2.4%；工业企业资产负债率、工业成本费用利润率和工业营业收入利润率 3 个分项指标均呈现下降，年均增速分别为-0.55%、-1.54%和-1.45%。

2. 截面指数（见表 6-22）

横向对比来看，近年来，上海市工业发展质量截面指数在全国均属领先地位，2015—2020 年均排名全国前 5 位，且 2016—2020 年均值排名为全国第 5 位。

表 6-22　2015—2020 年上海工业发展质量截面指数排名（单位：位）

	2015 年	2016 年	2017 年	2018 年	2019 年	2020 年	2016—2020 年均值排名
速度效益	4	2	3	4	16	4	5
结构调整	12	13	15	14	15	14	15
技术创新	4	2	5	7	6	6	5
资源环境	8	11	10	10	14	14	12
两化融合	4	4	4	4	4	4	4
人力资源	3	2	3	4	2	2	2
截面指数	2	3	4	5	5	5	5

资料来源：赛迪智库整理，2022 年 4 月。

从分项指标来看，上海市在人力资源指标方面表现突出，2020 年排名位列全国第 2 位。其中，工业城镇单位就业人员平均工资增速和就业人员平均受教育年限两个分项指标分别位列全国第 1 位和第 2 位。

上海市在两化融合和速度效益方面表现同样强劲，2020 年在上述两项指标排名中均位列全国第 4 位。两化融合方面，两化融合水平和电子信息产业占比两项指标表现突出，2015—2020 年基本位列全国前 5 位，2020 年排名均为第 4 位。速度效益方面，工业企业资产负债率和工业营业收入利润率年均增速分别位于全国第 2 位和第 6 位。

上海市在资源环境和结构调整方面表现一般，2016—2020 年均值排名为全国第 12 位和第 15 位。其中，2020 年单位工业增加值用水量指标排名全国第 28 位，规上小型工业企业营业收入占比落到全国第 23 位，成为拖累两个分项指标排名的主要原因。

此外，技术创新方面，上海市在规上工业企业新产品销售收入占比表现较为突出，2020 年排名第 6 位。

3. 原因分析

2015—2020 年，上海市在全国工业发展质量排名体系中始终位保持在靠前位置，总体保持平稳增长。虽然 2020 年受到全球新冠肺炎疫情冲击影响，内外部需求面临较大变化，但随着国内新冠肺炎疫情趋稳，消费水平和质量均得到较快提升年，确保经济保持回升趋势。目前，上海市国际经济、金融、贸易、航运中心建设基本建成，具有全球影响力的科技创新中心形成基本框架，"五个中心"建设得到扎实推进，开放型经济特点不断彰显。此外，上

海市积极抢占新赛道，培育壮大新动能，集成电路、生物医药、人工智能三大先导产业引领其不断向高端化发展。

（三）结论与展望

从时序指数和截面指数两方面的排名结果来看，上海整体上延续了此前的优秀表现，大部分指标保持在全国领先位置，但是与此同时，工业发展也存在动力不足，制造业投资增长后劲不够，关键核心技术问题仍然突出，产业链、供应链的自主可控水平急需提高，部分指标出现暂时性下降等问题。今后，上海市需进一步扩大在战略性新兴产业、数字经济等领域的引领作用，增强全球资源配置功能，持续激发企业主体创新活力和动力，发挥科技创新策源地功能，对内引领辐射，促进工业经济协同发展和绿色发展。

十、江苏

（一）总体情况

1. 宏观经济总体情况

2021年，江苏省实现国内地区生产总值116364.2亿元，首次迈上11万亿台阶，比上年增长8.6%，规模继续位列全国第2位。从产业看，第二产业规模与增速显著增长，分别达到51775.4亿元和10.1%，在国民经济中的占比进一步提升，作为经济增长压舱石作用更为凸显；第三产业规模与增速分别达到59866.4亿元和7.7%；第一产业增速有所提升，规模与增速分别达到4722.4亿元和3.1%。至此，江苏省产业结构不断调整，三次产业比例优化为4.1∶44.5∶51.4。从所有制性质来看，江苏省非公有制经济发展活力进一步释放，实现增加值87622.2亿元，占全部GDP比例达75.3%，同比提高0.4个百分点，其中民营经济占GDP比重达到57.3%。从区域协调发展来看，扬子江城市群对全省经济增长的贡献率依然保持高位，为76.9%；沿海经济带对全省经济增长的贡献率为18.1%。

2. 工业经济运行情况

2021年，江苏省工业经济恢复较快稳定，全年规模以上工业增加值同比增长12.8%，显著高出全国平均水平。其中，重工业增长更快，增速达到12.9%；轻工业增速达到12.4%。从先进制造业细分行业来看，电子、专用设备、汽车和医药4大细分行业增长较快，分别增长17.3%、15.9%、14.7%和11.0%。

智能制造、新型材料、新型交通运输设备和高端电子信息产品的新产品产量实现较快增长。新能源汽车、城市轨道车辆、3D 打印设备、集成电路、服务器 5 类新产品产量同比分别增长 198%、5.9%、64.3%、39.1%和 67.3%。全省软件与信息服务业在上年首破万亿大关的基础上，2021 年又超过 1.2 万亿。通过信息技术与制造业的融合，江苏省新增了 332 个省级智能制造示范车间、10 家智能工厂试点。从工业新动能来看，全省高技术产业、装备制造业增加值比上年分别增长 17.1%和 17.0%，高于规模以上工业 4.3 个百分点和 4.2 个百分点；对规上工业增加值增长的贡献率达 30.5%和 67.3%。

（二）指标分析

1. 时序指数（见图 6-11 和表 6-23）

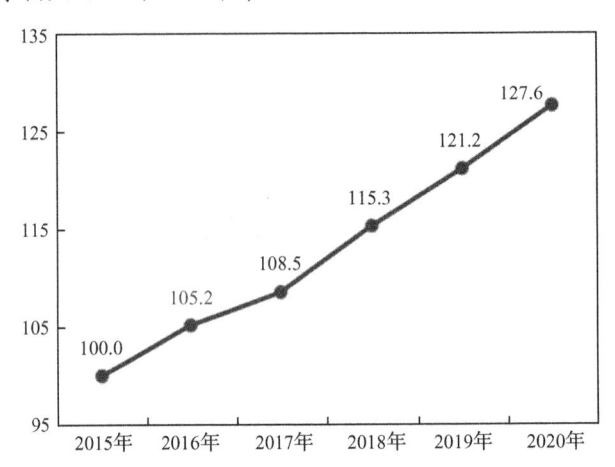

图 6-11　江苏工业发展质量时序指数

资料来源：赛迪智库整理，2022 年 4 月

表 6-23　2015—2020 年江苏工业发展质量时序指数

	2015 年	2016 年	2017 年	2018 年	2019 年	2020 年	2016—2020 年年均增速/%
速度效益	100.0	103.9	105.7	106.1	101.1	105.5	1.08
结构调整	100.0	107.0	103.2	107.3	111.7	117.4	3.25
技术创新	100.0	105.5	111.9	132.2	151.7	162.6	10.21
资源环境	100.0	104.2	111.9	119.6	127.0	134.9	6.17
两化融合	100.0	105.8	113.2	115.9	121.5	126.6	4.82

续表

	2015 年	2016 年	2017 年	2018 年	2019 年	2020 年	2016—2020 年年均增速/%
人力资源	100.0	104.1	108.6	113.9	119.3	123.9	4.38
时序指数	100.0	105.2	108.5	115.3	121.2	127.6	5.00

资料来源：赛迪智库整理，2022 年 4 月。

从时间发展序列来看，近年来，江苏省工业发展质量时序指数增长速率较快，略低于全国平均水平，数值从 2015 年的 100.0 增长到 2020 年的 127.6，年均增速为 5.00%，略低于全国平均增速水平 5.59%。

从分项指标来看，江苏省在技术创新和资源环境这两项指标方面表现优异，年均增速分别为 10.21%和 6.17%，成为支撑江苏省工业高质量发展的主要原因。技术创新方面，规上工业企业新产品销售收入占比、规上工业企业 R&D 经费投入强度和规上工业企业 R&D 人员投入强度这 3 项指标均实现了两位数的较快增长，年均增速分别达到 13.6%、13.1%和 10.2%，这表明企业层面的产品开发、研发投入和人力投入较高。资源环境方面，单位工业增加值用水量年均增速为 6.4%，单位工业增加值能耗年均增速为 6.0%，发展面临的资源环境约束日益明显。

人力资源、结构调整、速度效益 3 项指标表现一般，年均增速分别为 4.38%、3.25%、1.08%。人力资源方面，工业城镇单位就业人员平均工资增速和第二产业全员劳动生产率增速较快，年均增速分别为 7.5%和 6.8%，就业人员受教育年限有待进一步提升。结构调整方面，新产品出口占货物出口额比重和制造业 500 强企业占比两项指标增速较快，年均增速分别为 4.8%和 4.7%。速度效益方面，分项指标差异较大，规上工业增加值增速仍然较快，年均增速为 6.5%；与此同时，工业企业资产负债率指标增速仅为 0.02%，工业成本费用利润率、工业营业收入利润率指标表现较差，增速分别为-1.73%和-1.58%，因而速度效益整体指标增速较慢。

两化融合方面，2020 年年均增速为 4.82%，宽带人均普及率和两化融合水平两项指标年均增速较快，分别达到 9.5%和 2.7%，这表明江苏省两化融合发展较好，宽带基础设施建设进一步推动信息化、带动工业化较快发展。

2. 截面指数（见表 6-24）

从全国各省市排名对比来看，江苏省工业发展质量截面指数的排名始终较高，位于第一阵列，2020 年全国排名为第 3 位，2016—2020 年均值排名

为全国第 4 位。

表 6-24　2015—2020 年江苏工业发展质量截面指数排名（单位：位）

	2015 年	2016 年	2017 年	2018 年	2019 年	2020 年	2016—2020 年均值排名
速度效益	8	7	11	16	15	10	11
结构调整	3	3	4	3	2	2	3
技术创新	6	6	7	3	3	2	3
资源环境	11	12	13	14	13	15	14
两化融合	1	1	1	3	2	2	1
人力资源	7	5	7	7	7	7	7
截面指数	5	5	5	4	4	3	4

资料来源：赛迪智库整理，2022 年 4 月。

从各细分指标排名来看，两化融合、结构调整、技术创新 3 项指标表现优异是支撑江苏省工业发展质量全国排名较高的主要原因，2016—2020 年均值排名分别为第 1 位、第 3 位、第 3 位。两化融合方面，两化融合水平指标连续多年排名全国第 1 位，宽带人均普及率和电子信息产业占比两项指标全国排名靠前，2020 年分列全国第 1 位和第 2 位，这与苏州、无锡等地电子信息制造产业发展较快及制造业数字化转型成效明显相关。结构调整方面，制造业 500 强企业占比与高技术制造业营业收入占比两个细分指标排名靠前，2020 年分列全国第 3 位和第 4 位，江苏省工业发展依旧延续依靠高科技制造业龙头企业为主要支撑，龙头企业的全球影响力不断扩大，恒力集团等 4 家江苏公司入围世界 500 强；但规上小型工业企业营业收入占比指标排名一般，2020 年位列全国第 9 位，中小企业发展活力有待增强。技术创新方面，规上工业企业 R&D 经费投入强度、规上工业企业 R&D 人员投入强度及规上工业企业新产品销售收入占比 3 项指标排名表现较好，2020 年分别排在全国第 1 位、第 2 位和第 2 位。

人力资源指标表现尚可，2016—2020 年均值排名为第 7 位。人力资源方面，就业人员平均受教育年限指标 2020 年排名全国第 7 位，这与江苏省教育资源相对丰富有关；第二产业全员劳动生产率指标表现一般，位列全国第 8 位；而工业城镇单位就业人员平均工资增速指标仅位列全国第 24 位，制造业人员收入水平有待进一步提高。

资源环境和速度效益两项指标成为制约江苏省工业发展质量进一步提

升的主要原因，这两项指标 2016—2020 年均值排名分别为第 14 位和第 11 位。资源环境方面，单位工业增加值用水量指标 2020 年排名为全国第 27 位，单位工业增加值能耗指标排名则为全国第 9 位，江苏全省工业发展能耗水平仍然较高。速度效益方面，工业成本费用利润率和工业营业收入利润率表现较差，2020 年全国排名均为第 17 位；此外，规上工业增加值增速指标排名好于上年，位于全国第 5 位。

3. 原因分析

整体来看，2015—2020 年江苏省工业发展质量整体排名继续保持位于全国第一方阵，这与江苏省近年来工业经济总量排名靠前、制造业龙头企业数量多、产业结构丰富、配套完整有关。

从工业发展的优势来看，江苏省工业经济总体量较大，各大产业规模较为均衡，在产业结构、技术创新和产业集聚度等方面都处于全国领先水平。江苏省在智能制造、新型电力装备（智能电网）、软件信息、物联网、高端纺织、生物医药、纳米新材料等先进制造业领域有着突出优势，在全省各地市已培育形成具有较高竞争力、影响力的若干产业集群和全球知名龙头企业。此外，江苏省高等院校众多、人才层次梯度合理、科技资源丰富、长三角辐射效力强等特点为工业领域研发创新奠定了坚实的基础。

但从工业发展的短板来看，江苏省工业经济面临体量增长趋缓、技术创新引领作用不强、核心关键技术有待突破、节能减碳压力较大等问题。此外，江苏省地处长江和太湖流域，土地资源环境约束较多，苏南苏北发展不均衡，后续将面临发展空间和环保的双重挑战。

（三）结论与展望

从时序指数和截面指数两类测算结果来看，江苏省工业发展质量继续保持优异，未来应在关键核心技术突破、加强新兴产业培育、打造先进制造业集群、探索低碳发展路径等方面重点发力，加快实现全省工业高质量发展目标。

一是紧盯重点产业链薄弱环节，实施产业基础能力提升行动和产业基础再造工程，构建高标准的产业基础体系。二是强化企业创新主体地位，着力培育专精特新企业发展，引领关键核心技术突破。三是坚持绿色发展理念，以积极实践探索绿色转型新路径。

十一、浙江

(一) 总体情况

1. 宏观经济总体情况

2021年，浙江省实现地区生产总值为 73516 亿元，较上年增长 8.5%。从三次产业看，第一产业实现增加值 2209 亿元，较上年增长了 2.2%；第二产业实现增加值 31189 亿元，较上年增长了 10.2%；第三产业实现增加值 40118 亿元，较上年增长了 7.6%，三次产业增加值结构进一步优化。从人均 GDP 来看，2021 年达到 113032 元，增长 7.1%。

从经济发展质量来看，浙江省近年来通过加快培育新动能，以新产业、新业态、新模式为主要特征的"三新"经济在国民经济发展中的重要地位不断巩固，占 GDP 比例达到 27.8%。尤其是数字经济发展迅猛，2021 年数字经济核心产业增加值达到 8348 亿元，增长 13.3%。此外，从战略性新兴产业发展情况看，生物、新一代信息技术、节能环保、新能源等产业呈现良好发展态势，产业增加值较上年增长了 14.4%、18.7%、13.7% 和 20.4%。

2. 工业经济运行情况

2021年，浙江省实现规模以上工业增加值 20248 亿元，增长 12.9%，增速有所下降。从不同所有制性质来看，外商投资企业增长增速较去年增长了 14.1%；港澳台商投资企业较去年增长 10.7%；国有及国有控股企业较去年增长了 10.0%；私营企业较去年增长了 13.1%。从工业不同行业来看，17 个传统制造业增加值增速较快，增速平均为 11.1%。最后，在 38 个工业行业大类中，有 35 个行业较上年实现了增长，增长面高达 92.1%。

(二) 指标分析

1. 时序指数 (见图 6-12 和表 6-25)

从近年来发展情况来看，浙江省工业发展质量始终保持平稳增长，2016—2020 年年均增速为 5.50%，接近全国平均增速。

从分类指标来看，资源环境方面的优异表现是支撑浙江省工业发展质量不断提升的主要原因，该项指标的年均增速达到 10.42%；但结构调整、速度效益与人力资源 3 项指标表现较为落后，成为拖累工业发展质量提升的主要原因，上述指标年均增速仅为 2.60%、4.14% 和 4.73%。

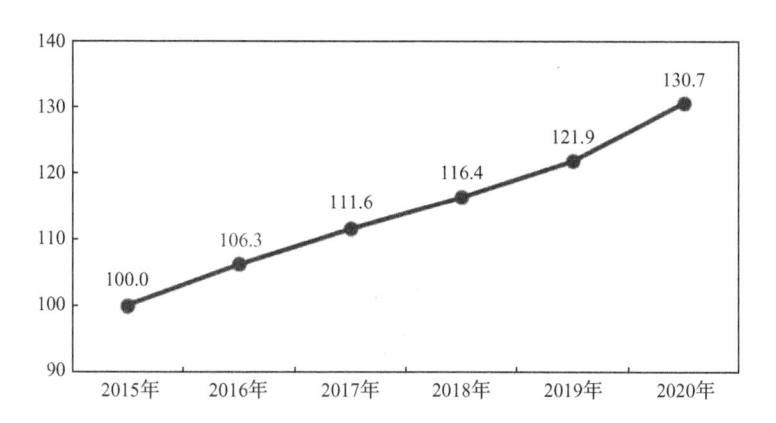

图 6-12　浙江工业发展质量时序指数

资料来源：赛迪智库整理，2022 年 4 月

表 6-25　2015—2020 年浙江工业发展质量时序指数

	2015 年	2016 年	2017 年	2018 年	2019 年	2020 年	2016—2020 年年均增速/%
速度效益	100.0	109.0	113.0	110.2	113.4	122.5	4.14
结构调整	100.0	103.4	105.7	104.5	106.4	113.7	2.60
技术创新	100.0	105.3	111.3	126.0	130.5	137.4	6.55
资源环境	100.0	108.4	115.8	127.0	144.0	164.1	10.42
两化融合	100.0	107.1	116.2	121.7	129.5	138.6	6.74
人力资源	100.0	104.8	110.3	117.1	121.6	126.0	4.73
时序指数	100.0	106.3	111.6	116.4	121.9	130.7	5.50

资料来源：赛迪智库整理，2022 年 4 月。

浙江省工业发展质量的优势方面，从资源环境指标来看，单位工业增加值用水量指标表现较好，年均增速达到 14.29%。单位工业增加值能耗指标表现不太理想，年均增速为 5.92%，说明绿色发展仍有较大提升空间。从两化融合指标来看，电子信息产业占比表现较好，年均增速达到了 9.38%，这也充分表明近年来浙江省是全国数字经济发展的主力军。

工业发展质量的短板方面，从结构调整指标来看，除高技术制造业营业收入占比指标表现较好外，年均增速为 9.04%，其余的制造业 500 强企业占比、规上小型工业企业营业收入占比、新产品出口占货物出口额比重 3 项指标增速都不尽理想，年均增速分别为 -3.91%、-0.25% 和 2.95%。从速度效益指标来看，规上工业增加值增速指标保持了较快增长，年均增速为 6.76%，而工业成本费用利润率、工业营业收入利润率及工业企业资产负债率3项细分指标的年均增速相对较低，分别为4.09%、3.99%和0.87%，这说明浙江省工业企业发展的效益有待进一步提升。

2. 截面指数（见表6-26）

表6-26 2015—2020年浙江工业发展质量截面指数排名（单位：位）

	2015年	2016年	2017年	2018年	2019年	2020年	2016—2020年均值排名
速度效益	17	11	10	14	13	3	9
结构调整	1	1	1	1	1	1	1
技术创新	1	1	1	1	1	1	1
资源环境	5	5	5	4	2	2	3
两化融合	5	5	5	6	5	3	5
人力资源	16	13	17	14	16	19	15
截面指数	3	2	2	2	2	2	2

资料来源：赛迪智库整理，2022年4月。

从全国各省市的工业发展质量排名来看，浙江省始终处于全国前列，2016—2020年全国平均排名为第2位。

从分项指标来看，技术创新与结构调整两项指标持续表现突出，成为支撑浙江省工业质量发展的重要因素，全国平均排名自2015年以来一直处于第1位。与此同时，资源环境和两化融合两项指标表现也比较突出，2016—2020年均值排名分别为第3位和第5位。但速度效益和人力资源两项指标表明相对落后，2016——2020年均值排名分别为第9位和第15位。

技术创新方面，规上工业企业新产品销售收入占比和规上工业企业R&D人员投入强度两项指标2020年排名均位列全国第1位，规上工业企业R&D经费投入强度排名2020年位列全国第2位，但规上工业企业单位R&D经费支出发明专利数指标2020年排名仅为全国第17位，说明企业专项成果增长较慢，有进一步提升空间。

结构调整方面，制造业500强企业占比始终处于全国先进地位，2020年排名全国第2位。但是高技术制造业营业收入占比和新产品出口占货物出口额比重两项指标则排名处于中游水平，2020年全国排名分别为第11位和第12位。

资源环境方面，单位工业增加值能耗和单位工业增加值用水量两项指标 2020 年排名分别位列全国第 4 位和第 6 位，表现较好。

两化融合方面，宽带人均普及率和两化融合水平两项指标 2020 年排名分别位列全国第 1 位和第 3 位。

速度效益方面，规上工业增加值增速、工业营业收入利润率及工业成本费用利润率 3 项指标均位于全国上游水平，2020 年全国排名分别位列第 9 位、第 5 位和第 6 位。

人力资源方面，就业人员平均受教育年限该项指标表现较为突出，2020 年全国排名为第 5 位。但另外两项指标（工业城镇单位就业人员平均工资增速和第二产业全员劳动生产率）表现较为落后，2020 年全国排名均在第 23 位，严重制约了人力资源指标的整体表现。

3. 原因分析

近年来，浙江省高度重视发展以新产业、新业态、新模式为主要特征的"三新"经济，不断加快数字经济发展步伐。同时，重点发展装备、高技术、战略性新兴、人工智能和高新技术产业，从而在技术创新及产业结构调整方面走在了全国前列。

从发展优势看，浙江省近年来扎实推进技术创新工作，一是加快实施创新强省首位战略，同时推进人才强省战略，加快建设国家级、省级实验室，如建设之江实验室、瓯江实验室、甬江实验室等。二是大力发展战略性新兴产业和高技术产业，实施"腾笼换鸟、凤凰涅槃"攻坚行动，为技术创新提供产业支撑。三是大力发展数字经济，持续推进"5G+工业互联网"工程，赋能工业智能化发展等。

（三）结论与展望

2015—2020 年，浙江省工业发展质量整体保持在全国上游水平，未来需要在以下 3 个方面做出努力。一是持续推进一批工业重大项目建设，围绕新材料、网络通信、生物医药、智能装备等重点产业链，做好相关重大项目的招商引资工作，实现大项目对工业发展的拉动作用。二是继续推进科技创新工作，实施科技创新平台建设工程，加强核心关键技术攻关，落实科技创新促进政策等。三是提升制造业核心竞争力，构建制造业高质量发展政策体系，推进制造业产业链与创新链融合发展，实施制造业集群式发展战略，打造国家战略性新兴产业集群等。

十二、安徽

（一）总体情况

1. 宏观经济总体情况

2021年，安徽省全年实现地区生产总值42959.2亿元，增长8.3%。从三次产业来看，第一产业实现增加值为3360.6亿元，较上年增长7.4%；第二产业实现增加值为17613.2亿元，较上年增长7.9%；第三产业实现增加值为21985.4亿元，较上年增长8.7%。从三次产业结构以及增速来看，第二产业对全省经济增长的支撑作用显著。从人均GDP水平来看，全省人均GDP达70321元。

从全年投资看，安徽省2021年固定资产投资总规模较上年增长了9.4%。其中，工业技术改造投资较上年增长17.8%，基础设施投资较去年增长7.4%，民间投资较上年增长7.3%。分产业看，第一产业投资较去年增长39.1%，第二产业投资较上年增长6.9%，第三产业投资较去年增长13.9%。工业投资增长13.5%，其中，制造业投资增长14.6%。

2. 工业经济运行情况

2021年，安徽省实现规模以上工业增加值较上年增长8.9%。从不同经济类型来看，外商及港澳台商投资企业较上年增长12.3%；国有企业增速紧随其后，增长达到11.8%；股份制企业增速较低，实现增长8.5%。

分门类来看看，制造业增长率达8.8%，采矿业增长率达3.6%，电力、热力、燃气及水生产和供应业增长率达15.5%。分行业看，计算机、通信和其他电子设备制造业增长率为33.2%，汽车制造业增长率为17.4%，金属制品业增长率为14.9%，电器机械和器材制造业增长率为11.3%，黑色金属冶炼和压延加工业增长率为9.2%。

（二）指标分析

1. 时序指数（见图6-13和表6-27）

从历年发展情况来看，近年来，安徽省工业发展质量增长态势较好，2016—2020平均增速为8.18%，高出全国平均水平2.59个百分点。

从各分项指标来看，安徽省在两化融合和技术创新这两个方面表现较为突出，2016—2020年平均增速分别为12.65%和11.07%，是支撑全省工业经济发展质量不断提升的主要驱动力。但速度效益与结构调整则表现相对落

后，近五年来平均增速分别仅为 4.66% 和 5.95%，成为制约工业经济发展质量提升的短板。

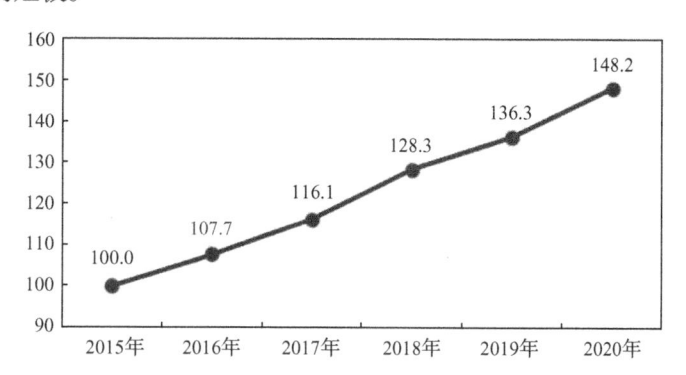

图 6-13 安徽工业发展质量时序指数

资料来源：赛迪智库整理，2022 年 4 月

表 6-27 2015—2020 年安徽工业发展质量时序指数

	2015 年	2016 年	2017 年	2018 年	2019 年	2020 年	2016—2020 年年均增速/%
速度效益	100.0	104.6	108.9	119.1	119.8	125.6	4.66
结构调整	100.0	110.3	115.9	125.7	124.7	133.5	5.95
技术创新	100.0	107.0	118.2	135.3	153.7	169.0	11.07
资源环境	100.0	108.2	117.3	129.6	141.4	147.6	8.10
两化融合	100.0	112.6	130.1	145.5	161.5	181.4	12.65
人力资源	100.0	103.6	108.4	115.6	122.3	140.0	6.97
时序指数	100.0	107.7	116.1	128.3	136.3	148.2	8.18

资料来源：赛迪智库整理，2022 年 4 月。

工业发展质量的优势方面，从两化融合指标看，宽带人均普及率和电子信息产业占比指标年均增速分别高达 17.68% 和 13.59%，成为支撑两化融合指标不断快速提升的重要原因，这表明，近年来安徽省在信息基础设施建设和引入电子信息类重大项目方面成效显著。从技术创新指标看，规上工业企业 R&D 人员投入强度、规上工业企业 R&D 经费投入强度和规上工业企业新产品销售收入占比 3 项指标表现较好，年均增速分别高达 11.69%、15.0% 和 15.74%，是提升自主创新快速发展的主要因素；而规上工业企业单位 R&D 经费支出发明专利数指标表现较差，年均增速仅为 -5.55%。

工业发展质量的短板方面，从速度效益指标看，规上工业增加值增速指标年均增速为 8.07%，表现良好，但工业企业资产负债率、工业成本费用利润率及工业营业收入利润率 3 项指标表现相对较差，年均增速分别为 0.67%、4.41%和 4.33%。结构调整方面，新产品出口占货物出口额比重指标年均增速高达 10.75%，连同年均增速为 10.40%的高技术制造业营业收入占比指标，成为支撑工业结构不断优化的重要动力；但制造业 500 强企业占比和规上小型工业企业营业收入占比两项指标增速较低，年均增速分别为 1.3%和 −1.06%。

2. 截面指数（见表 6-28）

表 6-28　2015—2020 年安徽工业发展质量截面指数排名（单位：位）

	2015 年	2016 年	2017 年	2018 年	2019 年	2020 年	2016—2020 年均值排名
速度效益	20	22	19	12	14	12	15
结构调整	8	8	7	7	7	8	6
技术创新	7	7	6	4	4	4	6
资源环境	17	17	16	16	17	17	17
两化融合	20	16	13	14	11	11	12
人力资源	30	30	27	30	29	26	30
截面指数	14	13	11	11	9	7	11

资料来源：赛迪智库整理，2022 年 4 月。

从与全国各省市的对比情况来看，安徽工业经济发展质量始终处在全国中等水平，2020 年排名为第 11 位。从内部结构来看，安徽省在技术创新和结构调整方面表现均较好，2020 年排名分别为全国第 4 位和第 8 位，处于全国上游水平。但在人力资源指标方面表现较落后，2020 年仅位列全国第 26 位。

技术创新方面，安徽省该项指标全国排名近年来有所提升，从 2015 年的第 7 位提升到 2020 年的第 4 位。分析其原因，主要是规上工业企业单位 R&D 经费支出发明专利数和规上工业企业新产品销售收入占比这两项指标表现优异，2020 年均位列全国第 3 位。此外，规上工业企业 R&D 经费投入强度和规上工业企业 R&D 人员投入强度两项指标也排名靠前，2020 年均位列全国第 5 位。

资源环境方面，安徽省近年来表现一般，排名始终在全国中等偏下水平，2020 年排名为第 17 位。分析其原因，主要是单位工业增加值用水量指标排

名较靠后，2020年排名全国第29位，单位工业增加值能耗指标2020年排名第12位，以上表明安徽省工业发展的综合能耗水平仍有待改善。

人力资源方面，就业人员平均受教育年限和第二产业全员劳动生产率两项指标均位列全国相对靠后的位置，2020年的排名分别仅为第26位和第25位，工业城镇单位就业人员平均工资增速2020年排名为第18位。这表明，安徽省工业发展仍缺少大量高素质产业工人，相关产业工人的劳动效率、收入仍有待提升。

3. 原因分析

近年来，安徽省科技创新方面表现很好，其采取的多项措施有效推动了创新驱动战略的实施。一是持续推进科技体制改革，鼓励实行重大科技任务"揭榜挂帅"制度，实现了"揭榜"获得11项国家创新改革重大任务。二是出台新时期高质量发展人才"30条"优惠政策，不断加快高端人才及其相关团队的引进工作，加强人才队伍建设。三是持续突进重大高技术含量项目建设，如蜂巢新能源动力电池、安芯功率器件芯片、新桥智能电动汽车产业园等。四是大力发展数字经济，推进制造业智能化、网络化发展，大力发展工业互联网，赋能制造业高质量发展。

（三）结论与展望

为加速推进安徽省工业化进程，促进工业经济高质量发展，未来需从以下4个方面做好相关工作。一是继续实施创新驱动发展战略，坚持市场化发展方向，加强基础性研究，加快科技创新平台建设，推进科技成果转化，重点强化人才队伍建设。二是加快推进企业培育，重大发展壮大龙头企业，扶持鼓励中小企业向"专精特新"方向发展，形成大中小企业融合协调发展格局。三是加快高端装备制造、新一代信息技术、新材料等战略性新兴产业发展步伐，打造若干世界级高端制造业集群和特色产业集群。四是着力提升工业发展效益，实施"亩均论英雄"，盘活存量工业用地，大幅提升土地利用效率。

十三、福建

（一）总体情况

1. 宏观经济总体情况

2021年，福建省实现地区生产总值48810.36亿元，增长8.0%。分产业看，第一产业、第二产业和第三产业增加值分别达到2897.74亿元、22866.32

亿元和 23046.30 亿元，分别增长 4.9%、7.5%和 8.8%。三次产业增加值占比为 5.9%、46.8%和 47.3%。

2021 年，福建省固定资产投资较上年增长 6.0%。分产业来看，第一产业投资增长 11.6%，第二产业和第三产业投资分别增长 11.6%、3.2%。2021 年，福建省农村居民和城镇居民家庭人均可支配收入分别为 23229 元和 51140 元，分别增长 11.2%和 8.4%，扣除价格因素以后，分别实际增长 7.6%和 10.9%。

2. 工业经济运行情况

2021 年，福建省全部工业增加值为 17787.60 亿元，比上年增长 9.0%。规模以上工业增加值同比增长 9.9%；从细分行业来看，规模以上工业的 38 个行业大类中，共计有 32 个行业增加值实现增长。其中，计算机、通信和其他电子设备制造业增长 14.2%，机械和器材制造业增长 31.1%，汽车制造业增长 32.4%，电器电力、热力生产和供应业增长 13.4%。

（二）指标分析

1. 时序指数（见图 6-14 和表 6-29）

图 6-14 福建工业发展质量时序指数
资料来源：赛迪智库整理，2022 年 4 月

表 6-29　2015—2020 年福建工业发展质量时序指数

	2015 年	2016 年	2017 年	2018 年	2019 年	2020 年	2016—2020 年年均增速/%
速度效益	100.0	109.9	114.6	116.1	125.0	122.3	4.11
结构调整	100.0	92.4	92.3	108.4	144.3	149.7	8.41
技术创新	100.0	105.9	108.9	117.9	115.9	131.9	5.69
资源环境	100.0	111.2	122.3	136.6	154.9	189.2	13.60
两化融合	100.0	104.8	114.2	123.2	127.1	125.3	4.62

续表

	2015 年	2016 年	2017 年	2018 年	2019 年	2020 年	2016—2020 年年均增速/%
人力资源	100.0	105.4	111.2	119.0	129.6	148.9	8.29
时序指数	100.0	104.4	109.3	118.4	130.9	140.0	6.97

资料来源：赛迪智库整理，2022 年 4 月。

纵向来看，福建工业发展质量时序指数从 2015 年的 100.0 上涨到 2020 年的 140.0，年均增速达到了 6.97%，高于全国平均增速。

从各分项指标来看，福建省在资源环境方面表现较为突出，2016—2020 年来平均增速分别为 13.60%，成为支撑全省工业经济发展质量不断提升的重要驱动力。但速度效益与两化融合两个方面表现相对落后，2016—2020 年来平均增速分别为 4.11% 和 4.62%，成为制约工业经济发展质量提升的短板。

工业发展质量的优势方面，资源环境方面提升最快，单位工业增加值用水量改善较大，年均增速达到 19.78%，促进了资源环境指数的增长；单位工业增加值能耗年均增速为 5.69%。结构调整方面，制造业 500 强企业占比指标表现很好，年均增速高达 19.42%，是提升该项指标的主要动力；而高技术制造业营业收入占比、规上小型工业企业营业收入占比和新产品出口占货物出口额比重等表现相对较差，这 3 项指标的年均增速分别为 2.95%、0.98% 和 1.74%。人力资源方面提升较快，年均增速达到了 8.29%。其中，第二产业全员劳动生产率年均增速为 14.02%；工业城镇单位就业人员平均工资增速也保持较快增长，年均增速为 8.53%。

工业发展质量的短板方面，福建省两化融合和速度效益方面发展速度表现较差，年均增速分别达 4.62% 和 4.11%。两化融合方面，电子信息产业占比指标年均增速为 -0.37%，两化融合水平年均增速为 1.92%，这两个指标是影响两化融合发展速度提升的主要因素。速度效益方面，工业企业资产负债率、工业成本费用利润率和工业营业收入利润率表现均相对较差，年均增速分别为 1.1%、3.75% 和 3.69%。

2. 截面指数（见表 6-30）

横向来看，福建工业发展质量截面指数连续多年处于全国中上游水平，2020 年截面指数为 48.5，排在第 8 位。

速度效益方面，2020 年福建排在第 4 位，处于全国前列。其中资产负债率、工业成本费用利润率和工业营业收入利润率表现较好，2020 年分别排在第 3 位、第 8 位和第 9 位。

表 6-30　2015—2020 年福建工业发展质量截面指数排名（单位：位）

	2015 年	2016 年	2017 年	2018 年	2019 年	2020 年	2016—2020 年均值排名
速度效益	10	8	8	6	2	9	4
结构调整	13	17	16	15	13	12	13
技术创新	12	13	13	14	16	15	13
资源环境	9	9	9	9	9	10	9
两化融合	6	6	7	7	8	8	7
人力资源	15	14	15	15	11	6	12
截面指数	9	9	10	9	7	11	8

资料来源：赛迪智库整理，2022 年 4 月。

两化融合方面，2020 年福建排在第 7 位，处于全国上游水平。其中宽带人均普及率排在第 3 位，处于上游水平，是推动两化融合指数排名提升的主要因素。

资源环境方面，2020 年福建排在第 9 位，处于全国上游水平。单位工业增加值能耗处于上游水平，2020 年排在第 8 位。

福建在技术创新和结构调整方面表现相对较差，均排在全国第 13 位，处于全国的中等水平。技术创新方面，规上工业企业 R&D 经费投入强度和规上工业企业 R&D 人员投入强度 2020 年分别排在第 12 位和第 15 位。结构调整方面，规上小型工业企业营业收入占比和制造业 500 强企业占比在全国分别排在第 6 位和第 9 位，居于全国的上游水平；高技术制造业营业收入占比和高技术产品出口占比这两个指标 2020 年在全国均排在第 13 位，处于中游水平。

3. 原因分析

福建省近年来在速度效益方面表现较为突出，有力支撑其工业发展质量总体处于全国上游水平。一是扶持企业做大做强，实施"千家重点企业增产增效行动"，构建企业成长培育库，大力发展"专精特新"中小企业。二是加强工业大项目建设，实施重大项目专班服务制度，同时不断推进企业技术改造，实施企业技术改造奖励和技术改造设备补助等优惠政策，积极帮助企业争取国家技术改造专项及国家制造业高质量发展专项等。三是不断强化要素保障，加大对企业的融资、电力、用工等的要素的支撑保障力度，同时修

订《福建省企业和企业经营管理者权益保护条例》和出台《福建省保障中小企业款项支付投诉处理暂行办法》等政策措施，提升服务企业能力，助力企业生产效益改善。

（三）结论与展望

2015—2020年，福建省工业发展质量整体表现尚可。未来，要实现工业高质量发展，应做好以下工作。一是大力发展先进制造业，实施核心产业提升工程，重点发展先进装备制造、电子信息、石油化工等支柱产业，重点建设万华化学（福建）产业园等重大项目，同时推进传统优势产业转型升级，大力发展新一代信息技术、生物与新医药、智能化高端装备等战略性新兴产业。二是实施龙头企业培育工程，打造一批行业龙头企业，同时加快推进中小企业向"专精特新"方向发展，培育更多的"瞪羚企业"、专精特新"小巨人"企业。三是重点培育经济发展新动能，打造新的经济增长点，大力发展绿色经济、数字经济、海洋经济等，重点发展数字经济，推广一批工业互联网、人工智能、5G网络、数据中心等新型基础设施和应用，赋能制造业发展。

十四、江西

（一）总体情况

1. 宏观经济总体情况

2021年，江西省实现地区生产总值29619.7亿元，比上年增长8.8%。分产业来看，第一产业、第二产业、第三产业增加值分别为2334.3亿元、13183.2亿元和14102.2亿元，分别增长7.3%、8.2%和9.5%。三次产业增加值占比分别为7.9%、44.5%和47.6%。人均GDP为65560元，比上年增长8.8%。

2021年，江西省全社会固定资产投资同比增长10.8%。2021年社会消费品零售总额为12206.7亿元，增长17.7%。2021年江西省货物贸易进出口总值为12206.7亿元，比上年增长23.7%。其中，出口值为3671.8亿元，增长25.8%。2021年江西省城镇居民和农村居民家庭人均可支配收入分别为41684元和18684元，分别增长8.1%和9.3%。

2. 工业经济运行情况

2021年，江西省规模以上工业企业实现营业收入43976.7亿元，增长25.6%；规模以上工业增加值增为11.4%。战略性新兴产业、高新技术产业增加值占规模以上工业增加值比重分别为 23.2%、38.5%，比上年分别提高 1.1 个百分点、0.3 个百分点；新增国家级专精特新"小巨人"企业 109 家，总数达 144 家。工业技改投资增长 24.5%，高技术产业投资增长 29.2%。

（二）指标分析

1. 时序指数（见图 6-15 和表 6-31）

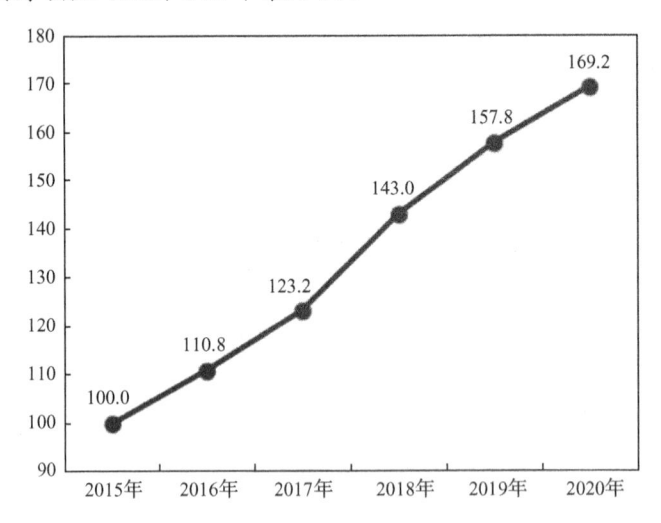

图 6-15 江西省工业发展质量时序指数

资料来源：赛迪智库整理，2022 年 4 月

表 6-31 2015—2020 年江西省工业发展质量时序指数

	2015 年	2016 年	2017 年	2018 年	2019 年	2020 年	2016—2020 年年均增速/%
速度效益	100.0	106.3	109.2	109.5	110.0	116.9	3.17
结构调整	100.0	114.9	123.3	141.2	163.0	163.5	10.33
技术创新	100.0	115.6	144.0	198.5	233.6	259.3	20.99
资源环境	100.0	109.4	118.8	131.9	140.6	158.5	9.65
两化融合	100.0	112.3	131.2	151.0	162.4	172.7	11.55
人力资源	100.0	104.1	108.6	116.7	122.7	133.4	5.93
时序指数	100.0	110.8	123.2	143.0	157.8	169.2	11.09

资料来源：赛迪智库整理，2022 年 4 月。

纵向对比来看，江西省工业发展质量时序指数自 2015 年的 100.0 上涨至

2020年的169.2，年均增速达到11.09%，高出全国平均增速（5.59%）5.5个百分点。

江西省技术创新方面表现最好，年均增速高达20.99%，显著高于全国平均水平。其中，工业企业R&D人员投入强度和工业企业新产品销售收入占比增长较快，年均增速分别为28.82%和25.97%，是提升江西省技术创新指数增长的主要原因。两化融合和结构调整年均增速也均达两位数，分别达11.55%和10.33%。相对而言，资源环境、人力资源和速度效益表现一般，年均增速分别为9.65%、5.93%和3.17%。

2. 截面指数（见表6-32）

表6-32　2015—2020年江西省工业发展质量截面指数排名（单位：位）

	2015年	2016年	2017年	2018年	2019年	2020年	2016—2020年均值排名
速度效益	6	3	6	8	6	5	6
结构调整	16	14	10	9	6	5	9
技术创新	28	27	23	16	12	12	20
资源环境	12	13	12	12	11	12	13
两化融合	24	20	16	15	16	17	17
人力资源	22	24	25	22	26	23	24
截面指数	15	16	16	16	14	13	16

资料来源：赛迪智库整理，2022年4月。

横向对比来看，江西省工业发展质量截面指数稳定在全国中游水平，2020年截面指数为42.7，全国排名第13位。

江西省在速度效益、结构调整、技术创新、资源环境方面表现较好，2020年排名分别为第5位、第5位、第12位、第12位，均领先截面指数排名（第13位）。其中，结构调整指数、技术创新指数自2015年开始位次不断前移。

但是，江西省两化融合和人力资源方面表现一般，2020年排名处于中下游水平，分别排在全国第17位和第23位。两化融合方面，电子信息产业占比增速表现较好，2020年全国排名第11位，处于中上游水平。人力资源方面，工业城镇单位就业人员平均工资增速表现较好，2020年全国排名第19位，对人力资源整体位次起到拉动作用。

3. 原因分析

江西省工业经济规模和发展质量在全国均处于中等水平，其中，工业发

展质量有明显提升，预期在速度效益方面发展水平较高。

速度效益方面，江西省深入实施"项目建设提速年"活动；开展"项目大会战"，扩大有效投资成为全国先进；赣深高铁开行，庐山机场复航，安九客专、兴泉铁路、井冈山航电枢纽等运营；雅中至江西、南昌至长沙特高压工程投运，江西省进入特高压时代。

结构调整方面，江西省启动制造业产业链提升"八大行动"，出台省级工业产业集群综合评价办法，实施鞭策后进"蜗牛奖"，宁德时代落户宜春，新增"5020"项目160个、总投资4800亿元以上，"2+6+N"产业数量和质量双提升。累计开通5G基站6万多个，南昌、九江、上饶入选全国首批"千兆城市"，南昌国家级互联网骨干直联点启动建设，上饶、九江开通国际互联网数据专用通道，国家（江西）北斗卫星导航综合应用示范项目基本建成，"03专项"成果转移转化试点示范3年框架协议续签、百万级应用达到3个。

（三）结论与展望

综合来看，江西省工业发展质量逐年稳步上升，未来，应在技术创新方面着重发力，全面提升工业发展质量。一方面，打好关键核心技术攻坚战。结合"万人助万企"及"专精特新万企行"活动，深入摸排"2+6+N"产业关键共性技术问题，实施十大重大科技创新项目。发挥龙头企业的带动作用，实现重点产业省级平台全覆盖、大中型工业企业和规模以上高新技术企业研发机构全覆盖。启动科技体制改革攻坚行动，深化科研经费"包干制"和赋予科研人员职务科技成果所有权或长期使用权试点改革，完善科技成果评价机制，实施科技成果转化工程。另一方面，强化战略科技力量支撑。加快鄱阳湖国家自主创新示范区建设，支持中国（南昌）科学岛建设，鼓励创建国家创新型城市。实施创新"国家队"引进培育工程，推动国家稀土技术创新中心、国家中药资源与制造技术创新中心、稀土国家重点实验室、持久性污染控制与资源循环利用国家重点实验室、大口径射电天文望远镜等落地。

十五、山东

（一）总体情况

1. 宏观经济总体情况

2021年，山东省实现地区生产总值83095.9亿元，增长8.3%。从三次产业结构看，第一产业、第二产业和第三产业增加值分别为6029.0亿元、33187.2

亿元、43879.7亿元，分别增长7.5%、7.2%和9.2%。三次产业增加值占比分别为7.3%、39.9%和52.8%。人均GDP达到81747元，比上年增长12.6%。

2021年，山东省固定资产投资（不含农户）比上年增长6.0%。三次产业投资构成为1.9∶32.4∶65.7。重点领域中，民间投资增长8.2%，占固定资产投资的比重为65.2%，比上年提高1.3个百分点；制造业投资增长13.1%，对固定资产投资的比重为27.5%。2021年社会消费品零售总额达到33714.5亿元，增长15.3%。2021年货物进出口总额为29304.1亿元，增长32.4%；其中，出口额为17582.7亿元，增长34.8%；进口额为11721.4亿元，增长29.0%。2021年山东省城镇居民和农村居民家庭人均可支配收入分别为47066元和20794元，分别增长7.6%和10.9%。

2. 工业经济运行情况

2021年，山东省全部工业增加值达到了27243.6亿元，较上年增长8.6%。规模以上工业增加值增长率为9.6%。其中，装备制造业增长率为10.5%，高技术产业增长率为18.5%。规模以上工业营业收入增长18.0%，利润总额增长率为20.9%；营业收入利润率为5.2%，比上年提高0.1个百分点。民营工业企业发展活力不断增强，民营工业实现增加值比上年增长11.3%，高于规模以上工业1.7个百分点。

（二）指标分析

1. 时序指数（见图6-16和表6-33）

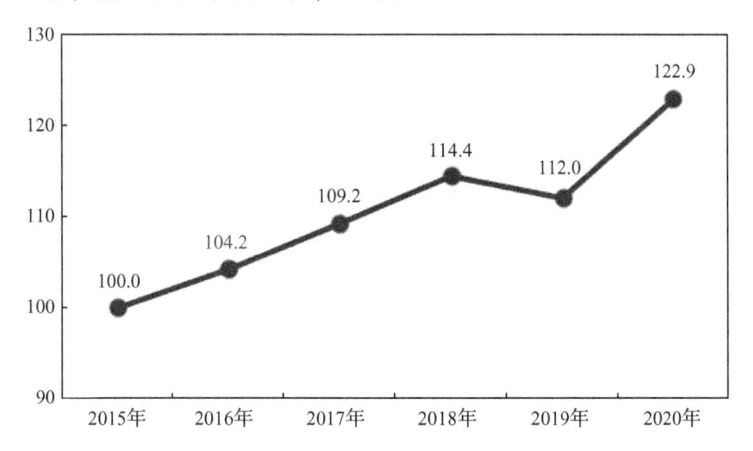

图6-16　山东工业发展质量时序指数

资料来源：赛迪智库整理，2022年4月

表 6-33　2015—2020 年山东工业发展质量时序指数

	2015 年	2016 年	2017 年	2018 年	2019 年	2020 年	2016—2020 年年均增速/%
速度效益	100.0	101.0	101.7	96.7	88.7	96.5	-0.70
结构调整	100.0	104.2	102.7	90.6	84.7	91.2	-1.83
技术创新	100.0	106.0	121.9	155.6	149.6	175.4	11.90
资源环境	100.0	103.6	114.1	112.3	115.4	118.6	3.46
两化融合	100.0	107.8	110.1	118.4	123.4	129.9	5.37
人力资源	100.0	103.4	108.6	116.5	122.6	133.8	5.99
时序指数	100.0	104.2	109.2	114.4	112.0	122.9	4.21

资料来源：赛迪智库整理，2022 年 4 月。

纵向对比来看，山东省工业发展质量时序指数由 2015 年的 100 上升至 2020 年的 122.9，年均增速为 4.21%，落后于全国平均增速（5.59%）1.38 个百分点。

山东省技术创新方面表现最好，年均增速达 11.90%，高于全国平均水平。其中，规上工业企业新产品销售收入占比、规上工业企业 R&D 人员投入强度和规上工业企业 R&D 经费投入强度年均增速分别达 14.19%、12.79% 和 12.05%，是提升山东省技术创新增长的主要原因。

但是，山东省速度效益、结构调整表现较差，年均增速均为负增长，拉低了山东省工业发展质量时序指数年均增速。速度效益方面，规上工业增加值增速表现相对较好，年均增速为 5.00%，是细分指标中唯一实现正增长的。结构调整方面，制造业 500 强企业占比表现相对较好，年均增速为 1.02%，是细分指标中唯一正增长的；规上小型工业企业营业收入占比年均增速为 -6.84%，是拖累整体结构调整增速的最大项。

2. 截面指数（见表 6-34）

表 6-34　2015—2020 年山东工业发展质量截面指数排名（单位：位）

	2015 年	2016 年	2017 年	2018 年	2019 年	2020 年	2016—2020 年年均值排名
速度效益	12	14	20	25	30	20	24
结构调整	2	2	2	5	8	6	4
技术创新	11	12	12	10	11	10	11
资源环境	3	3	2	5	5	7	5

续表

	2015年	2016年	2017年	2018年	2019年	2020年	2016—2020年年均值排名
两化融合	7	7	9	9	9	9	9
人力资源	20	19	18	21	20	18	20
截面指数	7	7	8	10	17	8	9

资料来源：赛迪智库整理，2022年4月。

横向对比来看，山东省工业发展质量截面指数自2015年以来多年处于全国上游水平，2020年截面指数为49.7，全国排名第8位。

山东省在结构调整和资源环境方面表现较为突出，2020年分别在全国排名第6位和第7位，处于上等水平，领先于截面指数。结构调整方面，制造业500强企业占比指标全国排名遥遥领先，位列第1位；但高技术制造业营业收入占比和新产品出口占货物出口额比重等指标排名较靠后，分别为全国第20位和第17位。资源环境方面，单位工业增加值用水量指标全国排名位于第一方阵，排名第4位，处于领先水平；而单位工业增加值能耗则排名19位，处于中下游水平。

但是，山东省在速度效益和人力资源方面表现较差，处于中等偏下水平，在全国排名分别为第20位和第18位。速度效益方面，规上工业增加值增速表现较好，排名第10位，对速度效益指数的提升具有重要拉动作用；工业企业资产负债率表现较差，排名第28位，拖累了速度效益指数的提升。人力资源方面，工业城镇单位就业人员平均工资增速表现较好，排名第10位；就业人员平均受教育年限表现较差，排名第22位。

3. 原因分析

山东省工业发展质量和经济规模在全国排名较为领先，尤其是结构调整和资源环境方面表现最为突出。

结构调整方面，山东省推动传统产业加快升级，实施500万元以上技改项目1.2万个，建设省级工业互联网平台115个，"上云用云"企业超过35万家。裕龙岛炼化一体化等重大项目加快推进，万华百万吨乙烯项目达产。完成粗钢产量、焦炭产能压减任务，整合转移炼油产能780万吨。新动能快速成长，"四新"经济投资占比为51.2%，105个雁阵形产业集群规模突破5.7万亿元，智能家电、轨道交通装备入围国家先进制造业集群，高端医疗器械等4个产业集群纳入国家创新型产业集群试点，培育认定首批12个省级战略性新兴产业集群。济南8英寸高功率半导体顺利通线。全面推行"链长制"，绘制9大产业领域、42条产业链图谱，确定112家链主企业，推动成立35

家产业链共同体，产业链韧性进一步增强。

资源环境方面，一是山东省深入实施黄河国家战略，出台《黄河流域生态保护和高质量发展规划纲要》，建成黄河三角洲生态监测中心。二是严格落实水资源管理制度，率先实现县际流域横向生态补偿全覆盖，国控地表水考核断面水质首次全部达到四类以上。三是设立省土壤污染防治基金，开展科学绿化试点示范省建设，完成造林面积17.6万亩。

（三）结论与展望

综合来看，山东省工业发展质量在全国处于领先地位，但人力资源和速度效益方面未来发展还需持续深化。

人力资源方面，山东省全力打造具有山东特色的人才发展雁阵格局，实施领军人才"筑峰计划"，组建国际顶尖科学家工作室，壮大战略科技人才队伍。实施新一期"泰山学者""泰山产业领军人才工程"，创新实行工程配额制和自主遴选认定制，精准引进科技领军人才和高水平创新团队。强化青年科技人才引育，落实好高层次人才薪酬激励政策。推进职业教育集团化发展，培育一批卓越工程师、齐鲁工匠和高技能人才。

速度效益方面，一是持续扩大项目投资。突出"十强"产业、基础设施、重大平台、社会民生，谋划重点项目。加快裕龙岛炼化一体化、万华新材料低碳产业园等重大项目建设。开展工业技改提级行动，设立"技改专项贷"，突出高端化、智能化、绿色化，推进"万项万企""百园技改"计划。创建国家级传统产业转型升级试点示范区，引导企业有序开展节能降碳技术改造。二是整体提升先进制造业。做强7个国家级战略性新兴产业集群，培育国家先进制造业集群，创建国家级制造业高质量发展示范区。巩固数字经济新优势，打造先进计算、集成电路、新型智能终端、超高清视频等数字产业集群。三是做大做强工业互联网。扎实推进山东半岛国家级工业互联网示范区建设。推动链主企业建设产业链赋能平台，探索全链条、整园区赋能增效路径，深入开展"云行齐鲁"行动。

十六、河南

（一）总体情况

1. 宏观经济总体情况

2021年，河南省地区生产总值为58887.41亿元，比上年增长6.3%，低

于全国平均水平 1.8 个百分点，两年平均增长 3.6%。从三次产业结构来看，第一产业、第二产业、第三产业增加值分别为 5620.82 亿元、24331.65 亿元和 28934.93 亿元，与上年相比增长率分别为 6.4%、4.1% 和 8.1%。三次产业结构比例分别为 9.5%、41.3% 和 49.1%。

2021 年，全省固定资产投资（不含农户）增长 4.5%，低于全国平均水平 0.4 个百分点。其中，民间投资增长 4.4%，工业投资增长 11.7%。

2. 工业经济运行情况

2021 年，全省规模以上工业增加值增长 6.3%，低于全国平均水平 2.3 个百分点。从经济类型看，国有控股企业增加值增长 2.3%，低于全国平均水平 5.7 个百分点；股份制企业增长 4.7%，低于全国平均水平 5.1 个百分点；外商及港澳台商投资企业增长 18.0%，高于全国平均水平 9.1 个百分点。从经济门类看，采矿业增加值下降 7.6%，制造业同比增长 7.7%，电力、热力、燃气及水生产和供应业增长 3.6%。从五大主导产业看，传统产业增加值增长 2.1%，战略性新兴产业增加值增长 14.2%，高技术制造业增加值增长 20.0%，高于规模以上工业 8.5 个百分点，高耗能工业增加值增长 2.1%。

（二）指标分析

1. 时序指数（见图 6-17 和表 6-35）

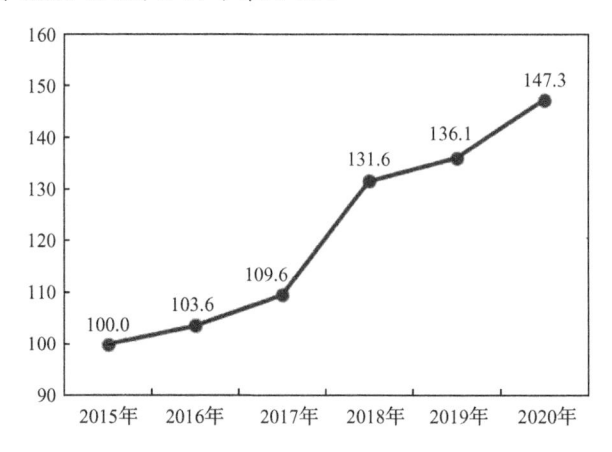

图 6-17 河南工业发展质量时序指数

资料来源：赛迪智库整理，2022 年 4 月

表 6-35 2015—2020 年河南工业发展质量时序指数

	2015 年	2016 年	2017 年	2018 年	2019 年	2020 年	2016—2020 年年均增速/%
速度效益	100.0	100.9	103.9	102.0	109.0	98.6	-0.28
结构调整	100.0	102.7	103.0	116.8	114.2	127.0	4.89
技术创新	100.0	101.6	111.7	178.7	176.1	199.1	14.77
资源环境	100.0	111.5	121.7	132.2	154.5	175.9	11.96
两化融合	100.0	106.9	118.7	146.9	149.9	162.4	10.19
人力资源	100.0	103.2	106.6	114.9	125.2	145.4	7.77
时序指数	100.0	103.6	109.6	131.6	136.1	147.3	8.05

资料来源：赛迪智库整理，2022 年 4 月。

纵向对比来看，河南工业发展质量时序指数自 2015 年的 100.0 上升至 2020 年的 147.3，年均增速达到 8.05%，高出全国平均增速 2.46 个百分点。

河南在技术创新、资源环境、两化融合和人力资源方面表现较好，年均增速分别为 14.77%、11.96%、10.19%和 7.77%，均高于全国平均水平。技术创新方面，规上工业企业 R&D 经费投入强度、规上工业企业 R&D 人员投入强度和规上工业企业新产品销售收入占比增长较快，年均增速分别达到 22.9%、11.3%和 15.6%。资源环境方面，单位工业增加值能耗和单位工业增加值用水量保持较高增速，分别为 8.7%和 14.9%，是支撑河南资源环境指数增长的重要因素。两化融合方面，电子信息产业占比和宽带人均普及率呈较快增长，年均增速分别达到 10.2%和 15.2%，是拉动两化融合指数增长的重要动力。人力资源方面，工业城镇单位就业人员平均工资增速和第二产业全员劳动生产率均保持增长较慢，年均增速分别为 8.2%和 13.3%。

河南在结构调整方面表现一般，年均增速为 4.89%。其中，规上小型工业企业营业收入占比和新产品出口占货物出口额比重均为负增长，年均增速分别为-1.1%和-10.5%。

河南在速度效益方面表现较差，年均增速-0.3%，低于全国平均水平。其中，除规上工业增加值增速增长较快外，工业企业资产负债率、工业成本费用利润率和工业营业收入利润率均呈负增长，年均增速分别为-3.6%、-2.9%和-2.8%。

2. 截面指数（见表 6-36）

横向对比来看，河南工业发展质量截面指数始终处于全国中等水平，

2020年截面指数为43.4，全国排名第16位。

表6-36　2015—2020年河南工业发展质量截面指数排名（单位：位）

	2015年	2016年	2017年	2018年	2019年	2020年	2016—2020年均值排名
速度效益	2	4	7	13	7	19	8
结构调整	5	5	6	6	9	9	7
技术创新	25	25	24	13	14	13	18
资源环境	10	8	8	8	7	8	8
两化融合	18	17	17	12	14	15	15
人力资源	24	29	28	23	23	21	25
截面指数	12	14	15	13	13	16	15

资料来源：赛迪智库整理，2022年4月。

河南省在结构调整和资源环境方面表现较好，位于全国上游水平，排名全国第9位和第8位，是拉动河南工业发展质量截面指数的重要动力。结构调整方面，新产品出口占货物出口额比重排在全国第1位，是推动河南结构调整整体表现的主要原因。资源环境方面，单位工业增加值能耗和单位工业增加值用水量均处于全国中上游水平，分别排在全国第10位和第8位。

河南在技术创新和两化融合方面处于全国中游水平，分别排在全国第13名和第15名。技术创新方面，规上工业企业R&D经费投入强度和规上工业企业新产品销售收入占比表现相对较好，分别排在全国第10位和第15位。两化融合方面，电子信息产业占比和两化融合水平两个指标均处于全国中游水平，分别为第16位和第13位。

河南在速度效益和人力资源方面表现相对较差，分别排在全国第19位和第21位。速度效益方面，规上工业增加值增速表现最差，仅排在第28名，拉低了速度效益的整体排名。人力资源方面，工业城镇单位就业人员平均工资增速、第二产业全员劳动生产率和就业人员平均受教育年限3个指标均处于全国中下游位置，分别为第21位、第22位和第21位。

3. 原因分析

河南工业发展质量处于全国中等水平，结构调整和资源环境方面表现优秀。

结构调整方面，基于"一带一路"和郑州航空港经济综合试验区，以优

势产业和龙头企业为主，积极主动承接关键性产业链环节，向高附加值、新兴产业链攀升，高技术制造业得到较快发展，如智能制造、电子信息、新能源等知识密集型、高附加值的新产品产量快速增长。

资源环境方面，坚决推进污染防治攻坚，如解决"煤电围城"问题、加快城市建成区内重污染企业搬迁改造、开展传统产业集群升级改造，以及严控煤炭消费总量、加快大型工矿企业和物流园区铁路专用线建设等。

（三）结论与展望

整体来看，河南在速度效益方面，未来还有较大的发展提升空间。应加快推进重大项目开工建设，同时继续发挥政府的引导和推动作用，加大市场对工业的投资信心、对国家政策的信心、对发展前景的信心。还需加强技术创新，推动产业加速向中高端迈进，找到并抓住工业领域产业发展的"风口"，如人工智能物联网、云计算、智能制造等数字经济核心产业，探索推进产业数字化。

十七、湖北

（一）总体情况

1. 宏观经济总体情况

2021年，湖北完成地区生产总值50012.94亿元，比上年增长12.9%，高于全国平均水平4.8个百分点。其中，第一产业完成增加值4661.67亿元，按不变价计算，比上年增长11.1%；第二产业完成增加值18952.90亿元，比上年增长13.6%；第三产业完成增加值26398.37亿元，比上年增长12.6%。三次产业结构由2019年的8.4：41.2：50.4调整为9.3：37.9：52.8。在第三产业中，金融业、其他服务业增加值分别增长6.3%和3.2%。交通运输仓储和邮政业、批发和零售业、住宿和餐饮业、房地产业增加值分别下降16.5%、12.1%、23.7%、8.7%。

2. 工业经济运行情况

2021年，湖北全省规模以上工业增加值增长14.8%，高于全国平均水平5.2个百分点。具体看，采矿业增长19.0%，高于全国平均水平13.7个百分点；制造业增长14.8%，高于全国平均水平5个百分点；电力、热力、燃气及水生产和供应业增长13.8%，高于全国平均水平2.4个百分点。高技术制

造业增加值增长 30.2%，增速快于规模以上工业 20.6 个百分点。其中，制造业增速较快的主要行业有医药制造业、电气机械和器材制造业、金属制品业，以及计算机、通信和其他电子设备制造业，同比增长分别为 24.8%、16.8%、16.0%、15.7%。

（二）指标分析

1. 时序指数

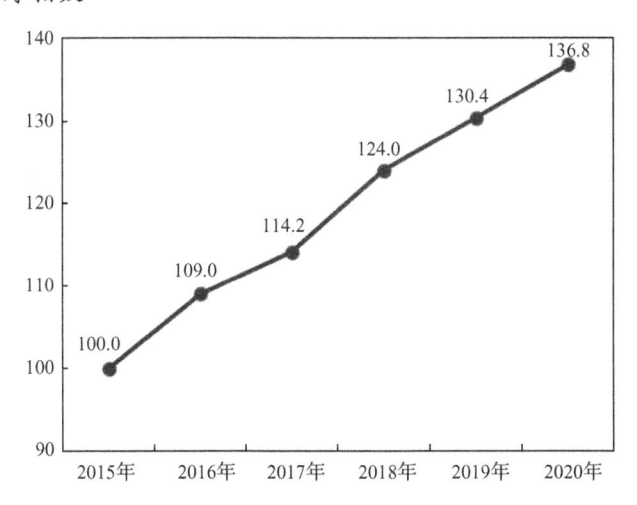

图 6-18　湖北工业发展质量时序指数

资料来源：赛迪智库整理，2022 年 4 月

表 6-37　2015—2020 年湖北工业发展质量时序指数

	2015年	2016年	2017年	2018年	2019年	2020年	2016—2020年年均增速/%
速度效益	100.0	104.7	108.0	115.9	119.8	115.4	2.90
结构调整	100.0	112.6	110.9	111.2	120.4	120.3	3.76
技术创新	100.0	111.1	123.0	145.0	150.2	177.3	12.14
资源环境	100.0	108.3	117.7	126.7	130.1	138.2	6.69
两化融合	100.0	112.4	117.9	130.6	140.9	152.4	8.80
人力资源	100.0	104.3	109.1	115.3	121.5	117.3	3.25
时序指数	100.0	109.0	114.2	124.0	130.4	136.8	6.47

资料来源：赛迪智库整理，2022 年 4 月。

纵向对比来看，湖北工业发展质量时序指数自2015年的100.0上涨至2020年的136.8，年均增速达6.47%，高出全国平均水平0.88个百分点。

湖北在技术创新和两化融合方面表现较好，年均增速分别为12.14%和8.8%，是拉动其增长的主要力量。其中，技术创新方面，规上工业企业R&D经费投入强度、规上工业企业R&D人员投入强度、规上工业企业单位R&D经费支出发明专利数和规上工业企业新产品销售收入占比均表现较好，年均增速分别为9.6%、13.3%、13.8%和12.3%。两化融合方面，宽带人均普及率实现快速发展，年均增速为13.4%。

湖北在人力资源、速度效益和结构调整方面发展一般，年均增速分别为3.25%、2.90%、3.76%，拉低了湖北总体工业质量发展时序指数年均增速。其中，在人力资源方面，就业人员平均受教育年限增长缓慢，年均增速仅为0.5%，显著低于其他两个指标。在速度效益方面，规上工业增加值增速表现较好，年均增速为8.8%。结构调整方面，制造业500强企业占比近年来逐年下滑，年均增速为-16.3%，是影响结构调整总体指数的主要不利因素。资源环境方面，单位工业增加值用水量增长较快，年均增速达8.3%。

2. 截面指数

表6-38　2015—2020年湖北工业发展质量截面指数排名（单位：位）

	2015年	2016年	2017年	2018年	2019年	2020年	2016—2020年均值排名
速度效益	14	13	17	9	5	24	13
结构调整	15	15	12	13	12	13	12
技术创新	10	10	10	11	10	7	10
资源环境	18	19	18	19	19	20	19
两化融合	11	13	14	13	12	12	13
人力资源	8	8	8	9	13	16	9
截面指数	13	12	13	12	11	15	13

资料来源：赛迪智库整理，2022年4月。

横向对比来看，2020年湖北工业发展质量截面指数为43.4，排名为全国第15位，较上年下降4位。

湖北在技术创新、两化融合表现相对突出，处于全球上游水平。技术创新方面，排在全国第7位，较2019年上升3个名次。其中，规上工业企业R&D经费投入强度、规上工业企业R&D人员投入强度和规上工业企业新产

品销售收入占比排名均比较靠前，分别排在全国第9位、第8位和第7位，是支撑技术创新的主要指标。两化融合方面，排在全国第12位，与上年持平。其中，两化融合水平排名相对较好，排在全国第11位。

湖北在结构调整和人力资源两个方面表现相对中等，2020年分别排在全国第13位和第16位。其中，结构调整方面，规上小型工业企业营业收入占比和新产品出口占货物出口额比重表现较好，分别排名第3位和第9位。人力资源方面，第二产业全员劳动生产率表现较好，排在第12位，但就业人员平均受教育年限表现较差，排在第20位。

湖北在速度效益、资源环境方面表现一般，排在全国中下游，分别为第24位和第20位。速度效益方面，规上工业增加值增速成为主要的拖累因素，2020年排在全国第31位。资源环境方面，单位工业增加值用水量排名较差，位于全国第26位。

3. 原因分析

湖北在技术创新、两化融合、结构调整和人力资源4个方面表现相对较好，处于全国中上游水平。一是重视创新的引领作用。新增6家国家科技创新平台，在光电科学、生物安全等领域组建七大湖北实验室，调动全省工业企业技术创新的积极性，加快建设新型产业技术创新体系。二是把信息化与工业化融合发展作为加快产业转型升级、培育新兴产业的重要抓手，积极贯彻实施"两化融合"行动计划，推动"两化融合试点示范工作"稳步发展。三是充分发挥国有企业引领作用，帮助带动产业链中小微企业复工复产，积极推动中小微企业发展，通过减免企业房租等方式切实减轻中小微企业负担，通过设立专项股权投资基金、优化融资担保等破解中小企业"融资难"问题。四是重视人力资源，建立科研和人才培养并重的"双优化"支持鼓励机制，以科研人员"名利双收"推动"人才兴鄂"。

（三）结论与展望

整体来看，湖北要在保持当前发展势头基础上，进一步提高速度效益、优化资源环境，向高质量发展迈进。一方面，加大释放产业结构优化红利，加速集聚一批新兴产业、未来产业，如芯致半导体产业园项目、低碳循环经济产业发展项目、绿色生态产业园项目等，汇聚成引领拉动工业经济的新动能。另一方面，大力推进节能降耗工作，落实最严格水资源管理制度，强化水资源刚性约束，万元GDP用水量、万元工业增加值用水量等指标进一步下降，促进水资源合理配置、节约利用，提高全省用水效率。

十八、湖南

(一) 总体情况

1. 宏观经济总体情况

2021年，湖南实现地区生产总值 46063.1 亿元，比上年增长 7.7%，低于全国平均水平 0.4 个百分点，两年平均增长 5.7%。其中，第一产业增加值 4322.9 亿元，增长 9.3%，两年平均增长 6.5%；第二产业增加值 18126.1 亿元，增长 6.9%，两年平均增长 5.7%；第三产业增加值 23614.1 亿元，增长 7.9%，两年平均增长 5.5%。三次产业结构为 9.4：39.4：51.3。第二产业、第三产业增加值占地区生产总值的比例分别较上年增加 1.2 个百分点和 0.4 个百分点。

2. 工业经济运行情况

2021年，湖南规模以上工业增加值比上年增长 8.4%，低于全国平均水平 1.2%。制造业增加值增长 8.6%，占地区生产总值比重为 27.7%，比上年提高 0.8 个百分点，低于全国平均水平 1.2 个百分点；电力热力燃气及水生产和供应业增长 11.3%，低于全国平均水平 0.1 个百分点。其中，高技术制造业增加值增长 21.0%，占规模以上工业的比重为 13.0%，比上年提高 1.3 个百分点；装备制造业增加值增长 13.7%，占规模以上工业的比重为 31.7%；民营企业增加值增长 8.6%，占规模以上工业的比重为 70.6%。

(二) 指标分析

1. 时序指数（见图 6-19 和表 6-39）

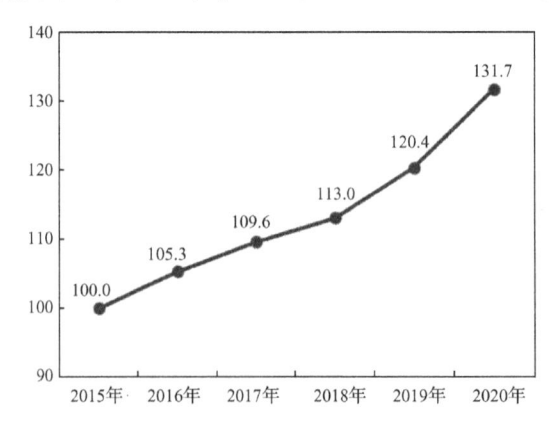

图 6-19　湖南工业发展质量时序指数

资料来源：赛迪智库整理，2022 年 4 月

表 6-39 2015—2020 年湖南工业发展质量时序指数

	2015 年	2016 年	2017 年	2018 年	2019 年	2020 年	2016—2020 年年均增速/%
速度效益	100.0	102.2	107.4	104.0	117.1	125.7	4.68
结构调整	100.0	112.9	102.5	95.6	88.7	92.8	-1.48
技术创新	100.0	99.6	109.3	128.6	131.3	141.1	7.14
资源环境	100.0	107.6	116.7	109.7	122.2	168.2	10.96
两化融合	100.0	105.4	115.4	124.8	142.7	156.8	9.41
人力资源	100.0	105.6	112.9	121.5	131.9	130.6	5.49
时序指数	100.0	105.3	109.6	113.0	120.4	131.7	5.66

资料来源：赛迪智库整理，2022 年 4 月。

纵向对比来看，湖南工业发展质量时序指数由 2015 年的 100.0 增长到 2020 年的 131.7，年均增速为 5.66%，高于全国平均水平 0.07 个百分点。

湖南在资源环境、两化融合两个方面发展较快，年均增速分别为 10.96%、9.41%。其中，资源环境方面，单位工业增加值用水量呈较快增长，年均增速为 16.6%。两化融合方面，宽带人均普及率实现较快发展，年均增速为 18.2%。

湖南在速度效益、人力资源和技术创新 3 个方面表现一般，年均增速分别为 4.68%、5.49%、7.14%。其中，速度效益方面，工业企业资产负债率低速增长，年均增速为 0.4%，其余 3 个细分指标表现较好。人力资源方面，工业城镇单位就业人员平均工资增速和第二产业全员劳动生产率表现较好，年均增速分别为 8.2% 和 7.9%，是人力资源指数发展的重要拉动因素。技术创新方面，规上工业企业 R&D 经费投入强度和规上工业企业 R&D 人员投入强度增长较快，年均增速分别为 11.4% 和 8.9%，成为技术创新指数发展的重要拉动因素。

湖南在结构调整方面表现较差，年均增速为 -1.48%。其中，制造业 500 强企业占比和新产品出口占货物出口额比重年均增速分别为 -4.9% 和 -7.5%，是影响结构调整的主要不利因素。

2. 截面指数（见表 6-40）

横向对比来看，湖南省工业发展质量截面指数 2020 年为 48.5，全国排名为第 10 位。

表 6-40 2015—2020 年湖南工业发展质量截面指数排名（单位：位）

	2015 年	2016 年	2017 年	2018 年	2019 年	2020 年	2016—2020 年均值排名
速度效益	16	19	16	18	10	6	12
结构调整	7	6	8	10	10	10	10
技术创新	9	9	9	9	7	9	9
资源环境	13	14	15	17	16	16	15
两化融合	14	15	19	19	19	18	19
人力资源	14	15	13	10	10	8	11
截面指数	11	11	12	15	10	10	12

资料来源：赛迪智库整理，2022 年 4 月。

湖南在速度效益、结构调整、技术创新、人力资源方面表现较好，处于全国上游水平，2020 年全国排名第 6 位、第 10 位、第 9 位和第 8 位。速度效益方面，工业企业资产负债率位于全国前列，排在第 4 位，是支撑速度效益的有利因素。结构调整方面，规上小型工业企业营业收入占比表现亮眼，排在全国第 1 位，新产品出口占货物出口额比重表现也较好，排在第 8 位。技术创新方面，规上工业企业 R&D 经费投入强度和规上工业企业新产品销售收入占比表现较好，全国排名分别为第 3 位和第 9 位，是支撑技术创新的主要有利因素。人力资源方面，工业城镇单位就业人员平均工资增速、第二产业全员劳动生产率和就业人员平均受教育年限 3 个指标表现均较好，分别为第 11 位、第 11 位和第 8 位。

湖南在资源环境、两化融合方面处于全国中等水平，分别为第 16 位和第 18 位。资源环境方面，单位工业增加值用水量排名一直比较靠后，2020 年排在第 23 位，是拖累资源环境的主要因素。两化融合方面，宽带人均普及率排在第 21 位，拖累了两化融合的表现。

3. 原因分析

湖南在速度效益、结构调整、技术创新、人力资源方面表现较好。一是湖南支持一批重点建设项目，包括基础设施项目、生态环保项目和社会民生项目，全力推进交通网、能源网、水利网、信息网"四网"建设。二是加大对中小企业创新的支持，启动实施中小企业技术创新"破零倍增"三年行动，并面向全国公开征集专业机构、创新平台为中小企业提供创新服务，促进中小企业发展。三是深入实施加大全社会研发投入行动计划，大力落实研发奖

补政策，为科技创新活动提供资金保障，同时深化科技计划项目管理改革，探索建立定向委托、一事一议、"揭榜挂帅制"等项目组织实施方式，有力提升项目绩效和标志性成果产出。

（三）结论与展望

整体来看，湖南各项指标表现不错，未来需要进一步提升发展质量。一是加快绿色发展，加强资源使用管理，促进资源高效利用，进一步降低单位能耗，稳步提升能源使用效率。二是完善数字基础设施，做好新型数字基础设施建设前瞻布局，推动实施一批"数字新基建"标志性项目，以制造业数字化转型为抓手，加快发展数字经济，发展壮大电子信息制造业，培育功率半导体及集成电路、新型显示器件、先进计算等优势产业。

十九、广东

（一）总体情况

1. 宏观经济总体情况

2021年，广东实现地区生产总值124369.67亿元，比上年增长8.0%。第一产业、第二产业、第三产业增加值分别为5003.66亿元、50219.19亿元和69146.82亿元，分别增长7.9%、8.7%和7.5%，三次产业结构比例调整为4.0:40.4:55.6。人均地区生产总值达98285元，增长7.1%。

2021年，广东省全社会固定资产投资同比增长6.3%。在固定资产投资中，第一产业、第二产业、第三产业投资同比分别增长31.8%、19.4%和2.2%。基础设施投资同比下降2.4%，占固定资产投资的比重为26.3%。其中，电力、热力生产和供应业投资增长35.1%，铁路运输业投资增长15.2%。高技术制造业投资增长24.8%，占固定资产投资的比例为6.0%。

2021年，广东省实现货物进出口总额为82680.3亿元，同比增长16.7%。对"一带一路"沿线地区进出口额为20419.3亿元，同比增长16.3%。实现社会消费品零售总额44187.71亿元，同比增长9.9%。

2. 工业经济运行情况

2021年，广东全部工业增加值比上年增长9.3%，规模以上工业增加值增长9.0%。分经济类型看，国有控股企业、外商及港澳台投资企业、股份制企业、集体企业工业增加值同比增速分别为13.0%、9.2%、9.1%、4.8%。先

进制造业增加值同比增长 6.5%，占规模以上工业增加值比重为 54.2%。其中，高端电子信息制造业、生物医药及高性能医疗器械业、先进装备制造业、先进轻纺制造业、新材料制造业、石油化工业增加值增速分别达到 1.3%、15.3%、11.1%、7.8%、8.5%、8.0%。高技术制造业增加值同比增长 6.9%，占规模以上工业增加值比例为 29.9%。其中，计算机及办公设备制造业、医药制造业增长最快，增速分别达到 23.5%和 18.7%；航空、航天器及设备制造业增长 12.6%；医疗仪器设备及仪器仪表制造业增长 10.1%；电子及通信设备制造业增长 4.7%；装备制造业增加值同比增长 7.4%，占规模以上工业增加值的比例为 44.6%。电气机械和器材制造业、汽车制造业增长最快，增速分别达到 16.0%、9.4%。传统优势产业增加值同比增长 8.0%，其中，家具制造业、金属制品业增速最快，分别达到 13.1%、12.1%。2021 年，广东规模以上工业实现利润总额 10927.55 元，同比增长 16.1%。分门类看，制造业实现正增长，利润总额为 10036.11 亿元，同比增长 18.9%；采矿业实现利润总额 419.90 亿元，同比增加 65.2%；电力、热力、燃气及水生产和供应业实现利润总额 471.54 亿元，同比下降 34.0%。2021 年，广东省规模以上工业企业每百元营业收入中的成本为 83.10 元，增加 0.28 元；营业收入利润率为 6.44%，提高 0.15 个百分点。

（二）指标分析

1. 时序指数（见图 6-20 和表 6-41）

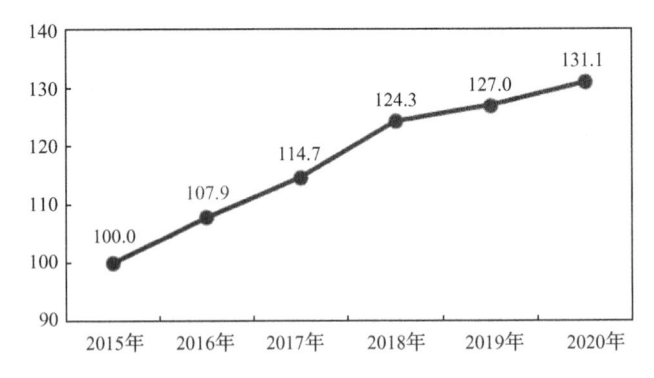

图 6-20 广东工业发展质量时序指数

资料来源：赛迪智库整理，2022 年 4 月

表 6-41　2015—2020 年广东工业发展质量时序指数

	2015 年	2016 年	2017 年	2018 年	2019 年	2020 年	2016—2020 年年均增速/%
速度效益	100.0	102.3	105.3	103.1	105.3	107.2	1.39
结构调整	100.0	118.1	123.7	134.4	133.3	133.4	5.93
技术创新	100.0	109.5	122.6	149.3	150.5	159.9	9.84
资源环境	100.0	108.2	114.9	125.4	134.2	148.1	8.17
两化融合	100.0	102.9	111.1	117.7	121.1	123.5	4.31
人力资源	100.0	104.5	108.9	114.0	120.2	120.4	3.78
时序指数	100.0	107.9	114.7	124.3	127.0	131.1	5.56

资料来源：赛迪智库整理，2022 年 4 月。

纵向来看，广东省工业发展质量自 2015 年的 100.0 上涨至 2020 年的 131.1，年均增速为 5.56%。

广东在技术创新与资源环境方面质量提升较快，年均增速分别为 9.84%、8.17%。技术创新方面，规上工业企业 R&D 人员投入强度、规上工业企业单位 R&D 经费支出发明专利数提升效果显著，年均增速分别为 13.76%、10.16%。资源环境方面，单位工业增加值用水量优化明显，年均增速达到 12.26%，是推动资源环境水平提高的主要因素。

广东在结构调整、两化融合、人力资源方面均平稳增长，年均增速分别为 5.93%、4.31%、3.78%。结构调整方面，新产品出口占货物出口额比重、制造业 500 强企业占比年均增速分别为 9.73%、8.16%，产品创新与价值提升颇有成效，但是规上小型工业企业营业收入占比年均增速仅 1.19%，中小微企业生存问题值得关注，影响了结构调整的步伐。两化融合方面，宽带人均普及率年均增速实现 6.05%，为居民的工作生活信息化带来极大便利，但电子信息产业占比与两化融合水平增长较慢，年均增速仅为 3.97%、2.80%。人力资源方面，工业城镇单位就业人员平均工资增速为主要动力，年均增速实现 7.34%。

广东在速度效益方面表现一般，年均增速为 1.39%。其中，规上工业增加值增速达到 7.0%，表现最好；但是规上工业资产负债率、工业成本费用利润率和工业主营业务收入利润率 3 项指标年均增速较低甚至出现负值，分别为 0.38%、−0.38%和 0%，影响了速度效益的提高。

2. 截面指数（见表6-42）

表6-42　2015—2020年广东工业发展质量截面指数排名（单位：位）

	2015年	2016年	2017年	2018年	2019年	2020年	2016—2020年均值排名
速度效益	11	12	14	17	18	17	17
结构调整	4	4	3	2	3	3	2
技术创新	5	5	4	2	2	3	2
资源环境	2	4	4	2	3	4	4
两化融合	2	2	2	2	3	5	3
人力资源	9	9	11	11	14	20	13
截面指数	4	4	3	3	3	4	3

资料来源：赛迪智库整理，2022年4月。

横向来看，广东2020年工业发展质量截面指数为61.1，排在全国第4位，处于全国上游水平。

2020年，广东在结构调整、技术创新、资源环境和两化融合方面表现出色，均处于全国前5位（含）。结构调整方面，高技术制造业营业收入占比和制造业500强企业占比分列全国第1位和第4位，表现最为优异。技术创新方面，各项指标均居全国上游，显示出强大的创新能力，特别是规上工业企业单位R&D经费投入强度发明专利数位列全国首位。资源环境方面，单位工业增加值能耗指标居全国上游，排名全国第3位。两化融合方面，电子信息产业占比和两化融合水平分列全国第2位和第6位，显示出电子信息产业强省的实力。

2020年，广东在速度效益和人力资源方面表现一般，处于全国中游，分为排名全国第17位、第20位。速度效益方面，规上工业增加值增速居全国第24位，工业企业资产负债率、工业成本费用利润率和工业营业收入利润率分列全国第16位、第15位、第14位。人力资源方面，就业人员平均受教育年限表现最好，排名全国第4位。但是第二产业全员劳动生产率排名第16位，处于全国中下游水平；工业城镇单位就业人员平均工资增速排名第30位，处于全国下游水平。

3. 原因分析

广东工业发展质量较为稳定，2015—2020年始终保持在全国前4位，处

于全国领先水平，这主要得益于广东在技术创新、资源环境、结构调整方面做出的重要努力。广东全力加强战略科技力量发展，重点支持关键核心技术攻关。据统计，全省研发经费支出超过 3800 亿元、占地区生产总值 3.14%，区域创新综合能力连续 5 年居全国首位，发明专利有效量、PCT 国际专利申请量稳居全国第一，国家高新技术企业突破 6 万家。实施"广东强芯"工程、核心软件攻关工程，组建湾区半导体等百亿级产业集团，打造我国集成电路第三极。广东聚焦污染治理和低碳工作，社会生态文明建设成效显著。重点攻坚水、大气、土壤等领域，全面实施"河湖长制"，大力开展河湖"清四乱"行动，新建污水管网 7658 千米，基本消除国家挂牌督办的 527 条黑臭水体，高质量建成碧道 2075 千米。加大臭氧污染治理力度，开展成品油行业专项整治，实施《广东省加快推进城市天然气事业高质量发展实施方案》，提升内河航运能力和绿色发展水平，公交车电动化率达 98%。全省在营商环境、产品价值提升方面提供有力的平台支撑，扎实推进粤港澳大湾区和深圳先行示范区（以下简称"双区"）建设，全力推动横琴、前海两个合作区建设稳健起步，牵引和带动全省以更大魄力在更高起点上推进改革开放。

（三）结论与展望

综合时序指数和截面指数来看，广东工业发展质量长期处于全国领先水平，综合经济实力持续领跑，经济规模蝉联 33 年全国第一。目前，广东处在新格局建设重要时期，产业体系成熟完备、创新实力强劲、营商环境良好，拥有的市场红利覆盖 1500 多万市场主体、7000 万劳动者、1.27 亿常住人口，叠加"双区"和横琴、前海两个合作区建设等国家重大发展战略利好。面向未来，一是要纵深推进"双区"建设和深圳综合改革试点，全面推进横琴、前海两个合作区建设，推动国家重大发展战略落地落实。二是要坚持把科技自立自强作为发展的战略支撑，深化科技体制改革，构建全过程创新生态链，加快建设更高水平的科技创新强省。集中力量突破一批关键核心技术，探索关键核心技术攻关新型举国体制"广东路径"，实施基础与应用基础研究十年"卓粤"计划，将 1/3 以上的省级科技创新战略专项资金投向基础研究，加快粤港澳大湾区（广东）量子科学中心、广东国家应用数学中心建设，提升"从 0 到 1"的基础研究能力。三是要统筹有序推进"碳达峰""碳中和"目标，加快发展绿色低碳产业，实施绿色制造工程和重点行业绿色化改造，推进产业园区循环化发展。加快高效节能技术产品推广应用，加强工业、建筑、

公共机构等重点领域节能,提升数据中心、新型通信等信息化基础设施能效水平。

二十、广西

(一)总体情况

1. 宏观经济总体情况

2021年,广西地区生产总值为24740.86亿元,增长7.5%。第一产业、第二产业、第三产业增加值分别为4015.51亿元、8187.90亿元和12537.45亿元,增速分别为8.2%、6.7%和7.7%。其中,第一产业、第二产业、第三产业占GDP比例分别为16.2%、33.1%和50.7%,对GDP增长贡献率分别为18.0%、28.7%和53.3%。全区固定资产投资增长7.6%。分产业看,第一产业、第二产业、第三产业投资增速分别为13.7%、26.0%和2.0%。工业投资比上年增长27.5%,其中,高技术制造业投资增速为57.9%。

2021年,广西社会消费品零售总额实现8538.50亿元,增长9.0%。进出口总值为5930.63亿元,增长21.8%。其中,对东盟国家进出口总值2821.17亿元,比上年增长18.8%。城镇居民人均可支配收入为38530元,实际增速为6.2%;农村居民人均可支配收入为16363元,增速为9.8%。

2. 工业经济运行情况

2021年,全区规模以上工业增加值增长8.6%。分类型看,国有控股企业增长9.0%,股份制企业增长10.6%,外商及港澳台商投资企业下降0.9%;非公有制工业企业增长8.6%。分门类看,电力热力燃气及水的生产和供应业增速最快,增长13.8%;制造业增长7.9%,采矿业增长7.7%。分行业看,石油煤炭及其他燃料加工业、木材加工和木竹藤棕草制品业、有色金属冶炼及压延加工业、电力/热力生产和供应业、电气机械及器材制造业、农副食品加工业、黑色金属冶炼及压延加工业增长较快,增速分别为30.1%、15.7%、12.3%、12.2%、12.0%、11.3%、7.1%,计算机/通信和其他电子设备制造业、专用设备制造业、非金属矿物制品业增长较慢,增速分别为3.6%、2.1%、0.8%。此外,汽车制造业增加值下降3.8%。

(二)指标分析

1. 时序指数(见图6-21和表6-43)

纵向来看,广西工业发展质量自2015年的100.0上涨至2020年的131.1,年均增速为5.57%,略低于全国平均增速。

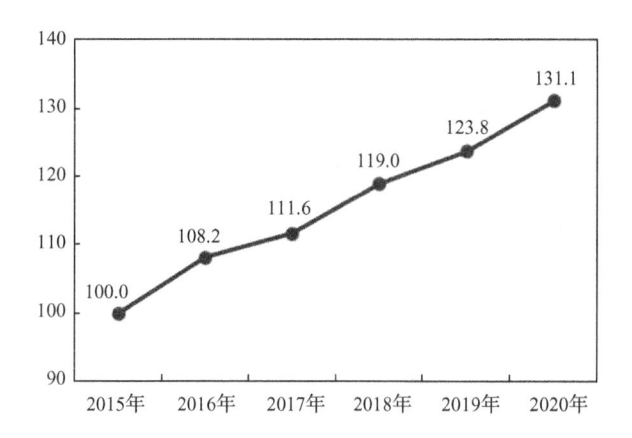

图 6-21 广西工业发展质量时序指数

资料来源：赛迪智库整理，2022 年 4 月

表 6-43 2015—2020 年广西工业发展质量时序指数

	2015 年	2016 年	2017 年	2018 年	2019 年	2020 年	2016—2020 年年均增速/%
速度效益	100.0	102.4	108.6	101.7	98.1	101.1	0.21
结构调整	100.0	118.8	119.7	138.1	124.9	135.2	6.21
技术创新	100.0	106.9	102.1	119.9	143.3	152.7	8.84
资源环境	100.0	111.1	118.6	118.4	120.8	147.6	8.10
两化融合	100.0	105.8	116.5	124.2	141.9	150.4	8.51
人力资源	100.0	104.2	107.9	112.5	118.2	108.3	1.61
时序指数	100.0	108.2	111.6	119.0	123.8	131.1	5.57

资料来源：赛迪智库整理，2022 年 4 月。

广西在技术创新、两化融合、资源环境方面增长较快，年均增速分别为 8.84%、8.51%、8.10%。技术创新方面，规上工业企业新产品销售收入占比、规上工业企业 R&D 经费投入强度是主要增长动力，年均增速分别为 12.77%、11.29%。两化融合方面，宽带人均普及率增长较快，年均增速达到 17.19%，是带动两化融合水平不断提高的主要动力。资源环境方面，单位工业增加值用水量优化较快，年均增速达到 13.79%，加速了资源环境的改善。

广西在结构调整方面平稳增长，年均增速为 6.21%。其中，新产品出口占货物出口额比重增速明显，年均增速为 19.30%，但是高技术制造业营业收入占比的年均增速却下降了 1.44%。广西在人力资源、速度效益方面表现较

弱，年均增速分别为 1.61%、0.21%。人力资源方面，第二产业全员劳动生产率、就业人员平均受教育年限表现不佳，年均增速分别为-0.87%、0.48%。速度效益方面，规上工业增加值增速增长相对较快，年均增速为 4.98%，但是工业成本费用利润率、工业营业收入利润率两项指标表现不佳，年均增速分别为-2.34%和-2.15%，影响了速度效益水平的提高。

2. 截面指数（见表 6-44）

表 6-44　2015—2020 年广西工业发展质量截面指数排名（单位：位）

	2015 年	2016 年	2017 年	2018 年	2019 年	2020 年	2016—2020 年均值排名
速度效益	15	18	18	24	23	25	23
结构调整	20	20	20	18	19	17	19
技术创新	26	26	28	25	25	24	28
资源环境	27	28	27	28	28	28	28
两化融合	22	24	23	24	21	21	22
人力资源	17	22	24	25	24	27	23
截面指数	22	22	23	26	25	25	25

资料来源：赛迪智库整理，2022 年 4 月。

横向来看，2020 年广西工业发展质量截面指数为 29.2，排在全国第 25 位，处于全国下游水平。

广西在各项考核指标中均处于全国下游水平。结构调整方面，2020 年居全国第 17 位。其中，规上小型工业企业营业收入占比位列全国第 11。两化融合位列全国第 21 位，其中，电子信息产业占比、两化融合水平、宽带人均普及率分别居全国第 18 位、第 26 位、第 19 位。速度效益居全国第 25 位，规上工业增加值增速、工业企业资产负债率、工业成本费用利润率、工业营业收入利润率分别居全国第 25 位、第 29 位、第 20 位、第 21 位。人力资源居全国第 27 位，工业城镇单位就业人员平均工资增速处于领先水平，居全国第 5 位，第二产业全员劳动生产率、就业人员平均受教育年限处于全国下游水平，排名分别为全国第 23 位、第 30 位。资源环境居全国第 28 位，其中，单位工业增加值用水量全国垫底。技术创新居全国第 24 位，规上工业企业单位 R&D 经费支出发明专利数、规上工业企业新产品销售收入占比处于全国中游水平，均居全国第 16 位，但规上工业企业 R&D 人员投入强度、

规上工业企业R&D经费投入强度仅位列全国第27位、第26位。

3. 原因分析

广西工业发展质量相对全国来说仍处于薄弱水平，各项指标的截面数据表现欠佳，尤其是在技术创新、资源环境、人力资源、速度效益等方面，但时序数据也显示广西在技术创新、资源环境等重叠指标上进步明显，说明广西正处于转型升级阶段，在人力资源、速度效益等指标方面需要努力提升。一方面，广西积极推动产业振兴，加快转型升级步伐。为实现工业持续增产增效，广西统筹财政资金和政府专项债券403.5亿元以支持工业发展，在全国首创工业振兴特派员制度。广西重视科技创新能力提升，实施科技创新重大项目111项，发布科技重大专项6项，转化重大科研成果750多项，有效发明专利数量增长15.46%，1人当选中国工程院院士。另一方面，广西工业发展仍面临较多不确定性因素。例如，全区资源要素约束趋紧，尤其是当前能源电力供应紧张、原材料价格高企、供应链关键产品紧缺等态势仍在延续，并与新冠肺炎疫情对正常生产生活秩序的冲击相叠加，导致供需循环不畅、部分企业生产经营困难。又如，广西在经济发展中暴露出产业结构不优、抵御风险能力不强，工业化城镇化水平不高，创新基础支撑能力不足，资源要素配置效率不高等深层次结构矛盾。

（三）结论与展望

全球新冠肺炎疫情叠加国家经济下行压力，广西工业转型升级同时面临机遇与挑战。广西工业发展质量虽然有待提高，但也具备迅速提升的基础，可从产业链建设、科技创新、对外开放等多方面入手。一是坚持推行"工业强桂"，深入推进产业链、供应链现代化建设工作。加快糖、铝、机械、冶金等传统行业产业下游精深加工延链项目建设和产业协同；支持引入一批汽车、机械、电子信息、化工新材料产业链上下游配套项目，加快推进柳工高端装载机智能化工厂、广西飓芯科技高端芯片等一批强链、补链、延链项目建设。二是加大对科研创新的鼓励与引导。加快完善科技创新体制机制；扩大科研项目经费"包干制"试点范围，大力推行科技项目"揭榜挂帅""直通车""赛马"等新型组织管理方式；引导全社会参与科技创新，力争全社会研究与试验发展经费投入强度达1.07%；建设面向东盟科技创新合作区。三是不断提高对外开放水平，加强与RCEP国家、粤港澳大湾区间的国际区际经济合作。深化与RCEP国家的合作，加快建设RCEP（南宁）等项目。

深入推进中国（广西）自由贸易试验区、面向东盟的金融开放门户、防城港国际医学开放试验区、南宁临空经济示范区，以及百色、东兴、凭祥重点开发开放试验区等平台建设；加快建设南宁机场国际航空物流枢纽，确保国际货邮吞吐量翻一番以上；主动融入粤港澳大湾区建设和对接长江经济带发展。

二十一、海南

（一）总体情况

1. 宏观经济总体情况

2021年，海南地区生产总值达6475.20亿元，比上年增长11.2%，在一定程度上缓解了新冠肺炎疫情对经济的冲击，做好新冠肺炎疫情防控的同时也有效地推动了经济高质量发展，加速新旧动能转换，促进经济效益不断提高。分产业来看，第一产业、第二产业、第三产业增加值分别达到1254.44亿元、1238.80亿元和3981.96亿元，分别比上年增长3.9%、6.0%和15.3%。三次产业结构调整为19.4：19.1：61.5。全省万元国内生产总值能耗较上年下降3.1%。全省共计1200多家高新技术企业，高技术产业投资增长36.6%，创新驱动作用明显增强。

全省全年固定资产投资较上年增长10.2%，其中，房地产开发投资增长2.8%，非房地产开发投资增长14.9%。

全省全年居民人均可支配收入实现30457元，较上年增长9.1%，其中，城镇居民人均可支配收入、农村居民人均可支配收入分别实现40213元、18076元，增速分别达到8.4%、11%。

全省全年社会消费品零售总额达到2497.62亿元，较上年增长26.5%。按经营地分，城镇零售额、乡村零售额分别达到2124.81亿元、372.81亿元，增速分别达到26.8%、24.8%。此外，从消费角度来看，商品零售额、餐饮收入分别达到2212.70亿元、284.92亿元，增速分别达到24.9%、40.5%。

2. 工业经济运行情况

2021年，海南工业增加值达到683.60亿元，比上年增长9.6%。其中，规模以上工业增加值、轻工业增加值、重工业增加值分别增长10.3%、6.6%、12.2%。从主要行业增加情况看，农副食品加工业增长29.8%，化学原料和化学制品制造业增长4.7%，汽车制造业和电力增长121.0%，非金属矿物制品

业增长 7.5%，热力的生产和供应业增长 13.0%；造纸及纸制品业、石油加工业、医药制造业分别下降 3.4%、0.7%、2.0%。

（二）指标分析

1. 时序指数（见图 6-22 和表 6-45）

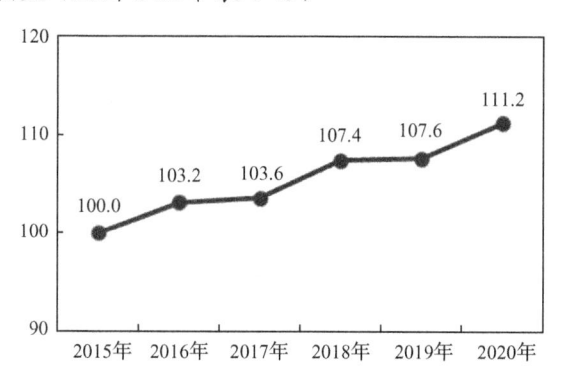

图 6-22　海南工业发展质量时序指数

资料来源：赛迪智库整理，2022 年 4 月。

表 6-45　2015—2020 年海南工业发展质量时序指数

	2015 年	2016 年	2017 年	2018 年	2019 年	2020 年	2016—2020 年年均增速/%
速度效益	100.0	99.3	99.7	106.7	113.6	102.1	0.41
结构调整	100.0	103.2	111.0	102.8	87.8	92.4	-1.57
技术创新	100.0	102.7	87.7	76.2	71.3	89.7	-2.15
资源环境	100.0	102.2	103.5	111.8	117.9	165.5	10.60
两化融合	100.0	109.5	118.6	150.4	159.2	133.1	5.88
人力资源	100.0	104.3	106.5	110.9	116.5	123.4	4.30
时序指数	100.0	103.2	103.6	107.4	107.6	111.2	2.15

资料来源：赛迪智库整理，2022 年 4 月。

纵向对比来看，海南工业发展质量时序指数年均增速为 2.15%，低于全国平均增速 3.44%。在资源环境、两化融合、人力资源 3 个方面，海南表现相对较好，年均增速分别为 10.60%、5.88%、4.30%。资源环境方面，单位工业增加值能耗小于全国平均水平，年均增速为 1.2%；单位工业增加值用水量高于全国，年均增速为 17.9%。两化融合方面，宽带人均普及率年均增速

为 17.04%，高于全国。人力资源方面，工业城镇单位就业人员平均工资、就业人员平均受教育年限年均增速分别达到 8.46%、1.32%，均高于全国平均水平，但第二产业全员劳动生产率低于全国水平。

海南在速度效益、结构调整、技术创新方面还有待提高。速度效益方面，规上工业增加值增速、工业成本费用利润率、工业营业收入利润率 3 项指标增速均低于全国水平，工业企业资产负债率表现较好。结构调整方面，除规上小型工业企业营业收入占比高于全国水平外，高技术制造业营业收入占比、制造业 500 强企业占比、新产品出口占货物出口额比重均低于全国水平。技术创新方面，规上工业企业单位 R&D 经费支出发明专利数高于全国水平，表现较为突出，规上工业企业 R&D 经费投入强度等其他 3 个方面指标均低于全国水平。

2. 截面指数（见表 6-46）

表 6-46　2015—2020 年海南工业发展质量截面指数排名（单位：位）

	2015 年	2016 年	2017 年	2018 年	2019 年	2020 年	2016—2020 年均值排名
速度效益	13	20	24	11	12	23	18
结构调整	26	27	25	23	27	25	27
技术创新	14	15	22	26	29	26	24
资源环境	24	26	26	26	26	24	26
两化融合	21	21	24	23	23	23	24
人力资源	11	16	22	16	22	13	17
截面指数	18	21	28	22	24	26	24

资料来源：赛迪智库整理，2022 年 4 月。

横向对比来看，海南 2020 年工业发展质量截面指数为 26，2016—2020 年均值排名为全国第 24 位，尚未进入全国中上游水平。

海南在人力资源方面表现较好，2020 年排名达到中上游水平。其中，工业城镇单位就业人员平均工资增速、就业人员平均受教育年限分别位居第 3 位、第 11 位，均处于全国靠前水平。

海南在技术创新、资源环境、速度效益、结构调整、两化融合方面均表现不佳，处于全国中下游水平，2020 年分别排在全国第 26 位、第 24 位、第 23 位、第 25 位和第 23 位。技术创新方面，规上工业企业单位 R&D 经费支出发明专利数位居全国第 6 位，处于全国前列水平，而规上工业企业 R&D

经费投入强度、规上工业企业新产品销售收入占比和规上工业企业 R&D 人员投入强度等指标发展水平并不是太好，均处于全国较后水平。资源环境方面，各项细分指标均处于全国中下游水平。速度效益方面，工业企业资产负债率、工业成本费用利润率表现较好，处于全国中上游水平，但规上工业增加值增速表现较差，位居全国第 30 位，处于下游水平。结构调整方面，仅有高技术制造业营业收入占比指标较为突出，位居全国第 14 位，而规上小型工业企业营业收入占比、制造业 500 强企业占比、新产品出口占货物出口额比重均表现较差，都处于全国下游水平。两化融合方面，宽带人均普及率位居全国第 11 位，整体水平较好，其余两大指标均处于全国下游水平，均位居全国 25 位及其以下。

3. 原因分析

海南受益于海南国际旅游岛、中国（海南）自由贸易试验区建设等一系列国家重大战略，工业经济发展速度效益水平有所提高，特别是，重点推动了国家深海基地南方中心创新平台建设、遥感信息产业发展和商业卫星发射，以及国家耐盐碱水稻技术创新中心的建设等。在政策利好情况下，海南站位新兴产业发展高位，区块链产业发展取得了一定进步，相关企业主要集中于信息服务业、文娱业和租赁与商务服务业，分别占 51%、20%和 16%。基于区块链实际应用为核心的产业生态链初步形成，从基础设施硬件、底层平台到开发应用服务，有效促进产业发展。但海南工业发展基础薄弱，特别是创新发展整体能力不高，新动能增长不快等因素，企业发展实力还有待提升，产业结构调整还有待于进一步调整。

（三）结论与展望

整体来看，海南工业发展质量还有待于提高，除人力资源方面有些优势外，速度效益等各方面指标均表现不是太好。一方面，做大做强优势产业链条。基于海南自贸港建设总体布局，紧抓全球能源格局变革的机遇，积极发展油气勘探开发、加工、输送、仓储、贸易等上下游一体的全产业链，同时围绕国家制定的"碳达峰""碳中和"目标，推动相关低碳化产业发展，以新能源开发推动海南新型工业发展壮大。另一方面，进一步推动《海南省先进装备制造首台套资金管理实施细则》相关工作，加强产业前瞻谋划，通过全面提升首台套装备的研发制造、示范试点、推广应用等方式，有效集聚优质资源，建设具有国际市场竞争力和影响力的制造业创新中心，切实有效增强海南工业核心竞争力，推动海南工业高质量发展实现"新面貌"。

二十二、重庆

（一）总体情况

1. 宏观经济总体情况

2021年，重庆地区生产总值达到27894.02亿元，较上年增长8.3%，两年平均增速为6.1%。其中，增加值方面，第一产业、第二产业、第三产业分别实现增加值1922.03亿元、11184.94亿元、14787.05亿元，分别增长7.8%、7.3%、9.0%。三次产业结构比为6.9∶40.1∶53.0。民营经济增加值达到16628.56亿元，增长9.4%，占全市经济总量的59.6%。2021年，全市固定资产投资较上年增长6.1%，其中，基础设施投资增长7.4%，工业投资增长9.1%，民间投资增长9.3%。全社会消费品零售总额较去年增长18.5个百分点（含价格因素）。其中，城镇消费品零售额增长17.8%、乡村消费品零售23.2%。全市居民人均可支配收入达到33803元，较上年增长9.7%。其中，城镇居民人均可支配收入增长12.8%、农村居民人均可支配收入增长13.8%。

2. 工业经济运行情况

2021年，重庆市全年工业增加值、规模以上工业增加值较上年分别增长9.6%、10.7%。其中，汽车产业、摩托车产业、电子产业、装备产业、医药产业、材料产业、消费品产业、能源工业分别较上年增长12.6%、5.9%、17.3%、16.8%、14.5%、5.9%、8.9%、3.4%；农副食品加工业，黑色金属冶炼和压延加工业，有色金属冶炼和压延加工业，通用设备制造业，电气机械和器材制造业，计算机、通信和其他电子设备制造业，铁路、船舶、航空航天和其他运输设备制造业，化学原料和化学制品制造业，非金属矿物制品业，电力、热力生产和供应业分别较上年增长14.0%、11.5%、6.4%、7.1%、6.9%、27.0%、4.3%、0.8%。

（二）指标分析

1. 时序指数（见图6-23和表6-47）

纵向来看，重庆工业发展质量时序指数2016—2020年年均增速达到6.19%，从2015年的100.0提高到2020年的135.0，高于全国平均增速0.60%以上。

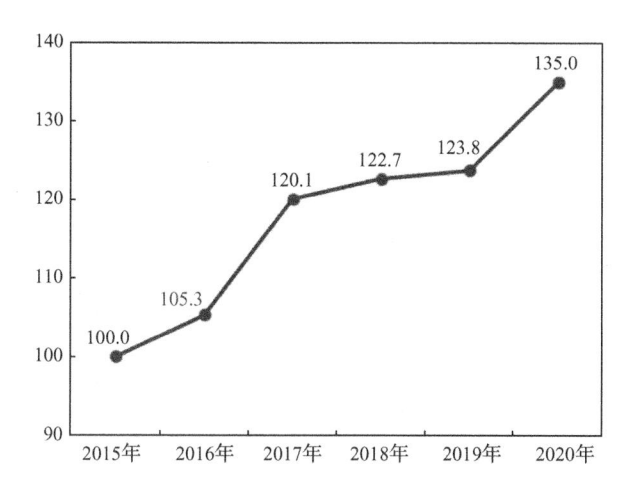

图 6-23 重庆工业发展质量时序指数

资料来源：赛迪智库整理，2022 年 4 月

表 6-47 2015—2020 年重庆工业发展质量时序指数

	2015 年	2016 年	2017 年	2018 年	2019 年	2020 年	2016—2020 年年均增速/%
速度效益	100.0	105.0	110.3	102.7	101.0	110.0	1.92
结构调整	100.0	101.2	121.6	113.0	106.0	104.4	0.87
技术创新	100.0	95.9	117.9	131.4	129.8	140.0	6.97
资源环境	100.0	116.3	125.2	127.4	136.2	193.6	14.12
两化融合	100.0	116.3	138.7	154.8	163.1	170.6	11.27
人力资源	100.0	105.5	112.6	118.6	127.5	132.6	5.80
时序指数	100.0	105.3	120.1	122.7	123.8	135.0	6.19

资料来源：赛迪智库整理，2022 年 4 月。

重庆在资源环境、两化融合、人力资源 3 个方面表现较好，年均增速分别为 14.12%、11.27%、5.80%。其中，资源环境方面，单位工业增加值能耗表现较好。两化融合方面，电子信息产业占比、宽带人均普及率、两化融合水平均表现较好，发展水平均处于全国前列。人力资源方面，第二产业全员劳动生产率、就业人员平均受教育年限两个方面表现较好。但速度效益方面，工业营业收入利润率、工业成本费用利润率表现不是太好。结构调整方面，新产品出口占货物出口额比重、制造业 500 强企业占比表现较差。技术创新方面，规上工业企业新产品销售收入占比、规上工业企业单位 R&D 经费支出发明专利数均表现较差。

2. 截面指数（见表6-48）

表6-48　2015—2020年重庆工业发展质量截面指数排名（单位：位）

	2015年	2016年	2017年	2018年	2019年	2020年	2016—2020年均值排名
速度效益	9	10	9	27	17	11	16
结构调整	6	7	5	4	5	7	5
技术创新	8	8	8	8	8	8	8
资源环境	7	7	7	7	8	6	7
两化融合	10	9	6	5	6	6	6
人力资源	10	11	10	12	9	10	10
截面指数	8	8	6	8	6	6	6

资料来源：赛迪智库整理，2022年4月。

横向来看，重庆工业发展质量截面指数与上年水平变化不大，仍处全国中上游水平。

2020年重庆结构调整方面位居全国第7位，技术创新方面位居全国第8位，资源环境方面位居全国第6位，两化融合方面位居全国第6位，人力资源方面位居全国第10位，均处于较好水平。2020年速度效益表现较2019表现有所提高，但年均值排名处于中下游水平。其中，工业企业资产负债率表现较差，也是造成速度效益全国排名靠后的重要原因。

3. 原因分析

近年来，重庆在保护生态环境与节能能源、促进工业化与信息化及人力保障等方面表现较好。新一轮科技革命叠加产业变革，重庆在产业结构优化调整中，关注重要发展机遇，抢占产业发展制高点，积极贯彻落实国家有关数字化、智能化、绿色化等相关政策，加速推动产业转型升级，挖掘产业发展潜力，不断释放产业发展新动能。整体看，工业企业资产负债率、规上工业企业单位R&D经费支出发明专利数、工业城镇单位就业人员平均工资增速等表现较差。

（三）结论与展望

综合上述两大指数情况来看，重庆在保护生态环境与节能能源、促进工业化与信息化及人力保障等方面做得较好，但效率提升等方面还有待于进一

步改善。一方面，加大科技创新力度。贯彻落实好《成渝地区双城经济圈建设规划纲要》，引导与支持有关部门将科技创新作为"头号任务"来抓，借助现有创新与产业资源优势，实施高水平的"科创+产业"导向，积极探索"政产学研"协同创新模式，加快推动建设具有全国影响力的科技创新中心基地，将创新的"种子"切实落地生根。另一方面，加快推动产业转型升级步伐。鼓励本地有条件的优质企业带动中小企业，加快设备升级，引进高端人才，大力提高企业数字化、智能化水平。

二十三、四川

（一）总体情况

1. 宏观经济总体情况

2021年，四川实现地区生产总值53850.8亿元，增长8.2%，增速比全国平均水平高0.1个百分点。其中，第一产业增加值为661.9亿元，增长7.0%；第二产业增加值为19901.4.1亿元，增长7.4%；第三产业增加值为28287.5亿元，增长8.9%。2021年全社会固定资产投资同比增长10.1%，其中，工业投资增长9.7%，制造业高技术产业投资增长8.9%。

2. 工业经济运行情况

2021年，四川规模以上工业增加值为15428.2亿元，较上年增长9.5%，比全国平均水平低0.1个百分点。分行业看，41个行业大类中有31个行业增加值实现增长，计算机、通信和其他电子设备制造业增加值较上年增长22.5%，石油和天然气开采业增长21.4%，金属制品业增长12.0%，非金属矿物制品业增长10.8%，酒、饮料和精制茶制造业增长10.5%，医药制造业增长10.3%，化学原料和化学制品制造业增长8.3%，汽车制造业增长8.2%。

（二）指标分析

1. 时序指数（见图6-24和表6-49）

纵向来看，四川工业发展质量时序指数自2015年的100上涨至2020年的149.2，年均增速为8.33%，平均增速排名全国第6位。

四川在资源环境方面提升较为迅速，年均增速为18.30%，年平均增速排名全国第2位，其中，单位工业增加值用水量平均增速为27.22%，拉动指标增长。在速度效益、人力资源和两化融合方面提升较快，年均增速分别为

5.20%、6.42%和11.14%，年均增速分别排名全国第6位、第6位和第8位。其中，速度效益方面，规上工业增加值增速平均增速为7.43%；人力资源方面，第二产业全员劳动生产率平均增速为10.23%；两化融合方面，宽带人均普及率平均增速为15.39%。但是，四川在结构调整和技术创新增速上表现相对一般，平均增速分别位于全国第13名、第15名。其中，结构调整方面，规上小型工业企业营业收入占比平均增速为0.55%；技术创新方面，规上工业企业单位R&D经费支出发明专利数平均增速仅为0.55%。

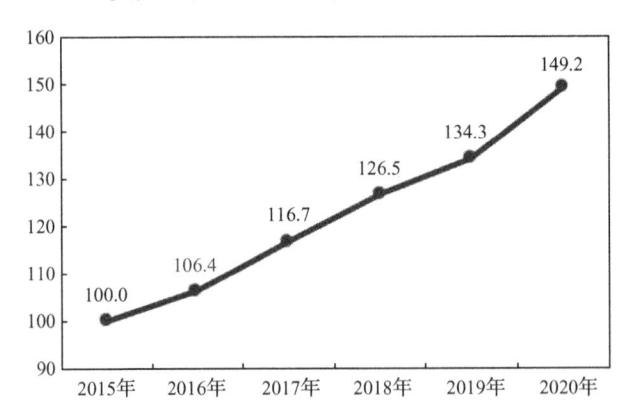

图6-24 四川工业发展质量时序指数

资料来源：赛迪智库整理，2022年4月

表6-49 2015—2020年四川工业发展质量时序指数

	2015年	2016年	2017年	2018年	2019年	2020年	2016—2020年年均增速
速度效益	100.0	102.9	116.4	118.6	123.4	128.9	5.20
结构调整	100.0	107.0	101.5	107.6	117.7	121.6	3.99
技术创新	100.0	103.5	123.3	135.2	137.7	151.2	8.62
资源环境	100.0	107.0	120.8	144.2	163.5	231.7	18.30
两化融合	100.0	116.3	132.7	150.5	158.9	169.5	11.14
人力资源	100.0	104.3	108.3	114.2	121.8	136.5	6.42
时序指数	100.0	106.4	116.7	126.5	134.3	149.2	8.33

资料来源：赛迪智库整理，2022年4月。

2. 截面指数（见表6-50）

横向来看，四川工业发展质量截面指数处于全国中等水平。2020年截面指数为46.4，排在全国第12位。

表6-50 2015—2020年四川工业发展质量截面指数排名（单位：位）

	2015年	2016年	2017年	2018年	2019年	2020年	2016—2020年均值排名
速度效益	18	21	13	10	9	8	10
结构调整	10	10	11	11	11	11	11
技术创新	17	19	15	17	17	19	16
资源环境	15	15	14	13	10	9	10
两化融合	16	11	10	10	10	10	10
人力资源	26	25	29	27	27	25	27
截面指数	16	15	14	14	15	12	14

资料来源：赛迪智库整理，2022年4月。

四川在速度效益、资源环境、两化融合和结构调整方面表现相对较好，2020年分别排在全国第8位、第9位、第10位和第11位，属于前列水平。其中，速度效益方面，工业成本费用利润率和工业营业收入利润率分别排名全国第5位和第7位；资源环境方面，单位工业增加值用水量排名全国第7位；两化融合方面，电子信息产业占比排名全国第7位；结构调整方面，高技术制造业营业收入占比和规上小型工业企业营业收入占比分别为全国第5位和第7位。技术创新方面属于中游水平，2020年排在全国第19位。四川在人力资源方面表现相对较差，2020年全国排名为第25位。其中，第二产业全员劳动生产率、工业城镇单位就业人员平均工资增速、就业人员平均受教育年限分别为全国第20位、第25位、第27位。

3. 原因分析

2016—2020年，四川在速度效益、资源环境、两化融合和结构调整方面表现相对较好，基本处于全国上游水平，整体工业发展质量良好。

四川大力推动经济转型升级，"十三五"期间地区生产总值年均增长7%，首次实现3年上一个万亿元台阶；地方一般公共预算收入年均增长7.8%，五大支柱产业营业收入达4.2万亿元，质量效益明显提升。大力促进两化融合，不断完善工业互联网安全保障体系，推动两化融合管理体系由大型企业向中小企业推广，加速构筑企业在数字经济背景下的新型竞争能力。加快低碳发展和结构调整，在清洁能源开发利用、能源装备制造、能源输配体系构建等领域，四川已经形成了显著优势，尤其是近年来清洁能源及相关产业加快发

展，先后引进了一批在全国乃至全球有影响力的头部企业，落地了一批具有基础性、支撑性、引领性的重大项目，产业链条趋于完备，集聚效应逐步显现。

（三）结论与展望

综合时序指数和截面指数来看，四川在技术创新方面尚有很大发展空间。为提升技术创新方面的发展水平，四川要深入推进创新驱动。一是要强化战略科技力量建设。积极争创国家实验室，大力推进国家实验室四川基地建设，聚焦电子信息、生命科学、生态环境等领域建设天府实验室，布局建设省级国防科技重点实验室。二是要加快创新载体建设。在科研实力雄厚、产业竞争优势明显的重点领域整合资源、创新机制，加快建立以市场为导向、产学研深度融合的创新联合体，积极争取国家有关部委支持，完成国家精准医学产业创新中心、国家高端航空装备技术创新中心、工业云制造（四川）创新中心创建工作。三是要加强关键核心技术攻关。实施集成电路与新型显示、钒钛稀土、智能装备、生物育种等重大科技专项，着力解决一批关键共性技术问题。开展科研项目"揭榜制"、科研经费"包干制"和科技成果评价综合试点，提升科技成果转化效率。

二十四、贵州

（一）总体情况

1. 宏观经济总体情况

2021年，贵州实现地区生产总值19586.42亿元，比上年增长8.1%。其中，第一产业增加值为2730.92亿元，比上年增长7.7%；第二产业增加值为6984.70亿元，比上年增长9.4%；第三产业增加值为9870.80亿元，比上年增长7.3%。2020年，全省固定资产投资比上年下降3.1%。第一产业投资增长33.1%；第二产业投资增长19.6%，其中，工业投资增长19.7%；第三产业投资下降10.7%。

2. 工业经济运行情况

2021年，全省规模以上工业增加值比上年增长12.9%，增速比全国高出3.3个百分点。从三大门类看，采矿业增长12.5%，制造业增长15.1%，电力、热力、燃气及水生产和供应业增长4.1%。从行业看，全省19个重点监测的

行业中，12个行业增加值保持增长。其中，酒、饮料和精制茶制造业增加值增长40.7%，计算机、通信和其他电子设备制造业增长27.8%，化学原料和化学制品制造业增长25.9%，有色金属冶炼和压延加工业增长24.6%，煤炭开采和洗选业增长14.9%，烟草制品业增长7.5%，电力、热力生产和供应业增长2.7%

（二）指标分析

1. 时序指数（见图6-25和表6-51）

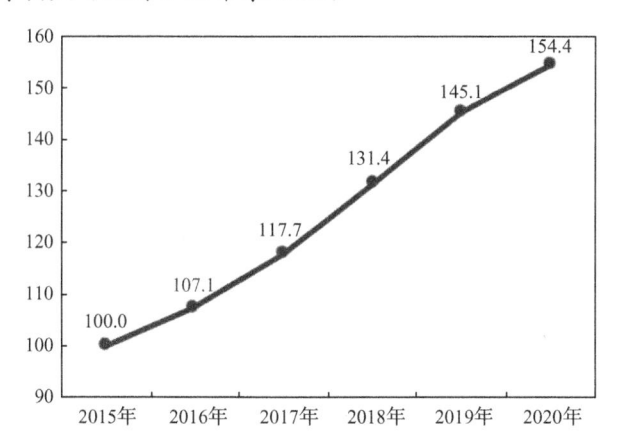

图6-25 贵州工业发展质量时序指数

资料来源：赛迪智库整理，2021年4月

表6-51 2015—2020年贵州工业发展质量时序指数

	2015年	2016年	2017年	2018年	2019年	2020年	2016—2020年年均增速/%
速度效益	100.0	103.7	113.6	123.7	132.4	154.1	9.03
结构调整	100.0	103.7	88.8	86.4	107.7	95.0	-1.02
技术创新	100.0	106.4	128.5	159.3	178.1	206.7	15.63
资源环境	100.0	108.7	122.9	134.8	144.5	175.6	11.91
两化融合	100.0	116.4	150.6	174.4	185.9	179.1	12.36
人力资源	100.0	107.7	110.5	117.6	126.0	118.2	3.40
时序指数	100.0	107.1	117.7	131.4	145.1	154.4	9.07

资料来源：赛迪智库整理，2022年4月。

纵向来看，贵州工业发展质量时序指数自2015年的100.0上涨至2020

年的154.4，年均增速为9.07%，位列全国第3位。

贵州在速度效益和技术创新方面增长势头较猛，年均增速分别高达9.03%和15.63%，平均增速排名分别位列全国第1位和第2位。构成速度效益的各指标中，工业成本费用利润率和工业营业收入利润率增速分别高达12.8%和11.12%。构成技术创新的各指标中，规上工业企业R&D经费投入强度和规上工业企业R&D人员投入强度增速分别高达19.49%和18.50。此外，两化融合方面，宽带人均普及率和电子信息产业占比的年均增速分别高达19.7%和23.6%。

但是，贵州在人力资源和结构调整方面表现不太理想，平均增速均列国第24位。其中，就业人员平均受教育年限增速仅为1.27%。规上小型工业企业营业收入占比增速呈负值，为-4.45%。

2. 截面指数（见表6-52）

表6-52 2015—2020年贵州工业发展质量截面指数排名（单位：位）

	2015年	2016年	2017年	2018年	2019年	2020年	2016—2020年均值排名
速度效益	7	9	4	2	1	1	1
结构调整	17	12	14	16	17	19	16
技术创新	21	23	21	19	15	14	19
资源环境	23	23	23	21	21	21	22
两化融合	28	28	25	26	24	24	25
人力资源	28	21	30	26	28	30	28
截面指数	17	18	19	17	16	17	17

资料来源：赛迪智库整理，2022年4月。

横向来看，贵州2020年质量截面指数为43.2，位于第17名，处于全国中下游水平。

2020年，贵州在速度效益方面表现突出，排在全国第1位。其中，规上工业增加值增速、工业成本费用利润率、工业主营业务收入利润率分别均排在全国第10位、第1位和第1位。贵州在两化融合和人力资源方面有较大提升空间。其中，两化融合方面，两化融合水平和宽带人均普及率分别排名全国第21和第30位，造成两化融合的整体排名落后。人力资源方面，第二产业全员劳动生产率和就业人员平均受教育年限分别排名全国第27位和第

30 位，有待提高。

3. 原因分析

2016—2020 年，贵州在速度效益方面较好，排在全国第 1 位；技术创新方面，贵州有所进步，较上年排名提升了 1 位。

近年来，贵州加快推进新型工业化。按照"六个大突破"要求，精准落实"六个抓手"，着力实施工业倍增行动，省领导领衔推动十大工业产业，总产值突破 1.5 万亿元。大力推动数字产业化、产业数字化，深入实施"万企融合""百企引领"，软件业务收入增速居全国第一。贵州抢抓机遇大力发展新能源电池及材料产业，聚焦现代能源、新能源电池及材料、新能源汽车、大数据电子信息、高端装备制造、绿色环保等产业，加快建设一批重大项目，振华新材料、中伟新材料等企业加快成长。支持企业开展智能化、数字化改造，2021 年，新型工业化完成投资 3200 亿元，工业投资占比提高到 26% 左右。

（三）结论与展望

综合时序指数和截面指数来看，贵州在人力资源方面尚有较大提升空间，未来应从如下 4 个方面努力。一是以十大工业产业集群发展为重点，以产业大招商为抓手，探索构建"重点产业人才+重大产业项目"的互动招引机制，着力引进一批引领新型工业化发展的领军人才和创新团队。二是围绕提升科技创新能力和产业发展水平，聚焦重点产业、重点领域发展的关键技术问题，尤其是产业链、供应链关键共性技术难题，大力引进培养一批具备创新性、前沿性和关键性技术研究能力，拥有符合贵州发展实际、填补贵州技术空白的科研成果，以及"带技术、带资金"来黔创办企业等方面的高层次创新创业人才。三是加强重点实验室、工程研究中心、技术创新中心、企业技术中心、院士工作站、博士后科研（流动）工作站、人才基地等各类平台载体建设。四是推动生活性服务业向高品质和多样化升级，加快培养引进一批规划建设、品牌创建、产品设计、运营管理等方面的专业人才。

二十五、云南

（一）总体情况

1. 宏观经济总体情况

2021 年，云南地区生产总值为 27146.76 亿元，增长 7.3%，两年平均增

长 5.6%。其中，第一产业增加值为 3870.17 亿元，增长 8.4%，两年平均增长 7.0%；第二产业增加值为 9589.37 亿元，增长 6.1%，两年平均增长 4.8%；第三产业增加值为 13687.22 亿元，增长 7.7%，两年平均增长 5.7%。全省固定资产投资比上年增长 4.0%，两年平均增速为 5.8%。分产业看，第一产业投资增长 30.0%，第二产业投资增长 2.8%，第三产业投资增长 2.1%。民间投资连续 6 年稳步提高，全年增长 5.3%，对全省投资的贡献率为 58.0%，占全省投资比例为 44.0%。全年实现社会消费品零售总额 10731.80 亿元，比上年增长 9.6%。基本生活消费成为重要支撑，限额以上商贸单位饮料类、粮油食品类零售额分别增长 17.6%、17.4%；升级类商品消费较快增长，可穿戴智能设备、照相器材类商品零售额分别增长 86.4%、65.7%。消费结构持续改善，居民人均消费支出为 18851 元，比上年增加 2059 元，增长 12.3%，比上年提高 5.9 个百分点。全年云南外贸进出口 3143.8 亿元，同比增长 16.8%。其中，出口 1766.7 亿元，增长 16.3%；进口 1377.1 亿元，增长 17.3%。

2. 工业经济运行情况

2021 年，云南规模以上工业增加值比上年增长 8.8%，两年平均增长 5.6%。从三大门类看，采矿业增加值增长 10.7%，制造业增长 8.2%，电力、热力、燃气及水生产和供应业增长 11.1%。从重点行业看，有色金属冶炼和压延加工业增长 10.6%，黑色金属冶炼和压延加工业增长 6.3%，烟草制品业增长 4.3%。高技术制造业增加值增长 34.9%，高于规模以上工业 26.1 个百分点，占规模以上工业增加值比例为 9.4%，占比较上年提高 2.8 个百分点；装备制造业增加值增长 32.7%，高于规模以上工业 23.9 个百分点，占规模以上工业增加值比例为 8.4%，占比较上年提高 2.5 个百分点。从主要产品产量看，10 种有色金属产量为 571.55 万吨，增长 11.9%。其中，原铝增长 27.8%，化肥增长 12.0%，单晶硅增长 10.8%，粗钢增长 5.7%。企业效益持续改善，全年规模以上工业企业实现利税 2768.68 亿元，比上年增长 11.9%，其中，实现利润 1210.96 亿元，增长 19.6%。

（二）指标分析

1. 时序指数（见图 6-26 和表 6-53）

纵向来看,云南工业发展质量自 2015 年的 100.0 上涨至 2020 年的 149.9，年均增速为增长 8.44%，高于全国平均增速 2.85 个百分点。

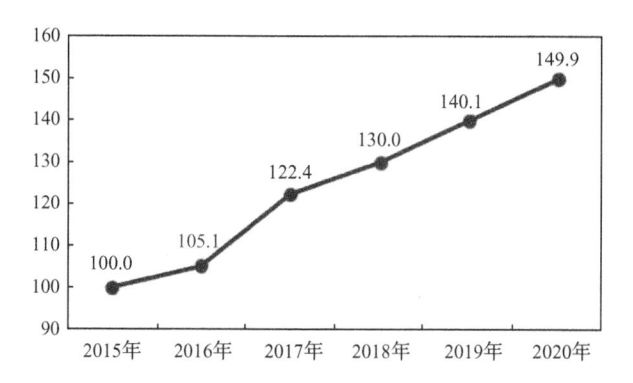

图 6-26 云南工业发展质量时序指数

资料来源：赛迪智库整理，2022 年 4 月

表 6-53　2015—2020 年云南工业发展质量时序指数

	2015 年	2016 年	2017 年	2018 年	2019 年	2020 年	2016—2020 年年均增速/%
速度效益	100.0	86.2	127.4	135.3	133.6	145.1	7.74
结构调整	100.0	115.0	122.2	101.7	114.2	109.1	1.76
技术创新	100.0	112.4	122.2	132.2	144.9	158.9	9.71
资源环境	100.0	110.7	113.2	132.8	141.6	160.0	9.86
两化融合	100.0	108.7	131.8	165.7	187.8	215.3	16.57
人力资源	100.0	103.3	109.6	116.8	126.6	122.1	4.07
时序指数	100.0	105.1	122.4	130.0	140.1	149.9	8.44

资料来源：赛迪智库整理，2022 年 4 月。

云南在两化融合、资源环境、技术创新、速度效益方面，年均增速分别达到 16.57%、9.86%、9.71%、7.74%，高于全国平均水平。两化融合方面，电子信息产业占比年均增速为 24.8%，宽带人均普及率年均增速为 18.6%，而两化融合水平年均增速仅为 1.6%。资源环境方面，单位工业增加值能耗年均增速为 2.9%，单位工业增加值用水量年均增速达到 15.4%。技术创新方面，规上工业企业 R&D 经费投入强度、规上工业企业 R&D 人员投入强度、规上工业企业新产品销售收入占比年均增速分别达到 9.0%、15.8% 和 9.3%，但规上工业企业单位 R&D 经费支出发明专利数呈现负增长，年均增速为 -0.8%。速度效益方面，规上工业增加值增速、工业成本费用利润率、工业营业收入利润率年均增速分别为 7.8%、9.8% 和 9.5%。

云南在结构调整、人力资源方面缓慢增长，年均增速分别为 1.76%和 4.07%，低于全国平均水平。结构调整方面，制造业 500 强企业占比、规上小型工业企业营业收入占比、新产品出口占货物出口额比重年均增速分别为 -17.8%、0.9%和-13.5%。人力资源方面，就业人员平均受教育年限和第二产业全员劳动生产率年均增速分别为 1.3%和 3.1%。

2. 截面指数（见表 6-54）

表 6-54 2015—2020 年云南工业发展质量截面指数排名（单位：位）

	2015 年	2016 年	2017 年	2018 年	2019 年	2020 年	2016—2020 年均值排名
速度效益	23	25	12	5	11	13	14
结构调整	24	24	21	20	22	22	23
技术创新	19	18	20	21	20	21	21
资源环境	21	22	22	20	20	19	20
两化融合	26	26	28	28	28	27	26
人力资源	18	20	21	19	12	24	21
截面指数	24	26	21	20	19	19	21

资料来源：赛迪智库整理，2022 年 4 月。

横向来看，云南工业发展质量截面指数一直处于全国下游水平，2020 年截面指数排在全国第 19 位，与上年名次持平。

2020 年，云南在速度效益方面处于全国中游偏上位置，排在全国第 13 位。速度效益方面，工业成本费用利润率和工业主营业务收入利润率分别排全国第 3 位和第 4 位，规上工业增加值增速和工业企业资产负债率分别排名全国第 18 位和第 19 位。

云南在结构调整、技术创新、资源环境、两化融合、人力资源方面均处于全国中下游位置，分别排在全国第 22 位、第 21 位、第 19 位、第 27 位和第 24 位。结构调整方面，规上小型工业企业主营业务收入占比、新产品出口占货物出口额比重分别排在全国第 13 位和第 29 位。技术创新方面，规上工业企业 R&D 人员投入强度、规上工业企业 R&D 经费投入强度分别排在全国第 13 位和第 18 位，规上工业企业单位 R&D 经费支出发明专利数排在全国第 21 位，工业企业新产品销售收入占比排在全国第 26 位。资源环境方面，单位工业增加值能耗、单位工业增加值用水量分别排在全国第 12 位和第 18

位。两化融合方面，电子信息产业占比、两化融合水平、宽带人均普及率分别排在全国第 23 位、第 25 位、第 29 位。人力资源方面，工业城镇单位就业人员平均工资增速和第二产业全员劳动生产率分别排全国第 12 位和第 18 位。

3. 原因分析

2015—2020 年，云南工业发展总体处于全国中下游水平，支撑高质量发展的基础还不牢固，一是制造业层次偏低。长期以来，云南工业主要依靠烟草、冶金、电力等产业支撑，新一代信息技术、先进装备制造、新能源、生物医药、新材料等产业发展严重不足，重化工业产业链条短、高端产品不多。二是经济下行压力加大。投资增速进入阶段性回落通道，消费增幅连续收窄，产业链、供应链堵点、断点不少，煤炭、电力、大宗商品面临结构性周期性短缺，企业做大做强和社会创新创业意愿有待激发。三是要素保障不到位，营商环境仍需进一步优化。科技、教育比较落后，对产业发展支撑力不足，市场化运作水平不高。

（三）结论与展望

综合时序指数和截面指数来看，云南工业发展质量仍处于全国中游偏下水平，虽然在速度效益指标表现较好，但结构调整、人力资源、技术创新等方面仍需进一步提升，需重点关注以下 4 个方面任务。一是加大金融支持制造业力度。加快发展供应链金融、绿色金融，创新金融支持制造业发展方式，提高供应链金融服务水平，保障产业链稳定。二是大力推动企业升级改造。对标国家高耗能行业重点领域能效标杆水平和基准水平，推动钢铁、有色、建材、化工等重点领域企业节能降碳技术改造。三是支持制造业引进外资。充分发挥外资重点项目专班协调推进机制作用，加大对制造业重大外资项目要素保障力度，支持外商投资装备制造、绿色食品、生物医药、有色金属精深加工、光伏制造等产业。四是大力推动光伏发电项目开发建设，推进金沙江、澜沧江"风光水储"、红河流域"风光储"、曲靖"风光火储"等 6 个多能互补基地建设，积极开展"新能源+"试点示范工作。

二十六、陕西

（一）总体情况

1. 宏观经济总体情况

2021 年，陕西地区生产总值为 29800.98 亿元，比上年增长 6.5%。其中，

第一产业增加值 2409.39 亿元，增长 6.3%，占生产总值的比例为 8.1%；第二产业 13802.52 亿元，增长 5.6%，占生产总值的比例为 46.3%；第三产业 13589.07 亿元，增长 7.3%，占生产总值的比例为 45.6%。全年全社会固定资产投资比上年下降 3.1%，其中，工业投资增长 4.8%，基础设施投资下降 10.0%，高技术产业投资增长 6.5%。全年社会消费品零售总额为 10250.50 亿元，比上年增长 6.7%。按经营地分，城镇消费品零售额为 8997.77 亿元，同比增长 5.3%；乡村消费品零售额 1252.72 亿元，同比增长 17.9%。全年进出口总值为 4757.75 亿元，同比增长 25.9%。其中，出口 2566.07 亿元，同比增长 33.0%；进口 2191.68 亿元，同比增长 18.6%。全年新设外商投资企业 312 家，同比增长 12.2%；合同外资 22.34 亿美元（约合人民币 160.8 亿元），下降 72.1%；实际利用外资 102.46 亿美元（约合人民币 737.5 亿元），增长 21.4%。

2. 工业经济运行情况

2021 年，陕西全部工业增加值为 11256.03 亿元，比上年增长 8.3%。其中，规模以上工业增加值增长 7.6%。全年规模以上工业中，采矿业增加值比上年增长 4.3%，制造业增长 8.1%，电力、热力、燃气及水的生产和供应业增长 17.5%。从主要行业看，其中，煤炭开采和洗选业增长 5.2%，两年平均增长 5.3%；石油和天然气开采业增长 1.5%，两年平均零增长。非能源工业增加值比上年增长 8.3%，两年平均增长 4.0%。其中，电气机械和器材制造业增长 23.8%，两年平均增长 20.1%；计算机、通信和其他电子设备制造业增长 20.1%，两年平均增长 28.5%；汽车制造业增长 2.7%，两年平均增长 5.0%。全年规模以上工业营业收入为 29585.6 亿元，比上年增长 26.8%；利润为 3605.1 亿元，比上年增长 88.6%。

（二）指标分析

1. 时序指数（见图 6-27 和表 6-55）

纵向来看，陕西工业发展质量自 2015 年的 100.0 上涨至 2020 年的 130.9，年均增速为增长 5.53%，低于全国平均增速 0.06 个百分点。

陕西在两化融合、资源环境、速度效益等方面，高于全国平均水平，年均增速分别为 10.88%、7.62%、3.10%。两化融合方面，两化融合水平、电子信息产业占比、宽带人均普及率年均增速分别为 3.6%、13.8%和 14.0%。资源环境方面，单位工业增加值能耗年均增速为 3.2%，单位工业增加值用水量年均增速达到 11.4%。速度效益方面，工业企业资产负债率年均增速为

0.4%，工业成本费用利润率和工业营业务收入利润率两项指标年均增速均为 2.6%。

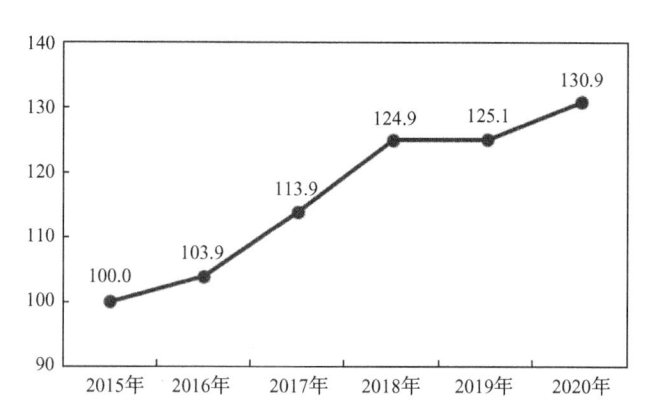

图 6-27 陕西工业发展质量时序指数

资料来源：赛迪智库整理，2022 年 4 月

表 6-55　2015—2020 年陕西工业发展质量时序指数

	2015 年	2016 年	2017 年	2018 年	2019 年	2020 年	2016—2020 年年均增速/%
速度效益	100.0	103.3	123.7	132.0	122.3	116.5	3.10
结构调整	100.0	96.4	101.0	120.0	108.6	114.8	2.80
技术创新	100.0	103.3	112.3	122.5	128.4	141.6	7.20
资源环境	100.0	107.9	113.3	121.3	122.1	144.4	7.62
两化融合	100.0	112.8	123.3	132.7	150.6	167.6	10.88
人力资源	100.0	103.8	107.8	117.1	122.8	110.2	1.97
时序指数	100.0	103.9	113.9	124.9	125.1	130.9	5.53

资料来源：赛迪智库整理，2022 年 4 月。

在结构调整、技术创新和人力资源方面，低于全国平均水平，年均增速分别为 2.80%、7.20%、1.97%。结构调整方面，高技术制造业营业收入占比、规上小型工业企业营业收入和新产品出口占货物出口额比重年均增速分别为 7.8%、3.4%和-12.7%。技术创新方面，规上工业企业 R&D 经费投入强度、规上工业企业 R&D 人员投入强度、规上工业企业新产品销售收入占比年均增速分别为 4.6%、3.3%和 14.1%。人力资源方面，工业城镇单位就业人员平均工资增速和第二产业全员劳动生产率年均增速分别为 9.0%和-0.1%。

2. 截面指数（见表 6-56）

表 6-56　2015—2020 年陕西工业发展质量截面指数排名（单位：位）

	2015 年	2016 年	2017 年	2018 年	2019 年	2020 年	2016—2020 年均值排名
速度效益	5	5	2	1	3	7	2
结构调整	22	21	19	17	18	18	18
技术创新	13	14	16	20	21	18	15
资源环境	6	6	6	6	6	5	6
两化融合	13	12	12	17	15	13	14
人力资源	2	3	2	2	3	5	3
截面指数	10	10	9	7	12	14	10

资料来源：赛迪智库整理，2022 年 4 月。

横向来看，陕西工业发展质量截面指数处于全国中上游水平，2020 年截面指数排在全国第 14 位，较上年有所回落。

2020 年，陕西在速度效益、资源环境、人力资源方面总体表现最好，均处于全国上游水平，分别排在全国第 7 位、第 5 位、第 5 位。速度效益方面，工业成本费用利润率和工业营业收入利润率均居全国第 2 位，规上工业增加值增速排在全国第 26 位，工业企业资产负债率排在全国第 13 位。资源环境方面，单位工业增加值能耗、单位工业增加值用水量分别排在全国第 14 位和第 3 位。人力资源方面，第二产业全员劳动生产率处于全国领先水平，排在全国第 4 位；工业城镇单位就业人员平均工资增速排名第 9 位。

2020 年，陕西在结构调整、技术创新、两化融合方面仍处于全国中游位置，分别排名第 18 位、第 18 位、第 13 位。结构调整方面，高技术制造业营业收入占比、规上小型工业企业营业收入占比分别排在全国第 9 位、第 12 位；但制造业 500 强企业占比、新产品出口占货物出口额比重排在全国第 20 位、第 27 位，提升空间较大。技术创新方面，规上工业企业 R&D 经费投入强度和规上工业企业 R&D 人员投入强度表现中等，分别排在全国第 16 位、第 19 位；规上工业企业单位 R&D 经费支出发明专利数排在第 18 位，规上工业企业新产品销售收入占比排在全国第 21 位。两化融合方面，电子信息产业占比表现相对较好，全国排名第 9 位，两化融合水平均处于全国中下游水平，需要大力推动信息技术在工业领域的应用。

3. 原因分析

2015—2020 年，陕西工业发展总体处于全国中上游水平，经济社会发展取得很大成绩，但同时面临以下突出问题。一是传统产业升级进展慢，战略性新兴产业占比较低，产业结构难以短期内优化。二是经济外向度不高，制约对外经济贸易发展，经济开放程度低。三是领域关键共性技术难以在短时间内攻关，科技创新能力有待提升。四是减污降碳任务面临考验，推动工业经济绿色转型任重而紧迫。

（三）结论与展望

综合时序指数和截面指数来看，陕西工业发展质量仍保持在全国上游水平，虽然在速度效益、资源环境方面增长较快，但在结构调整、技术创新、两化融合方面仍有待进一步发展。陕西需着力推进以下任务：一是实行"链长制"加快壮大现代化产业体系。聚焦 23 条制造业重点产业链，加快实施"链长制"，推进产业链供应链升级，大力开展强链、补链、延链行动。二是激发县域经济活力。培育一批工业强县、实施"一县一业"行动计划，打造县域首位产业集群。三是加快"数字化"促进融合提质。加快培育引进数字经济龙头企业，积极培育以卫星互联网、人工智能、元宇宙、量子科技、空天地海一体化等为重点的新兴数字产业，创建国家数字经济创新发展试验区。

二十七、甘肃

（一）总体情况

1. 宏观经济总体情况

2021 年，甘肃实现地区生产总值突破万亿，初步核算达到 10243.3 亿元，按不变价格计算，比上年增长 6.9%。按常住人口计算，全年人均地区生产总值为 41046 元，比上年增长 7.3%。中小企业对规上工业增加值增长的贡献率达到 51.4%。全省规模以上工业战略性新兴产业、高技术产业、装备制造业增加值快速增长，比上年分别增长 18.8%、38.2%和 15.8%。限额以上批零住餐企业通过公共网络实现零售额比上年增长 24.8%，快递业务量增长 33.5%。

2. 工业经济运行情况

2021 年，甘肃全部工业增加值 2849.8 亿元，比上年增长 7.8%；规模以上工业增加值增长 8.9%。在规模以上工业中，分经济类型看，国有及国有控

股企业增加值增长 7.5%，集体企业下降 7.2%，股份制企业增长 9.0%，外商及港澳台投资企业增长 11.0%，私营企业增长 16.2%。分隶属关系看，中央企业增长 6.0%，省属企业增长 8.1%，省以下地方企业增长 14.5%。分轻重工业看，轻工业增长 10.4%，重工业增长 8.6%。分门类看，采矿业增长 9.3%，制造业增长 7.5%，电力、热力、燃气及水生产和供应业增长 12.7%。

（二）指标分析

1. 时序指数（见图 6-28 和表 6-57）

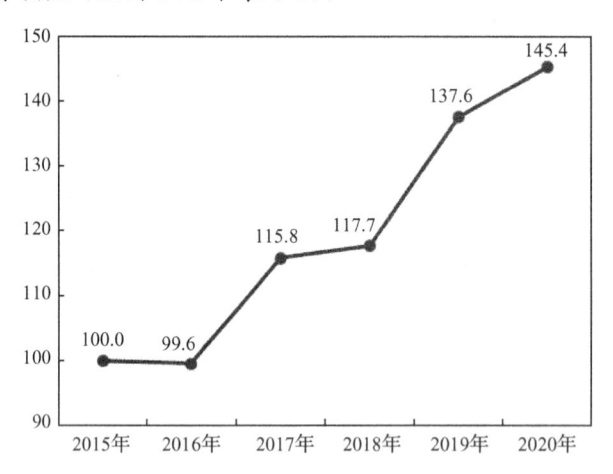

图 6-28　甘肃工业发展质量时序指数

资料来源：赛迪智库整理，2022 年 4 月

表 6-57　2015—2020 年甘肃工业发展质量时序指数

	2015 年	2016 年	2017 年	2018 年	2019 年	2020 年	2016—2020 年年均增速/%
速度效益	100.0	67.0	105.0	109.1	130.9	132.6	5.81
结构调整	100.0	111.7	124.9	108.0	130.8	132.7	5.83
技术创新	100.0	100.5	104.1	102.2	124.3	124.2	4.42
资源环境	100.0	112.4	114.4	126.5	138.2	178.0	12.22
两化融合	100.0	120.0	144.5	163.3	190.6	208.5	15.83
人力资源	100.0	104.0	106.4	111.9	117.3	120.0	3.71
时序指数	100.0	99.6	115.8	117.7	137.6	145.4	7.77

资料来源：赛迪智库整理，2022 年 4 月。

纵向来看，甘肃工业发展质量时序指数自 2015 年的 100.0 上涨至 2020 年的 145.4，年均增速为 7.77%，高于全国平均增速。

甘肃在两化融合、资源环境方面增长较快，年均增速分别达到 15.83% 和 12.22%。两化融合方面，宽带人均普及率年均增速达到 25.43%，但两化融合水平年均增速仅为 2.26%，仍有较大提升空间。资源环境方面，单位工业增加值能耗和单位工业增加值用水量年均增速分别为 4.04% 和 18.54%。

甘肃在人力资源方面低速增长，年均增速为 3.71%。其中，工业城镇单位就业人员平均工资增速、第二产业全员劳动生产率年均增速分别为 8.24% 和 5.02%。

甘肃在速度效益、技术创新方面表现不佳，年均增速分别为 5.81% 和 4.42%。速度效益方面，规上工业增加值增速为 4.12%，工业企业资产负债率、工业成本费用利润率、工业营业收入利润率年均涨幅分别为 1.72%、8.26% 和 7.93%。技术创新方面，规上工业企业 R&D 人员投入强度年均增速为 -1.27%，规上工业企业新产品销售收入占比年均增速为 2.89%，表现欠佳。

2. 截面指数（见表 6-58）

表 6-58　2015—2020 年甘肃工业发展质量截面指数排名（单位：位）

	2015 年	2016 年	2017 年	2018 年	2019 年	2020 年	2016—2020 年均值排名
速度效益	27	29	30	30	27	22	30
结构调整	29	30	27	26	21	21	26
技术创新	22	22	26	28	26	28	27
资源环境	26	25	25	24	24	22	24
两化融合	30	30	27	29	26	26	28
人力资源	27	28	26	29	30	29	29
截面指数	29	30	30	30	28	27	30

资料来源：赛迪智库整理，2022 年 4 月。

横向来看，甘肃工业发展质量截面指数多年来都处于全国下游，2020 年截面指数排在全国第 27 位。

2020 年，甘肃速度效益排在全国第 22 位。其中，工业企业资产负债率、工业成本费用利润率和工业营业收入利润率仍排在全国下游。甘肃技术创新指数排在全国第 28 位，较上年有所下降；资源环境指数排在全国第 22 位，

人力资源指数排在全国第 29 位，较上年有所上升。

3. 原因分析

2015—2020 年，甘肃工业发展质量总体处于全国下游水平，主要面临以下两个发展问题。一是产业结构不平衡。几十年来，甘肃形成了以能源和原材料产业为主的工业结构体系，石油化工、有色冶金、机械电子等成为集中度最高的行业，转型升级和生态环境保护任务重。二是技术创新与产业融合水平较低。传统支柱产业在应用新一代信息技术改造提升方面有所欠缺。

（三）结论与展望

综合时序指数和截面指数来看，甘肃工业发展质量仍处于全国下游水平，在结构调整、人力资源、速度效益和技术创新方面特别需要加快发展。2022 年，甘肃可继续从以下 3 个方面夯实工业高质量发展的基础。一是加快重塑传统产业新优势，打好"产业基础高级化、产业链现代化"攻坚战，全面落实"链长制"，发挥链主企业作用，推动石化、有色、钢铁、煤化工、精细化工产业强链、补链、延链。二是抢抓历史机遇，发展壮大新能源、新材料、生物医药、电子信息等新兴产业。三是实施高校院所创新能力提升工程，整合重构省级科技创新平台，强化科技创新引领支撑。

二十八、青海

（一）总体情况

1. 宏观经济总体情况

2021 年，青海实现地区生产总值 3346.63 亿元，比上年增长 5.7%。分产业看，第一产业增加值为 352.65 亿元，比上年增长 4.5%；第二产业增加值为 1332.61 亿元，增长 6.5%；第三产业增加值为 1661.37 亿元，增长 5.4%。第一产业增加值占生产总值的比例为 10.5%，第二产业增加值占生产总值的比例为 39.8%，第三产业增加值占生产总值的比例为 49.7%。

2．工业经济运行情况

2021 年，青海全部工业增加值为 953.08 亿元，比上年增长 8.8%。规模以上工业增加值比上年增长 9.2%。在规模以上工业中，分经济类型看，国有控股企业增加值增长 7.1%，股份制企业增长 8.5%，外商及港澳台商投资企业增长 29.6%，私营企业增长 22.6%。分门类看，采矿业增加值下降 8.5%，

制造业增长 17.5%，电力、热力、燃气及水生产和供应业增长 7.0%。

（二）指标分析

1. 时序指数（见图 6-29 和表 6-59）

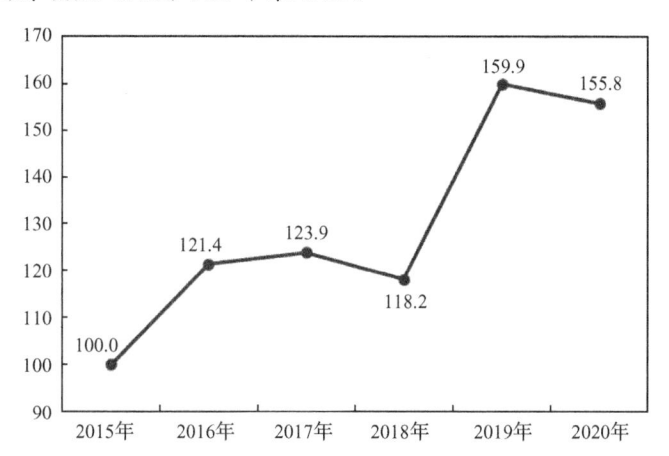

图 6-29　青海工业发展质量时序指数

资料来源：赛迪智库整理，2022 年 4 月

表 6-59　2015—2020 年青海工业发展质量时序指数

	2015 年	2016 年	2017 年	2018 年	2019 年	2020 年	2016—2020 年年均增速/%
速度效益	100.0	109.6	134.1	102.9	113.9	128.2	5.09
结构调整	100.0	140.5	100.9	80.8	217.2	163.2	10.29
技术创新	100.0	130.9	147.6	144.9	188.9	192.4	13.98
资源环境	100.0	114.4	124.9	134.0	136.6	151.2	8.62
两化融合	100.0	118.7	116.6	142.9	153.7	156.2	9.32
人力资源	100.0	105.3	111.6	121.2	131.1	138.6	6.75
时序指数	100.0	121.4	123.9	118.2	159.9	155.8	9.27

资料来源：赛迪智库整理，2022 年 4 月。

纵向来看，青海工业发展质量时序指数从 2015 年的 100.0 上涨至 2020 年的 155.8，年均增速为 9.27%。

青海在技术创新方面表现突出，技术创新指数年均增速为 13.98%，其中，规上工业企业单位 R&D 经费支出发明专利数和规上工业企业新产品销售收

入占比高速增长，年均增速分别为19.52%和19.62%，超过全国平均水平。两化融合指数年均增速为9.32%，其中，宽带人均普及率呈现高速增长，年均增速为16.57%。

人力资源方面，工业城镇单位就业人员平均工资增速和第二产业全员劳动生产率两项指标发展相对均衡，年均增速分别为9.87%和10.17%；就业人员平均受教育年限增速为1.23%。资源环境方面，单位工业增加值能耗和单位工业增加值用水量年均增速分别为7.15%和10.01%。

2. 截面指数（见表6-60）

表6-60 2015—2020年青海工业发展质量截面指数排名（单位：位）

	2015年	2016年	2017年	2018年	2019年	2020年	2016—2020年均值排名
速度效益	26	26	26	29	29	30	29
结构调整	25	26	28	29	24	27	28
技术创新	30	30	29	27	24	25	29
资源环境	30	30	29	29	29	29	29
两化融合	25	27	28	25	27	30	27
人力资源	29	23	23	24	21	22	22
截面指数	30	29	29	29	30	30	29

资料来源：赛迪智库整理，2022年4月。

横向来看，青海工业发展质量截面指数多年来都处于全国落后位置，2020年截面指数排在全国第30位，与上一年持平。

青海在人力资源方面表现尚可，排名第22位。其中，工业城镇单位就业人员平均工资增速在全国排名第14位，第二产业全员劳动生产率排名第19位，就业人员平均受教育年限表现不佳，排在全国第25位。

青海在两化融合方面排名有所降低，其中，两化融合水平比较落后，排在第28位。

3. 原因分析

2015—2020年，青海在人力资源方面总体表现较好，这得益于青海近年来高度重视"人才引培"。近年来，青海实施人才强省战略，深化人才发展体制机制改革，统筹推进"昆仑英才"行动计划，营造了良好的人才发展环境和保障机制。同时，青海大力推进国有企业混合所有制改革，企业活力和

效益提升明显，全员劳动生产率显著增加。

（三）结论与展望

综合时序指数和截面指数来看，青海工业发展质量仍处于全国下游水平。未来，可以从以下两个方面推动工业高质量发展。一是加快建设世界级盐湖产业基地，着眼提高战略性新兴产业竞争力，从强链、补链、延链入手，提高盐湖资源综合利用效率。二是加快打造国家清洁能源产业高地，着眼助力全国能源结构转型、降碳减排，大力发展清洁能源。坚持源网荷储一体化，高质量建设国家大型风电光伏基地，继续扩大两个可再生能源基地规模，科学建设整县屋顶分布式光伏，加快建设羊曲、龙羊峡、玛尔挡等以水电为主的新能源调控基地，打造多元协同高效储能体系，积极创建国家储能先行示范区。

二十九、宁夏

（一）总体情况

1. 宏观经济总体情况

2020年，宁夏实现地区生产总值3920.55亿元，比上年增长3.9%；其中，第一产业增加值为338.01亿元，增长3.3%；第二产业增加值为1608.96亿元，增长4.0%；第三产业增加值为1973.58亿元，增长3.9%。

制造业对经济增长有明显的拉动作用。2020年，宁夏规模以上制造业增加值增长5.4%，对规模以上工业增长贡献率达到76.8%。分行业来看，化学原料和化学制品制造业增加值增长5.8%，燃气生产和供应业增长15.4%，电气机械和器材制造业增长62.8%，电力、热力生产和供应业增长5.3%，黑色金属冶炼和压延加工业增长1.7%，有色金属冶炼和压延加工业增长2.9%，通用设备制造业增长28.4%，专用设备制造业增长1.6%，计算机、通信和其他电子设备制造业增长13.4%，金属制品业增长49.9%，食品制造业增长7.9%，医药制造业增长5.1%，烟草制品业增长2.1%，煤炭开采和洗选业下降1.8%，石油、煤炭及其他燃料加工业下降1.4%，农副食品加工业下降4.4%。

2. 工业经济运行情况

工业经济保持稳定增长。2020年，宁夏规模以上工业增加值比上年增长了4.3%。全年工业运行呈现以下特点：一是重工业平稳增长。全年规模以上

重工业增加值增长 5.0%，比规模以上工业增速快 0.7 个百分点。二是非公有工业较快增长。全年规模以上非公有工业增加值增长 10.1%。三是重点行业实现了稳定增长。全年全区规模以上工业中，煤炭行业增加值增长 15.1%，电力行业增加值增长 13.5%，化工行业增加值增长 0.6%，冶金行业增加值增长 5.3%，有色行业增加值增长 2.0%，轻纺行业增加值增长 11.9%，机械行业增加值增长 3.2%，建材行业增加值下降 4.8%，医药行业增加值增长 26.5%，其他行业增加值增长 18.9%。工业产品销售率为 98.3%。

（二）指标分析

1. 时序指数（见图 6-30 和表 6-61）

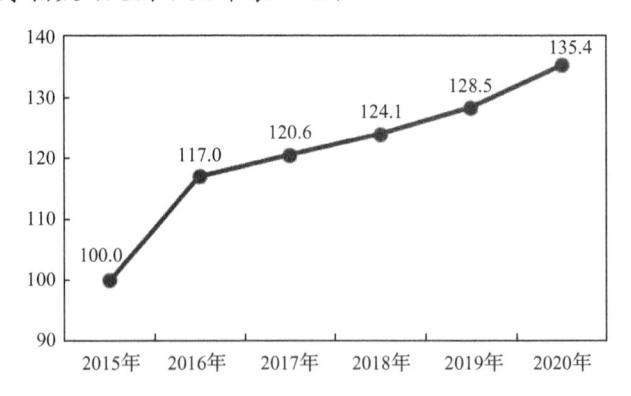

图 6-30　宁夏工业发展质量时序指数

资料来源：赛迪智库整理，2022 年 4 月。

表 6-61　2015—2020 年宁夏工业发展质量时序指数

	2015 年	2016 年	2017 年	2018 年	2019 年	2020 年	2016—2020 年年均增速/%
速度效益	100.0	134.2	129.1	142.3	155.3	147.9	8.14
结构调整	100.0	124.9	121.6	90.9	80.9	96.1	-0.80
技术创新	100.0	100.7	114.2	131.8	130.5	141.2	7.15
资源环境	100.0	106.4	103.7	109.1	110.5	115.6	2.95
两化融合	100.0	117.6	135.4	146.0	161.4	189.5	13.64
人力资源	100.0	106.3	108.5	116.6	126.6	116.3	3.06
时序指数	100.0	117.0	120.6	124.1	128.5	135.4	6.25

资料来源：赛迪智库整理，2022 年 4 月。

纵向来看，宁夏工业发展质量时序指数自 2015 年的 100.0 上涨至 2020 年的 135.4，年均增速为 6.25%，高于全国平均增速 0.66 个百分点。

宁夏在两化融合和速度效益方面表现较好，优于全国平均水平。两化融合指数年均增速为 13.64%，其中，电子信息产业占比年均增速为 12.38%，高出全国平均水平 6.77%。速度效益指数年均增速为 8.14%，高出全国平均水平 6%。其中，规上工业增加值年均增速为 7.25%，工业成本费用利润率和工业主营业务收入利润率年均增速分别为 11.02% 和 10.52%，分别高出全国平均水平 9.82% 和 9.36%。

宁夏在技术创新和人力资源方面表现一般，年均增速均略低于全国平均水平。技术创新方面，年均增速为 7.15%，尽管规上工业企业 R&D 经费投入强度、规上工业企业 R&D 人员投入强度指标增速均高于全国平均水平，但规上工业企业新产品销售收入占比增长为 3.27%，低于全国平均增速 6.68%，大幅拉低了技术创新指标水平。人力资源年均增速为 3.06%，其中，第二产业全员劳动生产率增速为 1.3%，低于全国平均增速 6.11%。

宁夏在结构调整和资源环境方面表现不理想，年均增速分别低于全国平均水平 4.73% 和 4.36%，其中结构调整时序指数 2016—2020 年平均下降 0.8%。

2. 截面指数（见表 6-62）

表 6-62　2015—2020 年宁夏工业发展质量截面指数排名（单位：位）

	2015 年	2016 年	2017 年	2018 年	2019 年	2020 年	2016—2020 年均值排名
速度效益	28	24	29	28	21	27	26
结构调整	27	25	23	22	28	24	25
技术创新	16	17	17	18	19	20	17
资源环境	29	29	30	30	30	30	30
两化融合	17	19	21	21	20	20	20
人力资源	12	6	9	8	5	11	8
截面指数	27	24	25	23	22	23	23

资料来源：赛迪智库整理，2022 年 4 月。

横向来看，宁夏工业发展质量截面指数多年来处于全国中下游水平，2020 年截面指数为 30.7，排在全国第 23 位，比上年下降 1 个位次。

2020 年，宁夏在人力资源方面表现较好，排名全国第 11 位。其中，工

业城镇单位就业人员平均工资增速表现突出，排在全国第4位。

宁夏在速度效益、结构调整、两化融合、技术创新方面均处于全国中下游水平。2020年宁夏在速度效益方面排名全国第27位。其中，规上工业增加值增速排名第16位，表现较好；工业企业资产负债率排全国第27位；工业成本费用利润率和工业营业收入利润率排名全国第28位和第29位，表现较差。结构调整排名全国第24位。其中，规上小型工业企业主营业务收入、高技术制造业营业收入占比、制造业500强企业占比和新产品出口占货物出口额比重排名均比较落后，分别为全国第25位、第24位、第25位、第29位，与上年持平或有所下降。两化融合排名全国第20位，其中，两化融合水平和电子信息产业占比表现不佳，分别排名全国第23位和第21位。技术创新排在全国第20位，其中，规上工业企业单位R&D经费支出发明专利数表现较好，排在全国第10位。

宁夏在资源环境方面表现较差，排名全国第30位。其中，单位工业增加值能耗已连续多年排名全国第30位。

3. 原因分析

宁夏在人力资源方面表现较好，稳定在全国上游水平。近年来，宁夏通过大量投入研发经费，深入落实"创新驱动30条"和实施科技创新"五大行动""人才18条"，效益不断增强，全员劳动生产率持续提升，供给侧结构性改革取得实效。

但是，从总体上看，宁夏在工业发展中主要存在以下两个不容忽视的问题。一是结构调整不足。战略性新兴产业及先进制造业体量较小，制造业500强企业占比少，导致创新发展方面问题难以提升。二是资源环境问题突出，由于能源工业、原材料制造业占据很大比例，工业结构长期"倚能倚重"，工业排放处置水平低，导致宁夏在资源环境方面排名常年在下游。

（三）结论与展望

综合时序指数和截面指数来看，宁夏工业发展质量仍处于全国中下游水平。尽管在人力资源方面表现不错，但速度效益、结构调整、技术创新、两化融合，尤其是资源环境方面仍需加快发展。未来，建议着重改善以下问题，推动工业高质量发展。一是提升科技创新水平。鼓励企业加大科研投入，强化企业作为创新主体地位，建立各类市场主体融通发展的创新体系，推动创建创新服务平台，推进产学研用深度融合，优化人才发展和创新生态。二是

持续推动结构改革，提升发展速度效益。推进结构、绿色、智能、技术改造，延链、补链、强链、固链，有效突破供给约束堵点，增强产业链韧性。三是保障市场主体稳定发展，减轻新冠肺炎疫情对企业生产和供应链的冲击，帮助市场主体纾困解难、降本增效。四是提升制造业低碳化发展水平，推动工业节能降碳与绿色生产技术改造，推动清洁能源替代和能源资源高效利用水平，降低工业碳排放强度，促进工业领域绿色转型。

三十、新疆

（一）总体情况

1. 宏观经济总体情况

2021年，新疆地区生产总值为15983.65亿元，增长7.0%。从三次产业结构来看，2021年，第一产业、第二产业和第三产业增加值分别为2356.06亿元、5967.36亿元和7660.23亿元，分别增长7.9%、6.7%和6.9%，对地区经济增长的贡献率分别为17.2%、54.1%和28.7%。

2021年，新疆固定资产投资（不含农户）同比增长15.0%，三次产业投资分别同比增长38.1%、11.4%和15.0%。社会消费品零售总额为3584.62亿元（约合人民币1419.3亿元），同比增长17.0%。货物进出口总额为242.98亿美元（约合人民币1749.5亿元），增长13.7%；出口额为197.12亿美元，增长24.5%；进口额为45.87亿美元（约合人民币330.3亿元），下降17.3%。

2. 工业经济运行情况

2021年，新疆工业企业增加值为4691.61亿元，增长7.2%。其中，规模以上工业增加值同比增长8.8%。从工业三大门类来看，采矿业增加值增长8.6%，制造业增加值增长7.9%，电力、热力、燃气及水的生产和供应业增加值增长11.4%。轻工业增长6.0%，重工业增长9.2%。

（二）指标分析

1. 时序指数（见图6-31和表6-63）

2015—2020年新疆工业发展质量时序指数自100.0上升至149.2，2016—2020年均为8.33%，比全国平均增长率高2.74个百分点。

新疆在结构调整方面成效卓著，年均为21.38%，远高于全国平均水平。从分项指数来看，新疆高技术制造业营业收入占比和新产品出口占货物出口额比重年均增速分别为11.25%和51.91%，远高于全国平均增速。

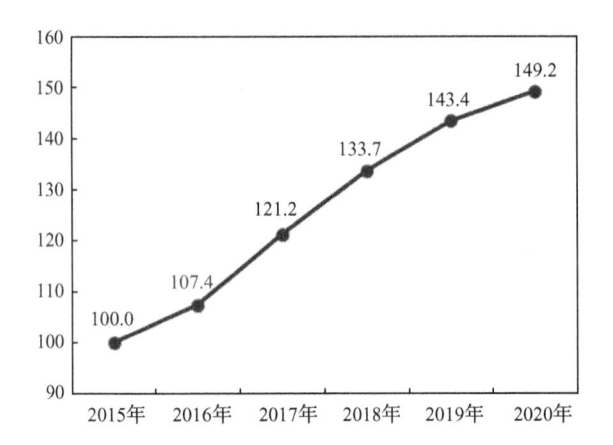

图 6-31　新疆工业发展质量时序指数

资料来源：赛迪智库整理，2022 年 4 月

表 6-63　2015—2020 年新疆工业发展质量时序指数

	2015 年	2016 年	2017 年	2018 年	2019 年	2020 年	2016—2020 年年均增速/%
速度效益	100.0	107.4	145.7	151.3	129.2	129.0	5.22
结构调整	100.0	120.5	154.5	188.6	261.3	263.5	21.38
技术创新	100.0	99.4	91.0	98.4	91.1	103.5	0.69
资源环境	100.0	102.6	99.7	105.1	112.9	122.4	4.13
两化融合	100.0	107.5	106.1	118.1	121.9	131.8	5.67
人力资源	100.0	102.5	106.1	110.4	114.1	117.8	3.34
时序指数	100.0	107.4	121.2	133.7	143.4	149.2	8.33

资料来源：赛迪智库整理，2022 年 4 月。

新疆在速度效益方面表现较好，指数年均增速为 5.22%，明显高于全国平均增速。其中，工业成本费用利润率和工业营业收入利润率年均增速分别为 6.88% 和 6.71%，显著高于全国平均水平。

新疆在资源环境、两化融合和人力资源方面仍显不足，指数年均增速分别为 4.13%、5.67% 和 3.34%，均低于全国平均水平；在技术创新方面的不足较为明显，指数年均增速为 0.69%，远低于全国平均水平。

2. 截面指数（见表 6-64）

横向比较来看，新疆工业发展质量截面指数在 2015—2020 年全国排名处于全国偏下水平。

表 6-64　2015—2020 年新疆工业发展质量截面指数排名（单位：位）

	2015 年	2016 年	2017 年	2018 年	2019 年	2020 年	2016—2020 年均值排名
速度效益	24	23	15	15	20	15	20
结构调整	30	29	29	30	30	30	30
技术创新	27	29	30	30	30	30	30
资源环境	28	27	28	27	27	27	27
两化融合	12	22	30	30	30	28	30
人力资源	6	7	5	6	8	12	6
截面指数	26	27	27	27	27	28	27

资料来源：赛迪智库整理，2022 年 4 月。

新疆在人力资源发展方面成效较好，2020 年在全国排名第 12 位，位居上游水平。第二产业全员劳动生产率和就业人员平均受教育年限分别排名全国第 7 位和第 9 位，表现较为突出。

新疆在速度效益方面近年来排名全国中游水平，在结构调整、技术创新、资源环境和两化融合方面仍显不足，位于偏下游水平。在结构调整方面，4 项指标均处于中下游水平。在技术创新方面，2020 年规上工业企业单位 R&D 经费支出发明专利数排名全国第 4 位，表现较为突出，较 2015 年来的情况有明显提升；其他 3 项指标仍处于下游水平，未来仍需着力提升。在资源环境方面，2020 年单位工业增加值用水量排名全国第 19 位，比往年的名次略有下降；单位工业增加值能耗排名仍较为靠后，须着力提升。在两化融合方面，2020 年宽带人均普及率位于全国中游水平，电子信息产业占比和两化融合水平排名均较为靠后。

3. 原因分析

2020 年，新疆在人力资源方面发展成绩仍然较好。一是强化"稳就业、保就业"举措，加大网上招聘力度，通过实施专项计划，开展专项活动，进一步做实做细就业、创业服务，积极有效应对新冠肺炎疫情形势和经济下行压力对就业的影响。例如，举办 2020 年自治区高校毕业生网络"云招聘"活动，开展"百日千万网络招聘专项行动"，实施企业稳岗扩岗专项支持计划，开展自治区人力资源服务行业促就业行动，实施 2020 年高校毕业生就业创业专项行动，开展 2020 年就业创业服务攻坚季行动，举办 2020 年自治

区人力资源市场高校毕业生就业服务周活动。二是进一步提高自治区高技能人才培养能力，更好支持经济高质量发展。根据《自治区天山工匠计划实施细则》，开展了2020年自治区级高技能人才培训基地和技能大师工作室建设项目申报工作，重点支持新能源、新材料、特色装备、电子信息、纺织服装、轻工食品、生物药品等先进制造业，以及能源、化工、轨道交通等自治区优势、支柱产业领域高技能人才培养。

（三）结论与展望

综合时序指数和截面指数排名来看，新疆工业发展质量目前仍相对落后，未来新疆应着力提升工业发展质量。

一是坚持创新驱动发展战略。积极推进国家级创新平台建设，加快乌昌石国家自主创新示范区和丝绸之路经济带创新驱动发展试验区建设。通过着力加强技术攻关和创新，支持新能源、新材料、高端装备、生物医药、节能环保、新一代信息技术等战略性新兴产业加快发展。以龙头企业为依托，建立行业创新联盟。大力优化营商制度环境，加强政府引导，充分调动激发市场主体创新动力，注重行业创新模式经验的推广，以优势产业创新发展的经验有效带动其他产业。建立更为高效的产学研协同机制，加强产业发展的科技创新战略支持，强化科技创新成果的产业化应用。

二是实施工业转型升级发展战略。塑造"传统产业新动能是高质量发展阶段"的重要课题。提高传统产业的质量水平，要注重技术改造升级的引领作用，通过生产环节关键技术的改造升级，实现产品质量的持续提升，在新的维度拓展传统产品。不断发掘需求和潜力，以此为牵引，不断实现技术改造升级和市场拓展，以推动数字化转型，提升生产过程和产品的智能化水平，提高全要素生产率和产品附加值，同时推动绿色转型，逐步提高生产工艺、产品的环境友好程度。

专题篇

第七章

工业高质量发展专题研究

第一节 "后疫情时代"PPI 持续上涨对我国工业经济影响

2021 年以来，国际大宗商品价格上行趋势显著加快，国内 PPI 同比涨幅也反弹至 2009 年以来新高。从 5 月份开始，国务院常务会议多次关注大宗商品价格上涨问题，要求跟踪分析国内外形势和市场，积极应对大宗商品价格过快上涨及其连带影响。目前，有不少文献从不同角度做了一些很好的研究，但尚没有专门聚焦研究 PPI（生产价格指数）持续上涨对工业经济影响的研究。本文在大量文献研究和数据分析的基础上，全面梳理分析当前我国 PPI 上涨的表现、原因、影响，并对如何保供稳价以推动工业经济稳定复苏进行了一些探索和思考。

一、研究背景

自 2020 年 5 月全球经济重启以来，国际大宗商品价格持续快速上涨，社会各界一直保持高度关注。有文献对价格上涨原因进行了分析。王涵等（2021）认为，全球需求回暖、供给恢复偏慢及各国对产业链安全的重视加剧供需错配是本轮价格上涨的主要因素；高善文（2021）认为，本轮大宗商品涨价的短期因素是新冠肺炎疫情导致的货物消费替代和供应链扰动，长期因素是受供应持续收缩与全球碳减排浪潮等影响。

有文献对本轮大宗商品价格上涨的影响结果进行了研究。谢亚轩和徐海锋（2021）基于相关性检验判定 CRB 现货指数对生产资料 PPI 的影响较生

活资料 PPI 更为迅速和明显，通过直接消耗系数考察受到采矿业类、化工类、金属类原材料涨价影响较强的行业。周君芝（2021）选取 RPI（全国商品零售价格指数）作为终端零售价格指标，构建上下游价格传导分析框架，认为历次工业品涨价传导至终端消费的主要原因是原油价格上涨，本轮原油价格涨幅远不及基本金属价格涨幅，故对终端零售价格影响有限。

多数学者认为，当前不必担忧输入性通胀风险。罗志恒和贺晨（2021）指出，随着我国经济体量逐步变大且能够影响国际市场，输入型通胀对我国逐步不适用。朱鹤和盛中明（2021）认为，我国当前不符合国际商品价格变动的接受者、固定汇率制度安排、各类工业品价格和消费品价格通畅传导这 3 个输入性通胀的产生条件。

综上，关于本轮大宗商品价格上涨的研究文献虽然较多，但目前讨论多围绕涨价因素、受影响行业，以及原材料价格对终端消费的传导，鲜有文献全面系统评估价格上涨对我国工业经济运行产生的影响及风险。因此，本章将全面梳理"后疫情时代"我国 PPI 上涨的具体表现和主要成因，定量分析原材料价格上涨沿重点产业链的传导、价格持续上涨对工业经济的综合影响，以更加精准地保供稳价，更有针对性地支撑工业经济稳定复苏。

二、2021 年以来我国 PPI 上涨的特点和原因

（一）我国 PPI 上涨周期及本轮上涨的新特点

2000—2019 年，我国主要经历了三轮 PPI 上涨周期。第一轮是 2001—2008 年，由成本输入型通胀与需求拉动型通胀共同作用。2001—2006 年及 2007—2008 年，路透 CRB 商品价格指数年均涨幅分别达到 24.6% 和 41.9%，国际大宗商品价格维持上涨。2001 年中国刚刚加入 WTO，融入全球经济贸易体系，国内经济迅速发展，投资和出口需求大幅提升，我国 PPI 由 2001 年的同比下滑 1.3% 转为 2008 年的同比上涨 6.9%。

第二轮是 2009—2011 年，由全球流动性宽松与需求拉动型通货膨胀共同作用。金融危机之后，各国陆续出台扩张性财政政策和货币政策，我国企业杠杆率攀升，房地产回暖带动市场需求回升，PPI 由 2009 年的同比下滑 5.4% 转为 2011 年的同比上涨 6.0%。

第三轮是 2016—2018 年，主要是由于国内供给侧结构性改革推动供需关系改善。在"三去一降一补"的政策指引下，国内一些产能过剩行业产量

大幅压减，原材料行业价格涨势突出。我国 PPI 由 2016 年的同比下滑 1.4% 转为 2017 年的同比上涨 6.3%，2018 年继续同比上涨 3.5%。

2020 年第四季度以来，我国又出现新一轮原材料价格上涨，PPI 当月同比涨幅持续快速攀升，2020 年 10 月 PPI 同比下滑 2.1%，2021 年 1 月转为同比上涨 0.3%，5 月份涨幅进一步攀升至 9.0%。2001—2020 年我国 PPI 同比涨幅见图 7-1。

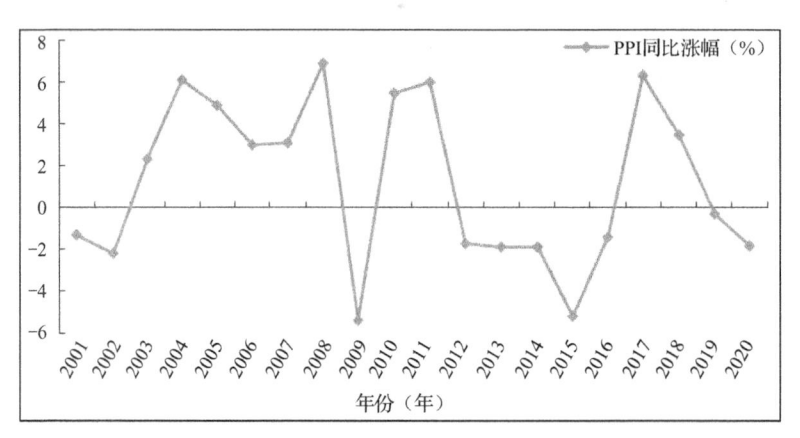

图 7-1　2001—2020 年我国 PPI 同比涨幅
数据来源：国家统计局，赛迪工经所整理，2022 年

本轮 PPI 上涨主要呈现以下特点。采掘业和原料业价格快速上涨，并一定程度传导至加工业。生产资料是 PPI 大幅上涨的主要支撑，2021 年 5 月，生产资料 PPI 同比上涨 12.0%，涨幅已连续 12 个月攀升。其中，采掘业和原料业同比涨幅分别达到 36.4% 和 18.8%。采掘业和原料业价格快速上涨一定程度传导至中下游加工行业；2021 年 5 月，加工业 PPI 同比上涨 7.4%。从环比涨幅看，自 2020 年下半年以来，我国 PPI 一直保持环比上涨，2021 年 1—5 月环比涨幅在 0.8%～1.6%，短期内工业领域价格可能仍将维持高位。2020 年 5 月至 2021 年 5 月我国 PPI 当月同比和环比涨幅见图 7-2。

PPI 向 CPI（消费者物价指数）传导存在一定滞后效应，除交通和通信类以外的品类 CPI 涨幅不大或同比下滑。2021 年 5 月，农副食品加工业和食品制造业 PPI 同比上涨 5.6% 和 1.6%，涨幅基本保持稳定；纺织业 PPI 同比上涨 2.9%，涨幅较 2020 年下半年有所回升；纺织服装服饰业 PPI 同比下降 0.3%，降幅较 2020 年下半年收窄；汽车制造业、计算机通信和其他电子设备制造业 PPI 分别同比下降 0.7% 和 0.8%，降幅呈现收窄态势。而从 CPI 来

看，2021年5月，食品烟酒类CPI同比上涨0.8%，衣着类CPI同比上涨0.4%，反映出生活必需品类价格虽然呈现上涨态势，但涨幅相对不大；交通和通信类CPI 2021年3月才开始同比上涨，5月涨幅达到5.5%，在各品类中涨幅最大。

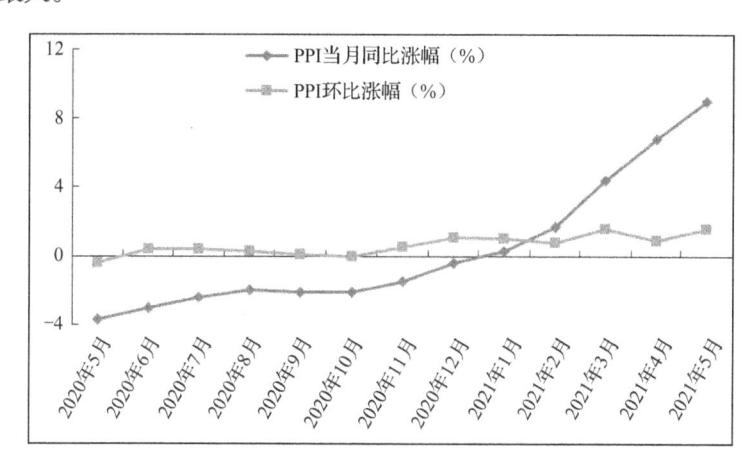

图7-2　2020年5月至2021年5月我国PPI当月同比和环比涨幅
数据来源：国家统计局，赛迪工经所整理，2022年

（二）我国PPI上涨的主要原因

全球主要大宗原材料供给收缩。一是受新冠肺炎疫情冲击，南非、俄罗斯、巴西、智利等主要资源供应国企业投资、生产、出口出现间歇式中断。例如，全球铜矿主要集中在拉美、澳洲、非洲等地区，这些地区新冠肺炎疫情形势依然严峻，叠加新增铜矿开采较少，全球铜产量受到抑制。2020年，全球铜矿产量为2000万吨，比2019年减少40万吨。二是全球交通航运仍不通畅，甚至一些国家和地区封锁边境，主要原材料供给受阻。例如，受新冠肺炎疫情影响，中越两国边防检查工作加强，中越口岸通关货车拥堵现象较严重，谅山—凭祥口岸的进出口边贸货物往来受影响很大，贸易增速大幅回落。三是"碳达峰""碳中和"目标压减原材料产能。2021年4月20日，工业和信息化部明确发文表示"严禁钢铁、水泥、平板玻璃新增产能，严管严控电解铝新增产能"，国内原材料供给也受到压制。

全球经济复苏带动原材料需求持续恢复。原材料生产国和消费国新冠肺炎疫情恢复态势分化，一定程度加剧了原材料的供需错配，推动价格上涨。主要发达国家疫苗接种加快推进，新冠肺炎疫情逐步得到控制，经济整体呈

现复苏态势。2020年7月以来，全球制造业PMI一直保持在荣枯线以上；2021年6月全球制造业PMI为55.5，连续4个月高于55。其中，美国Markit制造业PMI为62.1，欧元区制造业PMI为63.4，都维持在高位；日本、韩国制造业PMI也都处于荣枯线以上；中国经济保持稳步回升态势。主要国家经济景气回升，进一步拉动全球需求预期回暖，全球范围内出现供不应求的局面。尤其是中国原材料加工业下游需求较为强劲，原材料供给难以满足，加速螺纹钢、焦炭等限产生产资料价格上涨。

前期主要国家量化宽松政策加剧价格上涨。新冠肺炎疫情发生之后，以发达经济体为主的国家为刺激经济，快速放宽财政货币政策。例如，2021年5月，美国发布了拜登任内第一份预算提案，要求在2022财年将政府支出增加至6万亿美元，比2019财年增加36.6%。美国货币供应量M2余额环比增速自2020年3月开始明显攀升，2021年以来环比增速一直明显高于2016—2019年的增速水平。截至2021年5月月底，欧元区、日本货币供应量M2余额同比分别增长8.1%和7.9%，增速高于2019年同期2.8个百分点和5.3个百分点。另外，巴西、南非等主要新兴经济体由于经济复苏基础尚不稳固，短期内不具备收紧货币政策的条件，主要国家对通货膨胀的政策容忍度进一步抬升了通货膨胀预期。

美元指数下行助推大宗商品价格上涨。美元是全球主要大宗商品的定价和结算货币，美元指数与大宗商品价格走势长期来看呈现明显的负相关关系。2020年新冠肺炎疫情发生以来，美国采取持续量化宽松政策和国际收支逆差扩大，导致美元指数2020年下半年以来呈现下行态势。2021年6月，实际美元指数为104.8（1973年3月美元指数为100），明显低于2019年同期和2020年同期水平，美元持续贬值意味着大宗原材料价格上涨。我国对大宗原材料进口依赖度较高，叠加人民币汇率走势相对不稳定，通过进口渠道，进一步加剧我国原材料价格波动。另外，大宗商品具备一定的保值增值功能，投机者可通过短期大宗商品价格波动赚取价差，也一定程度上加剧了大宗原材料的价格波动。

三、PPI持续上涨对我国工业经济的影响

本轮价格上涨既有新冠肺炎疫情冲击导致全球主要原材料供给收缩的影响，又有新冠肺炎疫情后全球经济恢复性增长带来的原材料需求增加的影响，还有全球性货币宽松政策的影响，以及国际投资机构炒作的影响。由于

全球新冠肺炎疫情在短期内很难有根本性改善，加之全球绿色低碳转型正在加速推进，也将不可避免地对原材料供给产生冲击，预计本轮价格上涨仍会持续一段时间。因此，需要深入分析PPI持续上涨对工业经济的影响，特别是重点分析价格上涨相对突出的行业对相关产业链的影响。

本轮价格上涨从上游的采掘业、原材料业开始，沿着产业链向中下游的加工制造业及生活资料业传导。本小节采用投入产出表计算完全消耗系数，进而梳理出煤炭、金属、石化这3条价格上涨比较明显的产业链，下面将量化考察价格沿着这3条产业链的传导效应。

（一）煤炭产业链

基于2018年投入产出表，对煤炭产品完全消耗系数比较大的主要是电力、煤炭、建材、钢铁、石化、化工等行业。考虑到建材价格上涨相对平稳，钢铁、石化、化工等后面有专门分析，这里的煤炭产业链主要聚焦煤炭和电力行业。主要行业对煤炭开采和洗选产品的完全消耗系数见图7-3。

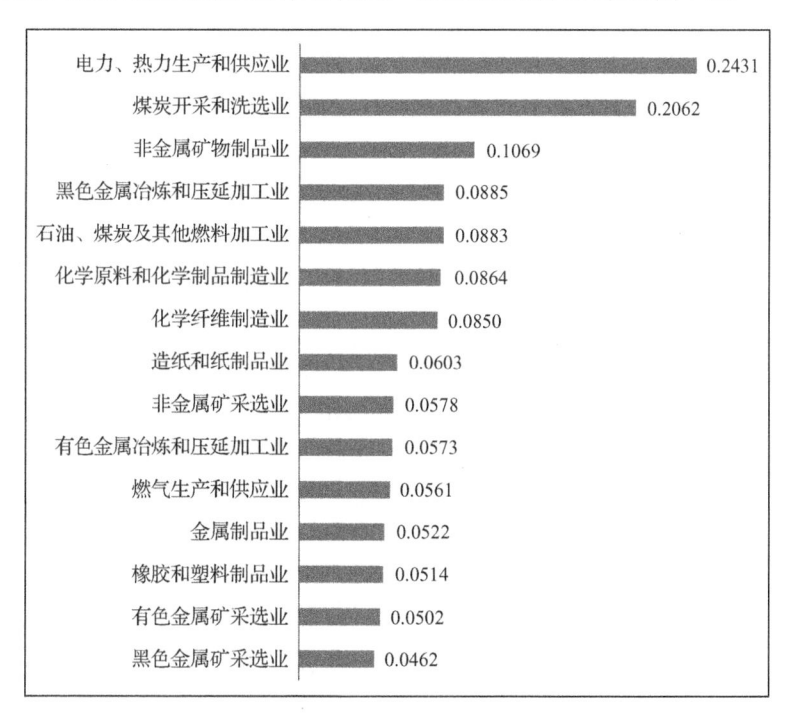

行业	完全消耗系数
电力、热力生产和供应业	0.2431
煤炭开采和洗选业	0.2062
非金属矿物制品业	0.1069
黑色金属冶炼和压延加工业	0.0885
石油、煤炭及其他燃料加工业	0.0883
化学原料和化学制品制造业	0.0864
化学纤维制造业	0.0850
造纸和纸制品业	0.0603
非金属矿采选业	0.0578
有色金属冶炼和压延加工业	0.0573
燃气生产和供应业	0.0561
金属制品业	0.0522
橡胶和塑料制品业	0.0514
有色金属矿采选业	0.0502
黑色金属矿采选业	0.0462

图7-3　主要行业对煤炭开采和洗选产品的完全消耗系数

数据来源：国家统计局，赛迪工经所整理，2022年

煤炭行业的"价格—利润—投资"传导比较顺畅。2021年以来，煤炭开采和洗选业PPI上涨明显，5月环比上涨10.6%，涨幅较4月加快7.8个百分点，居工业大类行业之首；当月同比上涨29.7%，累计同比上涨13.8%，涨幅均排工业大类行业第6位。在价格大幅上涨的带动下，2021年5月煤炭开采和洗选业利润率提升至历史高点16.5%，较上年同期提高6.35个百分点。由于盈利能力显著增强，煤炭开采和洗选业投资持续扩大，2021年前5个月累计同比增长15.7%，两年平均增长9.7%，平均增速排工业大类行业第7位。

电力行业受上游煤炭价格上涨影响，利润空间受到挤压。电力、热力生产和供应业对煤炭的完全消耗系数为0.2431，在所有大类行业中排首位，相应地受煤炭价格上涨影响较大。由于电力行业是关系国计民生的重要基础产业和公用事业，出厂价格变动非常平稳。电力、热力生产和供应业PPI自2015年2月以来一直同比下跌，环比涨跌幅几乎不超过0.5%；2021年5月环比下降0.3%，当月同比下降0.5%，累计同比下降1%。由于上游煤炭价格大幅上涨，电力出厂价格跌幅收窄但仍在下降，赢利空间自然受到挤压，电力行业利润率改善幅度明显收窄。2021年前5个月电力、热力生产和供应业利润率为5.76%，已连续2个月小幅回落。煤炭和电力行业PPI对比及利润率对比分别见图7-4和图7-5。

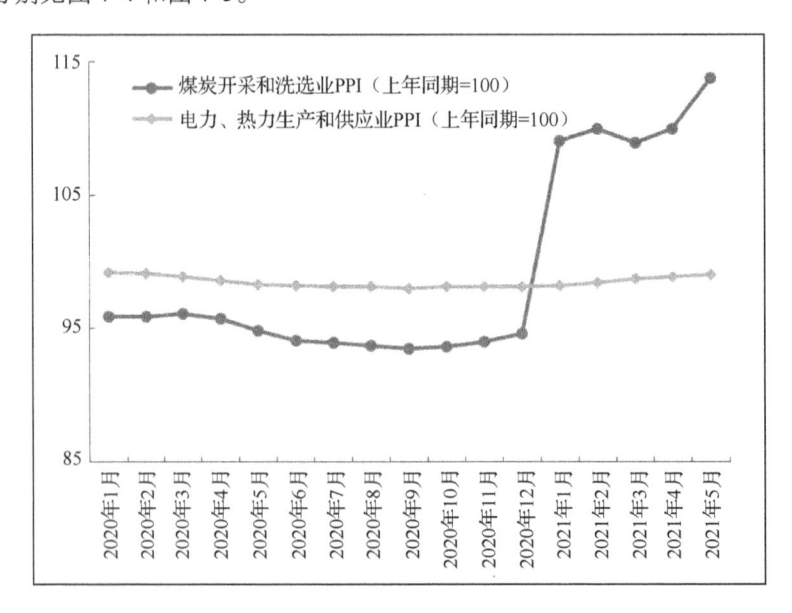

图7-4　煤炭和电力行业PPI对比

数据来源：国家统计局，赛迪工经所整理，2022年

第七章　工业高质量发展专题研究

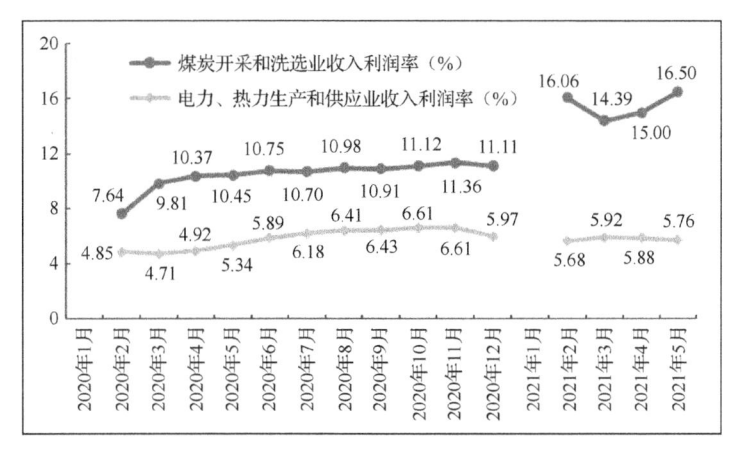

图 7-5　煤炭和电力行业利润率对比

数据来源：国家统计局，赛迪工经所整理，2022 年

（二）金属产业链

金属产业链上游主要是黑色金属矿采选业、黑色金属冶炼和压延加工业、有色金属矿采选业、有色金属冶炼和压延加工业等采矿业和原材料业，由于黑色/有色金属矿采选业最主要流向黑色/有色金属冶炼和压延加工业，因此，重点研究黑色/有色金属冶炼和压延加工产品价格上涨对中下游加工制造业的传导和影响。

基于 2018 年投入产出表，对金属产品消耗较多的主要是装备制造行业。具体看，对有色金属冶炼和压延加工产品完全消耗系数较高的主要是有色和电气行业，对黑色金属冶炼和压延加工产品完全消耗系数较高的主要是金属制品和钢铁行业。主要行业对金属产品的完全消耗系数见图 7-6。

有色行业的"价格-利润-投资"传导比较顺畅。有色金属采矿和加工环节 PPI 2021 年以来一直保持环比上涨态势，5 月有色金属矿采选业 PPI 环比上涨 2.2%，涨幅较上月加快 0.8 个百分点，当月同比上涨 16.7%，累计同比比上涨 13%；有色金属冶炼和压延加工业 PPI 环比上涨 4.4%，涨幅较上月加快 2.3 个百分点，当月同比上涨 30.4%，累计同比上涨 19.7%。对比可以发现，有色金属加工环节价格涨幅远高于采矿环节，这主要是由于我国铜等有色金属高度依赖进口，而 2021 年国际市场铜价大幅攀升，5 月全球铜实际市场价格历史性突破 1 万美元/吨，较新冠肺炎疫情中的价格低点已翻一番。受出厂价格大幅上涨带动，有色行业利润率改善比较明显。长期以来，有色金属冶炼和压延加工业收入利润率不足 3%，2021 年 5 月达到 4.39%，较上年

同期大幅提高 3.13 个百分点，利润率升至历史最高水平。盈利增加带动投资稳步回升，前 5 个月有色金属冶炼和压延加工业投资累计同比增长 15.5%，两年平均增长 4.4%，领先规上工业投资平均增速。

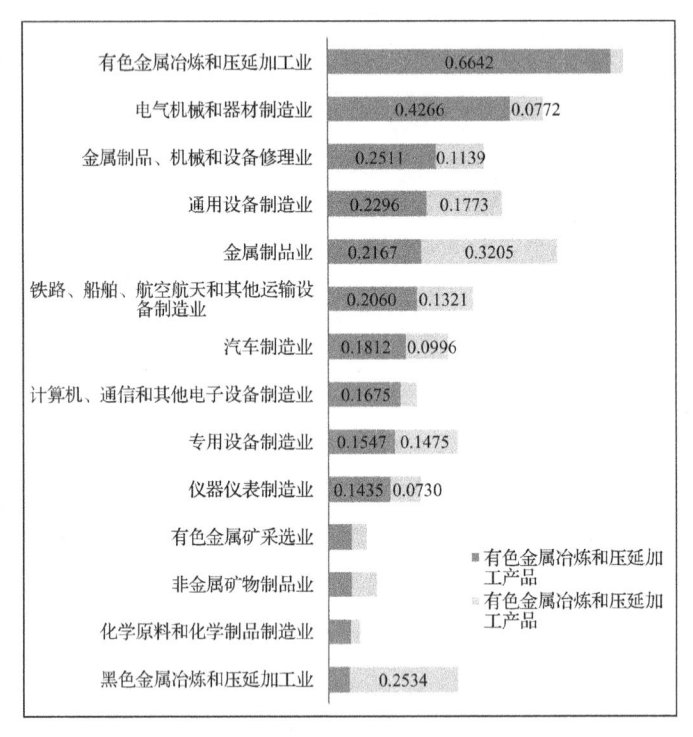

行业	有色金属冶炼和压延加工产品	黑色金属冶炼和压延加工产品
有色金属冶炼和压延加工业	0.6642	
电气机械和器材制造业	0.4266	0.0772
金属制品、机械和设备修理业	0.2511	0.1139
通用设备制造业	0.2296	0.1773
金属制品业	0.2167	0.3205
铁路、船舶、航空航天和其他运输设备制造业	0.2060	0.1321
汽车制造业	0.1812	0.0996
计算机、通信和其他电子设备制造业	0.1675	
专用设备制造业	0.1547	0.1475
仪器仪表制造业	0.1435	0.0730
有色金属矿采选业		
非金属矿物制品业		
化学原料和化学制品制造业		
黑色金属冶炼和压延加工业		0.2534

图 7-6　主要行业对金属产品的完全消耗系数

数据来源：国家统计局，赛迪工经所整理，2022 年

钢铁行业的"价格-利润-投资"传导比较顺畅。黑色金属采矿环节和加工环节价格上涨都非常明显，2021 年 5 月黑色金属矿采选业 PPI 环比上涨 7.4%，当月同比上涨 48%，累计同比上涨 34.5%；黑色金属冶炼和压延加工业 PPI 环比上涨 6.4%，当月同比上涨 38.1%，累计同比上涨 22.5%；涨幅均稳居工业大类行业前 3 位。黑色金属采矿环节的价格涨幅要高于加工环节，主要是由于铁矿石在钢铁行业成本中占据半壁江山，而我国铁矿石的进口依赖度高达 80%，受国际市场价格波动影响很大。2021 年 5 月全球铁矿石实际市场价格历史性地突破 200 美元/吨，是 2020 年新冠肺炎疫情中价格低点的 2.4 倍。价格的大幅上涨带动钢铁行业利润率显著提高，2021 年 5 月，黑色金属冶炼和压延加工业收入利润率回升至 5.91%，逐月大幅改善，较上年同期提高 4.02 个百分点。钢铁行业投资从 2020 年 4 月就一直保持正增长，2021

年前5个月投资累计同比增长40%，两年平均增长22.3%，平均增速在规上大类行业中遥遥领先。

电气机械和器材制造业（以下简称"电气机械"）和金属制品业（以下简称"金属制品"）等装备制造行业受上游金属产品价格上涨影响，利润空间受到挤压。电气机械、金属制品都是非常典型的机械制造行业，金属产品投入较多，电气机械对有色金属产品的完全消耗系数为0.4266，金属制品业对有色金属产品和黑色金属产品的完全消耗系数分别为0.2167和0.3205，受金属产品涨价冲击更直接也更突出。由于电气机械、金属制品的企业数量众多（企业数量在工业大类行业分列第2位和第3位），市场竞争激烈，多数产品属于固定定价，企业议价能力较弱，价格向下游传导能力不足。2021年5月，电气机械PPI环比上涨1.3%，当月同比上涨4.5%，累计同比上涨1.4%；金属制品PPI环比上涨1.6%，当月同比上涨7%，累计同比上涨3.7%。由于价格涨幅远远小于上游原材料涨幅，利润空间受到严重挤压，投资持续低迷。2021年前5个月，电气机械、金属制品的收入利润率分别为5.24%、4.40%，利润率水平与新冠肺炎疫情前利润水平相比没有明显提高；投资分别累计同比增长24.4%、15.9%，两年平均分别下降0.3%、3.3%。金属产业链主要行业PPI对比和利润率变动对比分别见图7-7和图7-8。

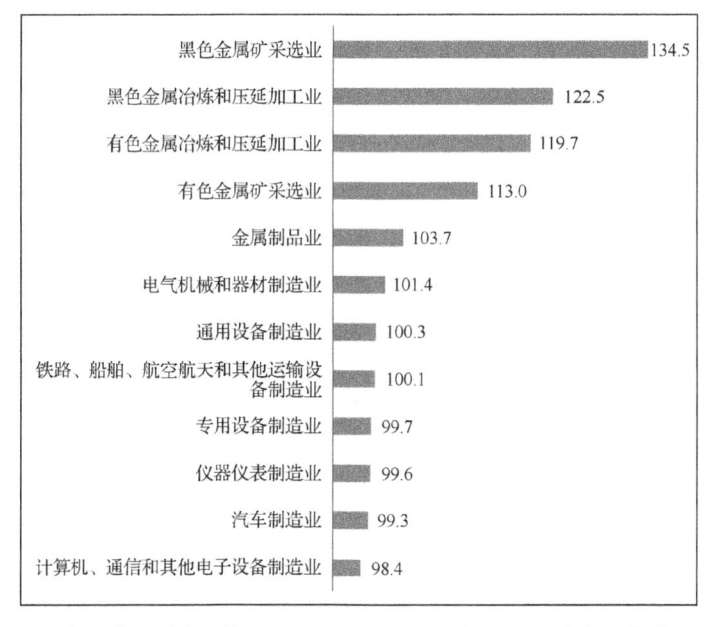

行业	PPI
黑色金属矿采选业	134.5
黑色金属冶炼和压延加工业	122.5
有色金属冶炼和压延加工业	119.7
有色金属矿采选业	113.0
金属制品业	103.7
电气机械和器材制造业	101.4
通用设备制造业	100.3
铁路、船舶、航空航天和其他运输设备制造业	100.1
专用设备制造业	99.7
仪器仪表制造业	99.6
汽车制造业	99.3
计算机、通信和其他电子设备制造业	98.4

图7-7　金属产业链主要行业PPI对比（2021年5月，上年同期为100）
数据来源：国家统计局，赛迪工经所整理，2022年

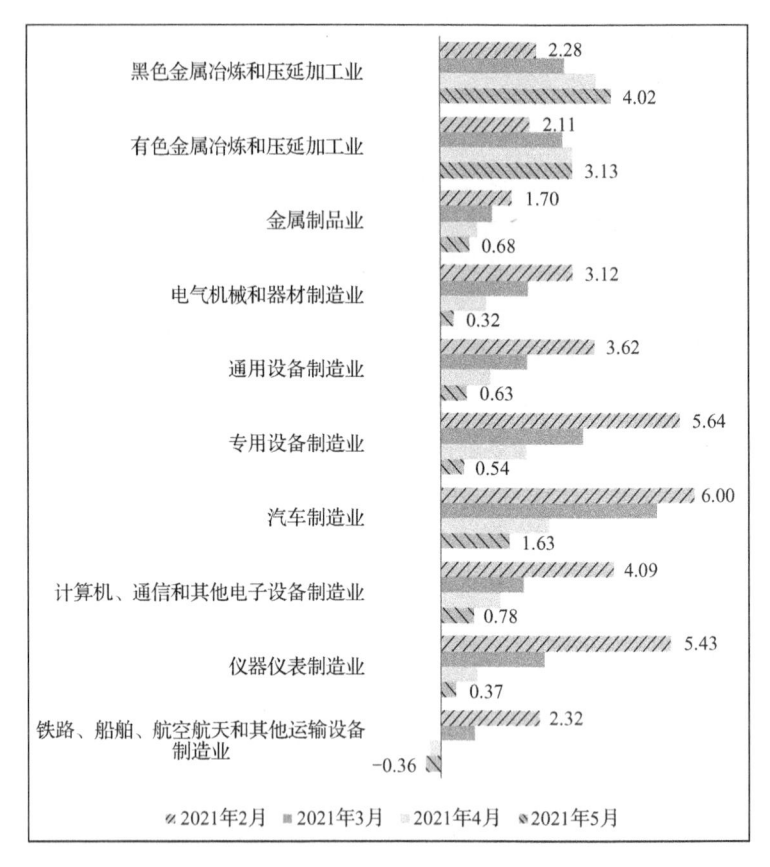

行业	2021年2月	2021年3月	2021年4月	2021年5月
黑色金属冶炼和压延加工业		2.28		4.02
有色金属冶炼和压延加工业		2.11		3.13
金属制品业		1.70		0.68
电气机械和器材制造业		3.12		0.32
通用设备制造业		3.62		0.63
专用设备制造业		5.64		0.54
汽车制造业		6.00		1.63
计算机、通信和其他电子设备制造业		4.09		0.78
仪器仪表制造业		5.43		0.37
铁路、船舶、航空航天和其他运输设备制造业		2.32		-0.36

图 7-8　金属产业链主要行业利润率变动对比（单位：个百分点）

数据来源：国家统计局，赛迪工经所整理，2022 年

（三）石化产业链

基于 2018 年投入产出表，对石油和天然气开采产品完全消耗系数比较高的是石油、煤炭及其他燃料加工业，燃气生产和供应业、化学原料和化学制品制造业、化学纤维制造业、橡胶和塑料制品业等。其中，燃气生产和供应业主要影响道路运输业、住宿业、居民服务、餐饮业等，石油、煤炭及其燃料加工业主要影响运输仓储业（水上运输、航空运输、多式联运、道路运输、装卸搬运和仓储业等）、化学原料和化学制品制造业、化学纤维制造业、黑色金属冶炼和压延加工业等。化学原料和化学制品制造业是非常重要的原材料，在国民经济行业大类中，有近半数的大类行业完全消耗系数高于 0.1，其中，橡胶和塑料制品业、化学纤维制造业、化学原料和化学制品制造业的完全消耗系数都在 0.6 左右。考虑到石化产业链比较长，这里着重研究石油

和天然气开采业,石油、煤炭及其他燃料加工业,化学原料和化学制品制造业,化学纤维制造业,以及下游的橡胶和塑料制品业,纺织业,纺织服装、服饰业等。主要行业对石化产品的完全消耗系数见图7-9。

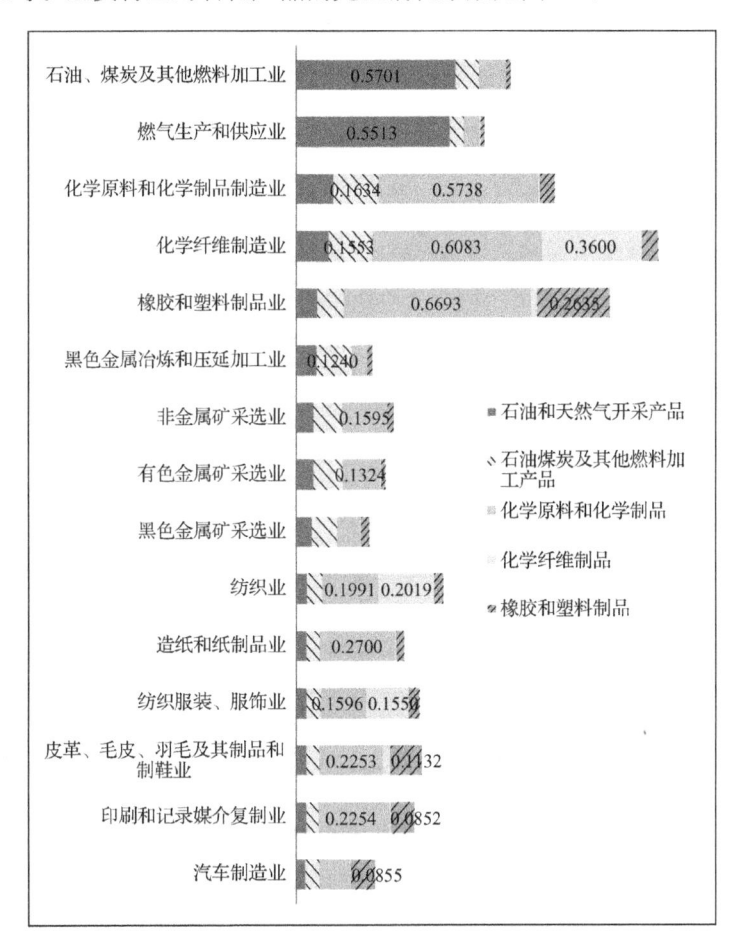

行业	石油和天然气开采产品	石油煤炭及其他燃料加工产品	化学原料和化学制品	化学纤维制品	橡胶和塑料制品
石油、煤炭及其他燃料加工业		0.5701			
燃气生产和供应业		0.5513			
化学原料和化学制品制造业	0.1634		0.5738		
化学纤维制造业	0.1553		0.6083	0.3600	
橡胶和塑料制品业			0.6693		0.2635
黑色金属冶炼和压延加工业	0.1240				
非金属矿采选业	0.1595				
有色金属矿采选业	0.1324				
黑色金属矿采选业					
纺织业	0.1991	0.2019			
造纸和纸制品业	0.2700				
纺织服装、服饰业	0.1596	0.1550			
皮革、毛皮、羽毛及其制品和制鞋业	0.2253	0.1132			
印刷和记录媒介复制业	0.2254	0.0852			
汽车制造业	0.0855				

图7-9 主要行业对石化产品的完全消耗系数

数据来源:国家统计局,赛迪工经所整理,2022年

石化产业链上游价格上涨带动利润明显改善。石油和天然气开采业PPI在新冠肺炎疫情中波动很大,从2020年11月开始一直保持稳定的环比上涨态势,2021年5月环比上涨1.7%,当月同比上涨99.1%,累计同比上涨22.1%;利润率提高至22.5%,基本回升至新冠肺炎疫情前水平。石油、煤炭及其他燃料加工业PPI从2020年年底开始加速上涨,除个别月外,环比涨幅都在4%以上,2021年5月环比上涨4.4%;当月同比上涨34.3%,累计同比上涨

11%，涨幅在工业大类行业中都比较靠前；利润率反弹至 7% 以上，较新冠肺炎疫情前有显著提高，利润率改善非常明显。化学原料和化学制品制造业 PPI 从 2020 年 9 月开始环比小幅上涨，2021 年 5 月环比上涨 1.8%，当月同比上涨 20.9%，累计同比上涨 10.8%；利润率历史性地反弹至 10.21%，远超新冠肺炎疫情前水平。化学纤维制造业 PPI 波动较大，2021 年第一季度各月环比上涨较快，第二季度各月环比涨幅显著放缓，2021 年 5 月环比下跌 0.9%，当月同比上涨 18.4%，累计同比上涨 8.2%；利润率反弹至 7.15%，较上年同期提高 6.01 个百分点，改善幅度逐月扩大。

石化产业链中下游利润空间受到挤压。橡胶和塑料制品业 PPI 从 2020 年 11 月开始温和环比上涨，2021 年 5 月环比上涨 0.2%，当月同比上涨 3.2%，累计同比上涨 1.1%。由于上游化工产品价格上涨较快，价格向下游传导有限，2021 年前 5 个月橡胶和塑料制品业利润率为 6.28%，较上年同期的改善幅度逐月快速收窄。受冲击加大的是纺织业，纺织服装、服饰业，皮革、毛皮、羽毛及其制品和制鞋业等下游行业，由于需求恢复缓慢，这些行业的 PPI 刚刚转正或者仍在下降，价格上涨压力很难向终端消费传递，利润率改善幅度非常微弱，纺织业利润率甚至较上年同期有所下降。石化产业链主要行业 PPI 对比和利润率对比见图 7-10 和图 7-11。

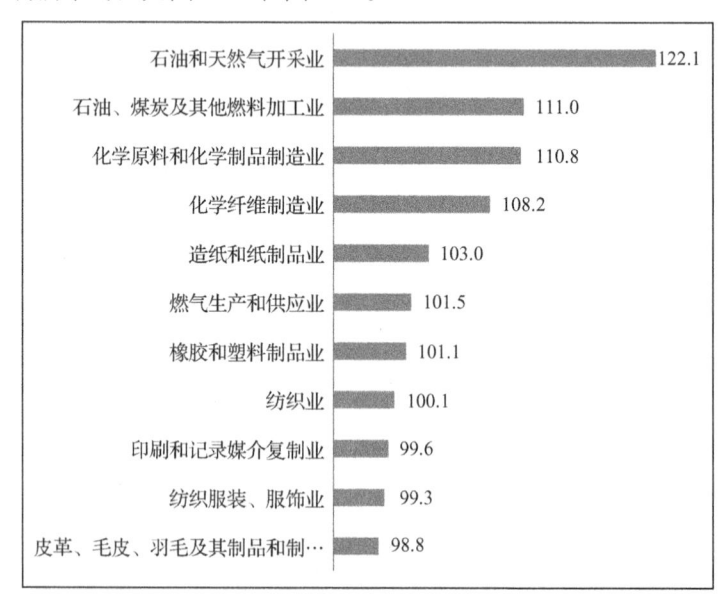

石油和天然气开采业	122.1
石油、煤炭及其他燃料加工业	111.0
化学原料和化学制品制造业	110.8
化学纤维制造业	108.2
造纸和纸制品业	103.0
燃气生产和供应业	101.5
橡胶和塑料制品业	101.1
纺织业	100.1
印刷和记录媒介复制业	99.6
纺织服装、服饰业	99.3
皮革、毛皮、羽毛及其制品和制…	98.8

图 7-10 石化产业链主要行业 PPI 对比（2021 年 5 月，上年同期=100）

数据来源：国家统计局，赛迪工经所整理，2022 年

```
                          -5.64
      石油和天然气开采业
                                              14.91
                                     7.69
  石油、煤炭及其他燃料加工业
                                      9.24
                                   6.67
    化学原料和化学制品制造业
                                 5.74
                            4.21
         化学纤维制造业
                                  6.01
                           3.81
         橡胶和塑料制品业
                  0.75
                         3.34
         造纸和纸制品业
                      2.18
                      2.11
    印刷和记录媒介复制业
           -0.11
                   1.40
             纺织业
         -0.54
                  0.66
       纺织服装、服饰业
                  0.51
                  0.21
皮革、毛皮、羽毛及其制品和制鞋业
                  0.19
                        2.70
        燃气生产和供应业
                  0.94

      ◢2021年2月  ■2021年3月  ▨2021年4月  ▨2021年5月
```

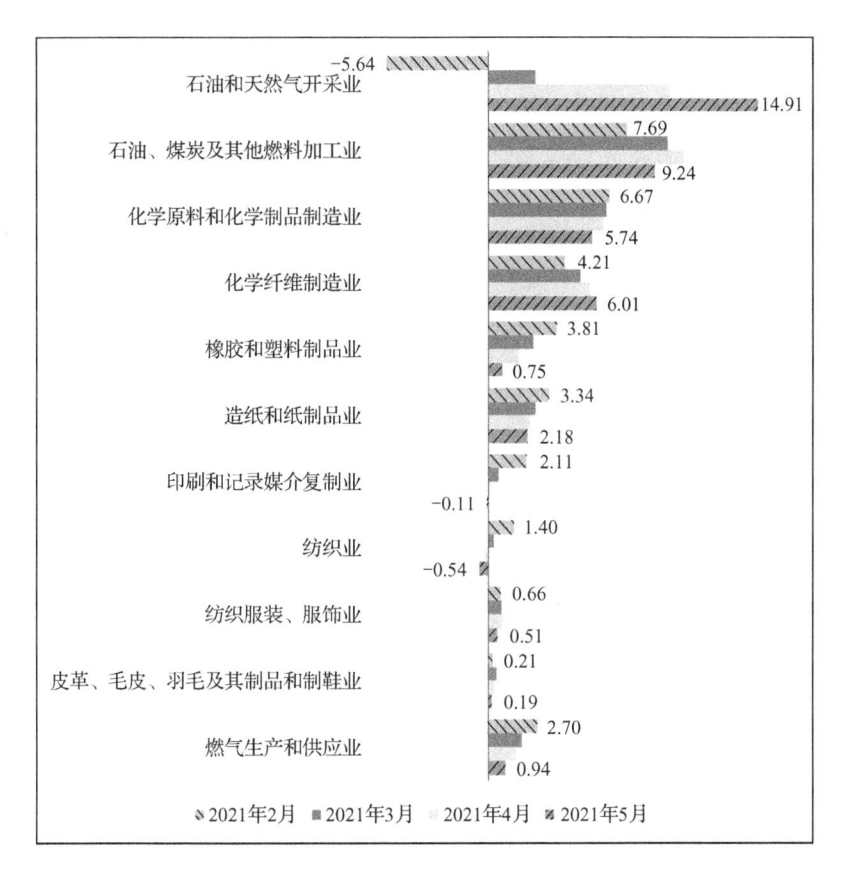

图 7-11　石化产业链主要行业利润率变动对比（单位：个百分点）
数据来源：国家统计局，赛迪工经所整理，2022 年

（四）总体影响

前面分析了 3 条重点产业链的价格上涨及其对利润率、投资的影响。下面将基于 2018 年 2 月—2021 年 5 月规上工业及工业大类行业的价格、利润率、投资增速数据，运用 EViews 软件的 Panel Data 模型综合分析价格上涨对工业经济的影响。

1. 价格持续上涨加剧了上、中、下游行业的利润率分化

模型结果显示，各行业 PPI 上涨有助于提升该行业的利润率，其中，石油和天然气开采业、医药制品业、煤炭开采和洗选业、烟草制品业、有色金属矿采选业等行业 PPI 上涨对利润率改善影响较大。由于各行业在产业链所处位置不同，以及价格对利润率的影响系数存在显著差异，统计数据显示本轮价格持续上涨加剧了上、中、下游行业的利润率分化。具体来看，上游采

矿业、原材料制造业在价格大幅上涨和需求回暖的带动下，利润强劲反弹，利润率持续改善。2021 年前 5 个月，石油和天然气开采业、黑色/有色金属矿采选业、煤炭开采和洗选业、化学纤维制造业等利润率较上年同期改善幅度超过 6 个百分点。中游装备制造相关行业价格转移能力有限，利润空间受到严重挤压。2021 年前 5 个月仪器仪表及文化、办公用机械制造业、金属制品业、通用设备制造业、专用设备制造业、电气机械及器材制造业等行业的利润率改善幅度有限且逐月放缓。下游消费品制造业利润改善普遍不明显，纺织业、印刷和记录媒介复制业等利润率较上年同期甚至有小幅回落。

2. 价格对多数制造行业投资的带动作用比较有限

模型结果显示，整体上看，各行业 PPI 上涨有助于增加该行业的投资，其中，非金属矿采选业、仪器仪表制造业、煤炭开采和洗选业等行业 PPI 上涨对投资增速的带动效果比较明显。但是由于影响制造业投资的因素除了价格和利润率，还有对未来发展前景的预期及产业政策等，对多数行业来说，价格对投资的带动作用并不明显。

2021 年以来，上游采矿业、原材料制造业价格大幅上涨带动利润率持续改善，企业有强烈的扩张冲动。但是由于钢铁、有色、石化、化工等均是主要的高碳排放行业，在"碳达峰""碳中和"目标约束下，新增产能审批日益趋严，产能扩张受限，这些上游行业的投资并没有同步改善。比较突出的是，2021 年前 5 个月石油和天然气开采业、黑色金属矿采选业投资分别同比下降 3.9%、4.9%，两年平均分别下降 11.4%、4.8%；化学纤维制造业投资两年平均下降 3.3%，投资降幅仍然较深。

而中下游行业出厂价格涨幅普遍小于上游行业，利润空间受到挤压，即使当前需求有所回暖，企业也更愿意通过提高现有设备利用率来增加产品供给，而不是去扩大投资。例如，2021 年前 5 个月汽车产销量已恢复至新冠肺炎疫情前水平，汽车增加值和利润增速均大幅反弹，但汽车投资同比仍在下降，两年平均降幅仍高达 14%。下游的消费品制造业 PPI 尚未转正，投资降幅仍然较大。例如，纺织服装、服饰业，皮革、毛皮、羽毛及其制品和制鞋业等投资两年平均降幅仍在 10%以上。

3. 价格上涨趋势向下游传导扰乱消费复苏步伐

经济重启以来，我国消费市场的恢复一直弱于生产活动。2020 年全年社会消费品零售额同比下降 3.9%。随着国内新冠肺炎疫情得到有效控制，消费市场加速回暖，2021 年前 5 个月社会消费品零售额累计同比增长 25.7%，两

年平均增长 4.3%，但距新冠肺炎疫情前 8% 以上的水平还有不小差距。需要警惕的是，当前生产资料价格的快速上涨趋势已开始向生活资料传导，其中，耐用消费品类出厂价格从 2021 年 3 月开始持续环比上涨。如果生活资料出厂价格也出现快速上涨，而居民收入实际增速又持续低于经济增速，那么，刚刚回暖的消费市场可能再度遇冷，消费的复苏步伐可能也会放缓。

4. 价差持续扩大将加重中小企业的生产经营困难

当前价格上涨及其带来的效益改善主要集中在产业链中上游，而中小企业多处于产业链中下游，议价能力不强，对原材料成本上涨的传导和消化能力较弱。2020 年 3 月以来，我国制造业 PMI 一直保持在荣枯线上方，经济持续稳定恢复，但部分中小企业尚未完全恢复元气，本轮价格上涨对中小企业的冲击更为显著。5 月 PMI 主要原材料购进价格和出厂价格分别为 72.8% 和 60.6%，价差扩大到 12.2 个百分点，企业面临严峻的成本上涨压力，一些企业不敢接新订单甚至出现限产停产。如果价格持续快速上涨，不利于中小企业稳步恢复，甚至会加重中小企业的生产经营困难。

四、思考建议

（一）全面拓宽贸易渠道，强化价格监测预警和预期管理

一是完善多元化进口供应体系，不断深化与"一带一路"沿线国家大宗商品贸易合作，进一步提高钢铁等产业集中度，增强我国在国际大宗商品市场的议价能力，建设高水平国际大宗商品定价中心。二是健全大宗商品价格监测预警机制，加强对原油、铁矿石、铜等重点商品价格形势的跟踪研判，明确风险等级并规划应急预案，遏制大宗商品金融化、资本化炒作，严厉打击恶意囤积、变相涨价、合谋涨价等行为。三是重视通货膨胀预期管理，积极做好价格舆论引导工作，加强政策储备并提升政策的透明度和可预见性，减少不确定性扰动，稳定市场信心。

（二）适时调节政策力度，化解企业经营的痛点、难点

一是继续加大对中下游行业尤其是中小微企业的帮扶力度，通过减税降费、贷款贴息等多种方式减轻成本上涨压力，进一步放宽制造业留抵退税条件，落实"保就业"和"保市场"主体任务，帮助企业渡过难关。二是进一步做好铜、铝、锌等国家战略储备投放工作，适当倾斜支持中小微企业，帮

助企业降低资金占用水平，稳定企业避险情绪。三是避免为短期效果出台激进的碳减排措施，因地制宜科学有序替换高碳产业，适当放缓钢铁、煤炭等行业减产步伐，以提升国内供给，探索建立"碳达峰""碳中和"目标下新型再生资源回收利用体系。

（三）主动顺应市场变化，提升风险防控意识和能力

一是增强企业核心竞争力，推动智能制造以提升生产效率和经营效益，加快绿色化转型以降低能源和原材料消耗，促进产业链向两端延伸、价值链向高端攀升，提高企业产品附加值，扩展企业生存空间。二是强化价格风险预判，学习并利用期货套期保值功能作为风险对冲工具，锁定远期成本，应对现货价格不利变动的冲击，避免偏离套期保值初衷的投机炒作。三是借助相关行业协会力量，建立上下游企业长期战略性供应链合作关系，协同应对市场价格波动风险，根据市场变化合理调整产品结构，以行业自律维护良好生态。

第二节 从《2021年全球独角兽企业榜》看中国独角兽企业与美国独角兽企业的三大差距

国际知名研究机构 CB Insights 发布的《2021年全球独角兽企业榜》数据显示，全球共有729家独角兽企业入榜。独角兽企业实力在一定程度上能够反映未来全球产业的发展方向，是各国新兴产业发展水平的重要体现。赛迪研究院工业经济研究所对比榜单发现，全球独角兽企业主要以中美两国企业为主，中美两国已成为新兴产业发展的主要引领者。但相较美国而言，中国独角兽企业存在实力差距较大、部分行业发展较弱、区域资源分配不均等问题，应进一步优化创新环境、加强政策引导、提高支撑配套等。

一、美国独角兽企业的整体实力、部分行业竞争力、区域资源配置均强于中国独角兽企业

《2021年全球独角兽企业榜》数据显示，中美独角兽企业数量占据绝对优势。中美合计有519家企业入选榜单，占总数的71.19%；中美企业合计总估值1.75万亿美元，占入选企业总估值的74.04%。可见，中美两国是孕育全球独角兽企业的"主战场"，也是世界新兴产业发展主要领跑者。但中国

独角兽企业发展仍落后于美国独角兽企业，主要体现在整体实力、部分行业竞争力、区域资源配置 3 个方面。全球独角兽企业数量及估值分布情况见表 7-1。

表 7-1 全球独角兽企业数量及估值分布情况

序号	全球独角兽企业数量分布情况			全球独角兽企业估值分布情况		
	国家	企业数量（家）	企业数占比	国家	企业总估值（十亿美元）	估值占比
1	美国	374	51.30%	美国	1194.92	50.45%
2	中国	145	19.89%	中国	558.71	23.59%
3	印度	34	4.66%	印度	119.05	5.03%
4	英国	29	3.98%	英国	90.54	3.82%
5	以色列	18	2.47%	瑞典	58.08	2.45%
6	德国	17	2.33%	巴西	50.45	2.13%
7	法国	15	2.06%	德国	42.88	1.81%
8	巴西	12	1.65%	韩国	26.49	1.12%
9	加拿大	11	1.51%	以色列	23.91	1.01%
10	韩国	10	1.37%	加拿大	23.4	0.99%

数据来源：赛迪智库计算整理，2022 年。

中国独角兽企业的整体实力相对弱于美国独角兽企业的整体实力。中国独角兽企业的数量与估值均与美国水平存在较大差距。中国共有 145 家独角兽企业入选榜单，总估值为 5587.1 亿美元，分别占全球的 19.89%、23.59%。美国共有 374 家企业入选榜单，总估值为 1.19 万亿美元，分别占全球的 51.30%、50.45%，入选企业数量和总估值均是我国的 2 倍多。整体来看，中国独角兽企业实力逐渐增强，但仍大幅落后于美国独角兽企业。美国拥有一流的大学与实验室资源、世界发展领先地位的尖端知识与技术、多层次的资本市场、成熟的创新创业环境及科技与人才等配套支持是造成中美两国独角兽企业整体实力差距的重要原因。

中国的健康科技、供应链物流、软件服务、大数据、网络安全、金融科技等行业竞争力弱于美国相应行业竞争力。榜单分类的 16 个行业领域中，美国企业呈现全面发展态势，中国企业则存在部分短板。根据测算结果，无论是企业数量还是企业估值，美国独角兽企业始终位于各产业领域的前 3 位。中国独角兽企业在人工智能、教育科技、硬件设备、电子商务等个别行业领

域表现强势,但领先美国企业的领域有限,特别是在健康科技、供应链物流、软件服务、大数据、网络安全、金融科技领域严重落后于美国相应产业/领域。中美独角兽企业优势产业/领域存在较大差距,在一定程度上暴露出中国新兴产业发展的短板,实质也反映出中美科技实力不对等,特别是两国发展侧重点存在差异。中国的强势产业领域更多集中在场景应用、平台搭建层面,如教育科技与电子商务,但底层支撑上缺乏技术与理论积累,因此,在健康科技、大数据等高端制造业或基础性产业方面难以取得突破性进展。反观,美国百年来积累的基础理论、技术乃至工序的先发优势,有力支撑传统产业焕发新动力同时,也为新兴产业爆发提供试错成本。中美独角兽企业对比情况见表 7-2。

表 7-2 中美独角兽企业对比情况

产业/领域	企业数量（家）		企业估值（十亿美元）		企业平均价值（十亿美元）	
	中国	美国	中国	美国	中国	美国
人工智能	15	28	177.27	84.17	11.82	3.01
金融科技	6	67	8.08	269.58	1.35	4.02
其他	5	26	9.80	150.15	1.96	5.78
汽车交通	16	7	106.33	50.90	6.65	7.27
供应链物流	7	13	8.22	59.75	1.17	4.60
大数据	2	21	3.12	71.41	1.56	3.40
教育科技	10	7	30.68	11.75	3.07	1.68
硬件设备	14	8	52.41	20.29	3.74	2.54
软件服务	10	84	16.00	197.04	1.60	2.35
电子商务（to C）	32	25	87.99	65.17	2.75	2.61
消费零售	4	11	14.28	29.55	3.57	2.69
健康科技	7	39	17.35	105.56	2.48	2.71
网络安全	1	23	1.32	47.06	1.32	2.05
旅游服务	3	3	5.00	7.30	1.67	2.43
移动通信	13	11	20.86	22.84	1.60	2.08
教育服务	0	1	0.00	2.40	0.00	2.40
合计	145	374	558.71	1194.92	3.85	3.19

数据来源：赛迪智库计算整理,2022 年。

美国独角兽企业区域分布较中国独角兽企业区域分布更均衡。美国独角兽企业分布至93个城市、26个州府，平均每个城市拥有4.02个独角兽企业，主要聚集在西海岸的加利福尼亚州，以及东海岸的纽约州、马萨诸塞州等地，其中，旧金山（102家）、纽约（55家）等城市的独角兽企业数占到全国独角兽企业总数的41.98%。中国独角兽企业分布至19个城市、14个省级行政区，平均每个城市拥有7.63个独角兽企业，约为美国的两倍，北京（54家）、上海（36家）、深圳（17家）三大"超一线城市"的独角兽企业数更占到全国总数70%以上。中国独角兽企业的分布稠度远高于美国独角兽企业的分布稠度，暴露出中国创新资源、创业环境过于单一的困局，在一定程度上也反映出京津冀、长三角、大湾区、长江中下游城市群等多核心城市群发展模式还有待加快步伐，城市群产业辐射带动效应也有待于进一步加强。相较而言，美国独角兽企业布局较广，由东西沿岸地区向内部逐步辐射，有效实现了国家资源分配、产业转移的良性循环。中美独角兽企业地区分布情况见表7-3。

表7-3 中美独角兽企业地区分布情况

美国			中国		
所属州（区）	企业估值（十亿美元）	企业数量（家）	所属省份	企业估值（十亿美元）	企业数量（家）
加利福尼亚州	760.00	206	北京市	337.06	54
纽约州	117.34	58	上海市	85.75	36
马萨诸塞州	99.26	24	深圳市	60.80	17
北卡罗来纳州	35.57	6	浙江省	25.34	13
伊利诺伊州	29.30	14	广东省	14.82	6
华盛顿州	26.70	9	江苏省	11.09	6
佛罗里达州	23.62	6	湖南省	9.00	2
得克萨斯州	22.13	10	四川省	6.04	4
宾夕法尼亚州	19.95	4	湖北省	2.59	2
佐治亚州	12.57	5	重庆市	1.61	1
科罗拉多州	9.95	6	安徽省	1.49	1
新泽西州	8.70	5	山东省	1.12	1
犹他州	6.20	4	贵州省	1.00	1
密歇根州	3.80	1	天津市	1.00	1
弗吉尼亚州	3.13	2			

续表

美国			中国		
所属州（区）	企业估值（十亿美元）	企业数量（家）	所属省份	企业估值（十亿美元）	企业数量（家）
俄亥俄州	2.50	2			
明尼苏达州	2.30	2			
华盛顿特区	2.20	2			
马里兰州	1.90	1			
俄勒冈州	1.70	1			
康涅狄格州	1.10	1			
佛特蒙州	1.00	1			
堪萨斯州	1.00	1			
缅因州	1.00	1			
南卡罗来纳州	1.00	1			
威斯康星州	1.00	1			

数据来源：赛迪智库整理，2022 年。

二、启示和建议

发挥新型举国体制优势，全方位提高新兴产业科技创新能力。优化研发布局与产业选择的组合，锚定健康科技、供应链物流、软件服务、大数据、网络安全、金融科技等短板领域，继续推动一批重大科技项目、实施方案等落地实施，重点推动核心制造工艺和关键性零部件领域突破。进一步引导与支持相关行业领域的高校、科研院所、企业、地方政府等主体加强信息反馈、资源流通共享、科技研发等，构建多层次、全方位的新型科创合作关系，合力有效推进国家重点实验室、国家工程研究中心及产业创新高地等建设。

加大财政补贴、政府基金、政府采购等政策对前沿科技领域中小企业的精准扶持力度。基于世界贸易组织《补贴与反补贴措施协议》，基于产业与民生需求，加大对国内新兴产业发展薄弱环节中小企业的扶持力度。引导与支持政府出资成立新兴产业大基金或母基金，采用市场化运营模式，筛选制订产业链关键共性技术有关中小企业"清单"，实施一批重大科技创新项目，进行长期持续投资。针对新兴产业领域中小企业的前沿性研发成果，引导与支持政府加大采购力度，助力中小企业健康、可持续发展。提高对新兴产业企业的人才供需匹配支持，如面向急需的尖端人才、领军人才等，可进一步

放宽永久居住权认证规定，提供落户、购房、购车、子女就读、配偶就业等配套政策支持。

借助城市群发展的战略机遇，有效放大产业集聚的辐射效应，促进产业有序梯度转移。加速北京、上海、深圳等一线城市的产业梯度转移步伐，如雄安新区、京津冀一体化建设对北京产业的承接。提高二三线城市的产业承接能力，特别是近年发展势头较为强劲的长江中下游城市群。大力推动创新型产业集群试点（培育），重点培育和发展具有国际竞争力的科技中小企业。继续推进国家战略性新兴产业集群发展工程，建设若干战略性新兴产业集群，联动科技型中小企业快速发展。

第三节　要素成本持续上涨趋势下，保持我国制造业竞争优势的几点建议

近年来，我国制造业面临劳动力、融资、原材料成本上升的多重压力，传统层面的竞争优势逐渐削弱，制造业转型升级迫在眉睫。赛迪研究院认为，我国制造业要素资源成本上涨势头仍将持续，需加快企业智能化升级、创新金融产品和服务、加强资源能源保障供应、建立中西部地区承接产业转移示范区，有效应对这一趋势对我国制造业竞争优势的冲击与影响，稳住我国制造业高质量发展的"根基"。

一、我国要素成本上涨势头仍在持续

我国主要能源原材料价格快速攀升。2021年以来，受新冠肺炎疫情、极端天气、地缘政治动荡等因素影响，国际大宗商品供需失衡矛盾加剧，叠加全球量化宽松延续、投机资本伺机炒作，国际主要大宗商品价格持续较快上涨。我国多种大宗商品对外依存度较高，如原油、铁矿石进口依赖度均超过70%。过高的进口依赖，使得我国只能被动接受国际大宗商品价格上涨，并很快将价格上涨压力传导至国内相关行业。同时，受"双碳""双控"及限电等政策措施约束，国内主要原材料产能受限，进一步推动价格上涨。2021年1—8月，我国采掘工业和原材料工业PPI分别同比上涨23.9%和12.3%，高于全部工业品PPI涨幅17.7个百分点和6.1个百分点。其中，煤炭开采和洗选业、石油和天然气开采业、黑色金属矿采选业、黑色金属冶炼及压延加工业、有色金属冶炼及压延加工业涨幅都在20%以上。如果价格持续上涨，上游行

业价格上涨压力逐步向中下游行业传导，一些行业的价格竞争力将被削弱。

我国制造业劳动力成本大幅上涨。2020年，我国规模以上制造业就业人员平均工资为7.46万元，较2013年上涨74%。其中，专业技术人员平均工资为10.67万元，较2013年上涨77%；生产、运输设备操作人员及有关人员平均工资为6.13万元，较2013年上涨60%[1]，专业技术人员和设备操作人员成本均大幅攀升。与其他国家对比来看，2020年，我国制造业就业人员平均工资达8.23万元，较2011年上涨1.26倍，绝对值与涨幅（按本国货币计算）均远高于泰国、马来西亚、越南等国水平[2]。此外，当前我国劳动年龄人口数呈减少趋势，而且制造业工资相对水平不高，导致制造业从业人数下滑。我国制造业用工人数由2015年的8711万人下降至2020年6550万人，年均降幅约为5.5%。制造业劳动力成本大幅攀升叠加从业人数持续下滑，我国制造业劳动力优势明显削弱。

我国融资成本压力未见明显缓解。2021年以来，我国规上制造业企业财务费用同比较快增长，1—5月同比增长8.3%，之后增速回落，1—7月同比下降0.2%。制造行业中仪器仪表制造业、电气机械和器材制造业、金属制品业、有色金属冶炼及压延加工业等部分行业保持两位数增长，反映出我国多数制造行业利息支出压力加大。与其他国家对比来看，2020年，中国贷款利率[3]为4.35%，连续5年持平；相比之下，韩国、泰国、美国、马来西亚贷款利率分别为2.80%、3.29%、3.54%、3.94%，较上年分别下降0.65个百分点、0.79个百分点、1.74个百分点、0.94个百分点；虽然印度、越南、南非等国贷款利率略高于我国贷款利率，但贷款利率近年来呈现下降态势，较上年分别下调0.32个百分点、0.06个百分点、2.42个百分点。可以看出，与其他国家相比，中国融资成本压力仍未有效减轻。

综上，当前我国制造业资源要素成本呈上涨态势，原材料成本快速攀升，劳动力成本大幅上涨，融资成本居高不下。另外，我国物流成本、税费成本、用地成本等在全球也不具备绝对优势。未来，需高度关注我国要素成本上涨趋势，及其对我国制造业发展造成的不利影响。

---

[1] 数据来源于国家统计局。
[2] 数据来源于TRADING ECONOMICS统计数据。
[3] 数据来源于世界银行统计数据库。

二、要素成本持续上涨对我国制造业发展产生不利影响

要素成本持续上涨将过快削弱我国在制造业中低端环节的传统优势。经过多年发展,尽管我国在部分高端领域具有了较强生产水平,但与美国、日本、德国等制造业领先国家相比,仍然存在较大差距,总体上处在全球产业链的中低端环节。与此同时,不少发展中国家利用资源、劳动力等比较优势,在中低端制造业上不断发力,对我国制造业发展形成挑战。例如,越南制造业劳动力人均工资为 800~1300 元/月[①],相当于中国制造业劳动力人均工资的 1/7 左右。凭借这一优势,越南承接了中国大量劳动密集型产业转移,成为全球第三大鞋类生产国和第五大服装出口国。要素成本持续过快上涨将不断抬升制造业企业产品的成本和价格,使我国产品在国际市场甚至是国内市场的竞争力减弱。因此,我国在高端领域寻求突破的同时,如果中低端环节的份额由于要素成本上升过快而被其他国家所"蚕食",高端领域发展的基础将不复存在。

要素成本持续上涨将对中国制造业全产业链优势产生冲击。经过多年发展,中国已建成了门类齐全、独立完整的制造业产业体系,规模跃居世界第一。近年来,中国要素成本不断提高,制造业出现了向周边国家转移的趋势,如三星、奥林巴斯等跨国企业陆续将其在中国的工厂转移到印度、东南亚等地。随着中国劳动力等要素成本持续上涨,叠加中美贸易摩擦、美欧日等供应链联盟冲击、周边国家基础设施改善和产业配套体系完善等因素,中国制造业(尤其是劳动力密集型产业)转出步伐将进一步加快,如果不能得到及时有效地遏制,中国将面临丧失全产业链优势的风险。新冠肺炎疫情已经警示我们保持制造业产业链完整的重要性。长期来看,如果传统制造业出现大批量转移,很多新兴行业的发展基础也会动摇。

要素成本持续上涨将对我国中小微企业集群优势产生冲击。当今世界的制造业竞争主要是以大企业为中心、众多中小微企业为支撑的"雁阵"型产业集群之间的竞争。我国中小企业数量占企业总数的 99%,贡献了我国 60%的 GDP、50%的税收和 80%的城镇就业,因此,中小企业是我国制造业产业集群参与国际竞争的重要组成部分。要素成本上涨更多压缩的是中小微企业

---

① 数据来源于越南中国商会。

的利润，这些企业主要以零部件配套商为主，上有强势的原材料企业，下有"不敢失去"的终端企业客户，同行业竞争压力较大，最终只能承受成本上升带来的压力。数据显示，小型制造业企业 PMI 自 2016 年以来仅有 11 个月略高于 50%的荣枯线，其余月份全部处于收缩区间。其分类指数中，主要原材料购进价格指数自 2016 年以来一直保持在扩张区间，2020 年 6 月以来持续高于 54%，原材料购进成本居高不下。要素成本持续上涨将不断压缩中小微企业的利润空间，进一步加剧企业发展过程面临的融资和创新投入难题，最终陷入恶性循环。中小企业的发展出现问题，势必将影响我国制造业的整体竞争力。

要素成本持续上涨将严重影响战略性新兴产业发展。随着关键金属在新能源、高端装备、电子信息等产业中的应用不断增加，关键矿产的重要性日渐凸显。其中，智能机器人核心部件、高端芯片等产业加速发展，对砷化镓、磷化铟等（生产高端芯片的重要原料）需求将日益增加；高端制造业的发展离不开各种机械性能优异的钨、钛、钒等材料的支撑。本轮全球原材料价格大幅上涨已经对许多战略性新兴产业产生了影响。例如，随着重点金属的价格高涨，特斯拉已在全球范围进行多达 5 次调价，汽车行业的营业收入和利润受到重大影响；又如，近期国际能源署（IEA）明确警告，如果不进一步提高关键金属的产量，其价格将长期持续飙升，原材料涨价将拖累电动汽车、太阳能、风电等行业发展，从而无法支撑我国制造业新旧动能转换。

三、对策建议

适时调整制造业企业支持政策，化解要素成本上涨带来的企业经营难题。支持国内制造业企业开展智能化、绿色化、服务化改造升级，重点支持企业"机器换人"，通过数字化转型降低能源消耗和生产成本，提高国内制造业企业的国际竞争力。继续加大对中下游行业（尤其是中小微企业）的帮扶力度，通过减税降费、贷款贴息等多种方式减轻成本上涨压力，进一步放宽制造业留抵退税条件。进一步做好铜、铝、锌等国家战略储备投放工作，适当向中小微企业倾斜，帮助企业降低资金占用水平，稳定企业避险情绪。发挥行业协会和产业联盟专业化引导作用，支持上下游企业建立供应链长期战略合作关系，协同应对市场价格波动风险，根据市场变化合理调整产品结构，以行业自律维护良好生态。

供需两端共同发力保障资源能源供应，降低原材料价格上涨对制造业的

冲击。加快境外投资项目备案核准，为企业在境外矿业勘探、收购等业务提供支持。开展资源能源需求侧管理，加强制造业整体及战略性新兴产业未来发展对资源能源的需求论证，提前部署对资源能源勘查开采。通过项目审批、备案管理等举措，遏制低端"新"产能过快增长，避免由于部分行业投资过热对资源能源产生过度需求。依托国内需求大市场，建立现代化的期货、现货交易市场，研究建立关键资源的国家储备制度，成立战略性矿产资源储备中心，低价时期提高储备水平，极端情景下维持基本供应，强化我国产业链的上游资源保障能力。

加快金融产品和服务创新，缓解制造业企业"融资难、融资贵"问题。加快建立产融合作信息共享服务平台，推动 5G、区块链、人工智能等新一代信息技术在产融信息共享中的应用，建立及时、精准的部门间信息共享和甄别机制，推动产融数据共享交换，解决银企信息长期不对称问题。建设制造业企业动产融资服务平台，整合信息资源，通过统一登记公示系统进行高效、自主、低成本的登记，提高担保融资的透明度和确定性，降低信贷机构放贷成本。加快发展金融科技，推广"供应链金融＋区块链"等新模式。支持金融机构联合产业链中心企业，通过区块链技术将产业链上、下游的数据衔接，加快发展基于生产运营数据的企业风险评价，甄别有订单、有发展潜力但短期缺乏资金的企业并给予融资支持。

充分利用我国区域经济发展的梯度差异，支持制造业企业在国内实现转移与布局优化。根据《外商投资产业指导目录》《中西部地区外商投资优势产业目录》的鼓励范围，制定差异化的地区和产业政策，鼓励制造业企业参与"西部大开发""振兴东北老工业基地"。例如，在沿海地区禁止或限制的项目，在中西部地区可以适当放宽；在合资企业控股问题上，除少数重点行业外，可允许外方占多数。探索在中西部地区建立制造业承接产业转移示范区，制定更加优惠的土地、税收政策，对科技含量高、就业带动大的制造业企业予以认定并给予政策支持。充分发挥现有财政资金的引导作用，积极引入社会资本与外资，支持中西部地区、东北地区交通、信息等基础设施、基础产业、基础平台建设。

第四节 基于《2020年欧盟产业研发记分牌》评判中美研发竞争力

2021年1月，欧盟委员会发布报告《2020年欧盟产业研发投资记分牌》

（简称《记分牌》），围绕 2019 年全球研发投入规模较大的 2500 家企业，重点剖析不同国家和地区之间研发投入的变动趋势。其中，中美两国企业数量分别为 536 家和 775 家，各占总样本数的 21.4%和 31.0%。创新是引领发展的第一动力，研发投入是增强一国创新能力的重要驱动力，也是各国提高国家竞争力的关键着力点。赛迪研究院认为，借助《记分牌》重点剖析中美两国的研发竞争力发展态势，研判中国与美国的研发投入差距所在，有助于厘清问题，精准施策，提高中国创新能力。

一、《记分牌》揭示全球研发四大特点

全球研发投资规模稳步增长，中国企业研发投入增速高于美国等发达国家研发投入增速。《记分牌》统计结果显示，2019 年入选的 2500 家企业研发投入资金共计 9042 亿欧元，同比增长 8.9%，总规模约占全球研发投入总额的 90%。其中，中国企业研发投入增长率为 21%，高于美国 10.8%和欧盟（不含英国，下同）5.6%的增长率，也高于日本（1.8%）和世界其他国家（5.1%）的增长率。

全球研发投入规模四强位次改变，中国研发投入规模首次超过日本研发投入规模，企业入选数量有明显增加。基于研发投入规模视角，美国以 3477 亿欧元总额、全球占比 38.45%的成绩居于首位；此后是欧盟 1889 亿欧元数量，占比 20.9%；中国 1188 亿欧元，占比 13.13%；日本 114.9 亿欧元，占比 13%。中国企业研发投入规模首次超越日本，跻身全球研发投入规模三强。此外，2500 家企业中，美国企业数量为 775 家；受英国脱欧影响，中国以 536 家超越欧盟[①]，位列第二。从企业数量变动来看，中国企业数量增加最多（29 家），美国略有增加（6 家），欧盟和日本分别减少 3 家和 9 家。

信息通信技术和生物医药成为全球研发投入的关键着力点。从研发投入规模占比看，2019 年全球产业研发投入极为集中，信息通信技术制造、生物医药、信息通信技术服务、汽车位居前四位，四大行业研发投入占研发总额达到 77%。其中，信息通信技术制造占比 23.0%、生物医药 20.5%、信息通信技术服务 16.9%、汽车 16.3%。从研发投入增长率看，受新一轮科技革命与产业变革影响，2019 年四大行业分别为信息通信技术服务（19.8%）、生物

---

① 欧盟入选企业数量为 421 家，未包含英国。

医药（10%）、信息通信技术制造（8.0%）、汽车（2.2%）。整体看，信息通信技术和生物医药行业占据全球企业研发投入的主导地位。

二、《记分牌》揭示中美主要存在 4 个方面的研发差距

中国企业研发投入规模仅为美国企业研发规模的 1/3。2013—2019 年，《记分牌》中国企业数量从 199 家上升至 536 家，企业研发投入从 203 亿欧元增加至 1188 亿欧元，如图 7-12 所示。其中，2019 年企业研发投入增速达到 21%，超过美国企业研发投入增速的 10.8%，这表明，中国企业研发投入快速增长，与美国差距正逐渐缩小，但无论从入选企业数量还是企业研发投入规模看，中国与美国的差距仍然十分明显。截至 2019 年，中国企业数量（536 家）低于美国（775 家）；中国企业总研发投入（1188 亿欧元）仅约为美国（3477 亿欧元）的 1/3；2019 年中国企业研发投入增量为 224 亿欧元，低于美国的研发投入增量 352 亿欧元。

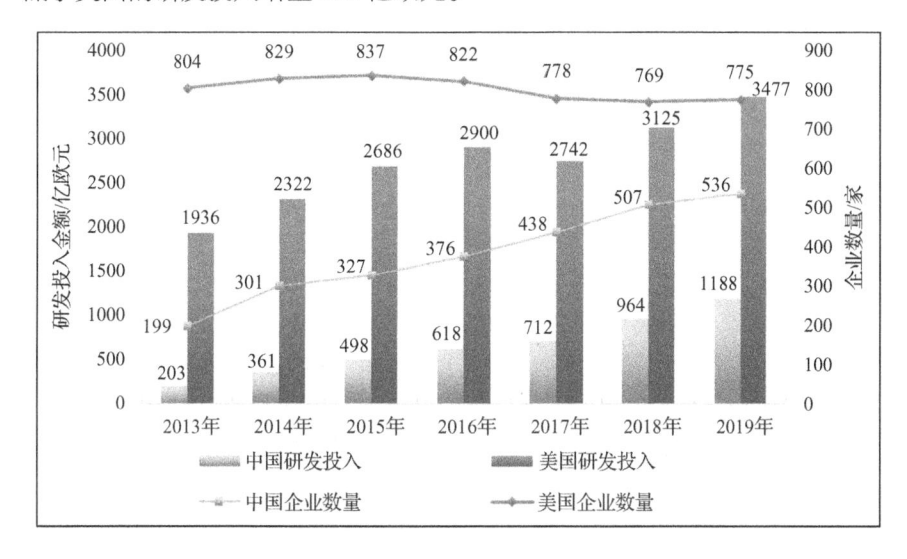

图 7-12　2013—2019 年中国和美国 2500 强企业数量和研发投入对比
资料来源：《2020 年欧盟产业研发投资记分牌》，赛迪智库整理，2022 年

中国生物医药、信息和通信技术服务行业等关键领域研发占比明显偏低。美国企业研发投入主要集中在信息和通信技术服务业（30.2%）、生物医药（26.4%）、信息和通信技术制造业（24.5%），三者合计占比超过 80%。相比之下，中国企业研发投入相对分散，占比相对较大的行业是信息和通信技术制造业（30.1%）、其他行业（25.7%）和信息和通信技术服务业（17.4%）。

这种研发投入的结构差异一定程度上与中美两国的经济结构差异有关。一方面，中国在信息和通信技术服务业研发投入占比相对较小，研发投入规模（207亿欧元）仅为美国研发投入规模的1/5，这不利于中国与美国在信息和通信技术领域展开竞争。另一方面，中国在生物医药行业研发投入仅为64亿欧元，而美国为919亿欧元，这表明，中国亟需加大生物医药领域的研发投入，提高生物医药核心竞争力。中美企业的研发投入行业分布对比见图7-13。

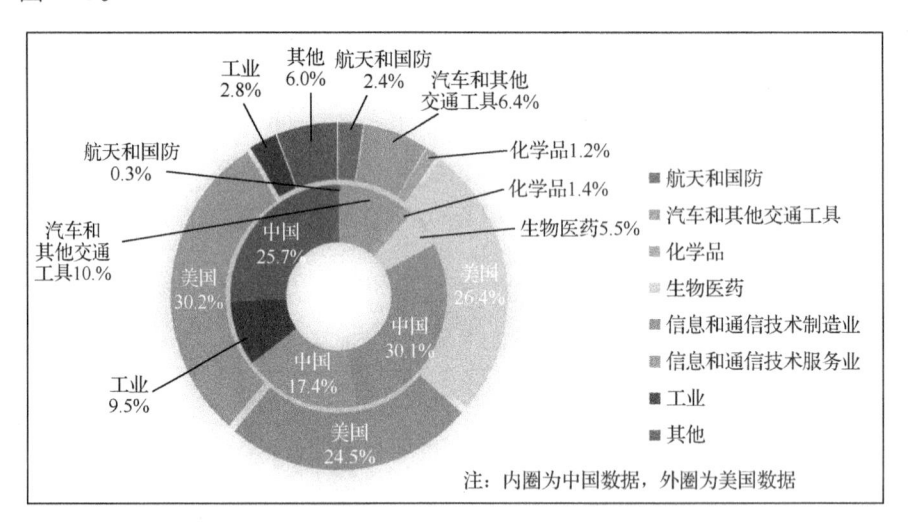

图7-13 中美企业的研发投入行业分布对比
资料来源：《2020年欧盟产业研发记分牌》，赛迪智库整理，2022年

中国企业研发强度不足为美国企业研发强度的一半。研发强度是企业研发投入占净销售额的比例，是衡量企业研发投入的重要指标。2019年，中国企业研发投入快速增长（增速为21%），高于净销售额增速，但研发强度仅为3.3%，远低于美国7.0%的水平。近年来，尽管受益于国家政策红利，中国企业研发强度逐渐提高，从2013年的1.5%提高至2019年的3.3%，但与美国企业7.0%的研发强度相比，仍存在一定差距。这也意味着中国企业未来仍需进一步加大研发投入，提高自主创新力度。中美企业研发强度对比见图7-14。

中国头部企业研发投入规模和研发强度与美国头部企业研发投入规模和研发强度仍有较大差距。一是中美两国头部企业数量比例仅为1∶6，差距较明显。全球研发投入规模排名前10位的企业中，美国有6家入选，而中

国仅有华为1家。相比而言，中国头部企业的总体研发投入不强。二是中美互联网头部企业研发投入规模存在差距。近年来，尽管中国互联网企业快速发展，但三大互联网头部企业 BAT[①]的研发投入与美国互联网头部企业仍存在不小差距。三是中国头部企业的研发强度明显弱于美国。尽管中国研发增速较高，但头部企业总体研发强度不高，除华为、中兴和百度外，明显低于美国同行业企业。

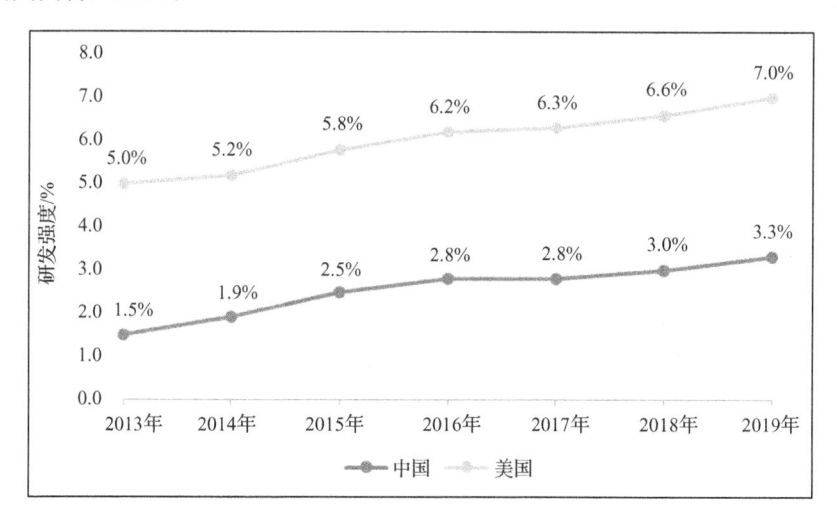

图 7-14　中美企业研发强度对比

资料来源：《2020 年欧盟产业研发记分牌》，赛迪智库整理，2022 年

三、政策建议

推动科技创新治理体系和治理能力现代化，优化企业创新生态环境。强化以科技创新催生新发展动能的理念，让创新作为贯穿工作的主线，有效发挥政府引导和市场运作的协同作用，大力推动科技管理体制改革，建立符合科研规律的科技创新管理制度，防止企业间垄断和不正当竞争，进一步拓展企业创新发展空间。积极探索建立"优势互补、合作共赢"的国际科技合作机制，健全完善创新科技成果转移转化机制，畅通成果转化全链条，构建有利于成果转化的企业创新生态圈和政策环境。

鼓励企业特别是头部企业持续加大研发投入，健全与完善关键核心技术

---

① BAT 指百度、阿里巴巴、腾讯。

攻关的制度体系。积极推动企业技术创新体系建设，引导大中型、高新技术企业加大研发投入，提升研发创新活动的层级。支持有条件的头部企业加强基础科学研究，打造国内外知名创新平台，推动引领性原创成果取得重大突破。鼓励企业筹建研发准备金制度，通过自主立项、先行投入，开展生物医药、信息和通信等相关领域的关键核心技术攻关。健全关键核心技术创新容错机制，重点完善针对国有资本创新投入失败免责制度体系。支持企业在海外布局设立、兼并和收购研发机构，吸纳和利用当地科技创新资源，开展关键核心技术研发和产业化应用研究。

加大研发投入的财政支持力度，完善科技创新投融资体系。进一步加大对重点领域高技术企业研发投入税收抵扣的力度，细化制定对中小高技术企业的税收优惠政策，提高企业的自主创新能力。制定和完善奖励发明创造、知识产权评估作价、知识产权收益分配等相关财政支持政策。进一步加大金融部门对高新技术成果产业化扶持力度，鼓励发展天使投资、创业投资、风险投资，引导和带动金融资本、民间投资和地方政府共同参与科技成果转化，强化信贷、保险、担保和融资租赁等对科技创新的支持，加快形成多元化、多层次、多渠道的科技创新投融资体系。

第八章

数字经济专题研究

第一节 数字经济下我国完善税收制度的研究

当前，数字经济已成为推动全球经济发展的新引擎，大型科技企业依靠技术创新、平台效应和用户资源创造大量商业价值的同时，也对传统经济模式下的全球税收体系造成了极大的冲击。部分国家和地区针对大型科技平台数字服务正在或即将实施相关征税举措，数字服务税收征管已成为全球热点议题。《中共中央关于制定国民经济和社会发展第十四个五年规划和二〇三五年远景目标的建议》明确提出，"发展数字经济，推进数字产业化和产业数字化，推动数字经济和实体经济深度融合，打造具有国际竞争力的数字产业集群。"为有效管理数字经济发展，我国应加快研究探索数字经济下完善税收制度的有关政策和安排。

一、当前我国数字经济发展的主要特征

（一）我国数字经济发展规模呈逐年快速增长态势

近年来，我国数字经济规模呈现快速增长趋势。全球数字经济规模已达31.8 万亿美元，其中，发达国家数字经济规模为 23.5 万亿美元，约占 47 个经济体数字经济总量的 73.9%，是发展中国家的 2.8 倍。中国数字经济规模约为 5.2 万亿美元，位居世界第二，仅次于美国数字经济规模（13.1 万亿美元），后续规模较大的国家包括德国、日本、英国、法国、韩国、印度等。

（二）数字经济在国民经济中占比稳步提升

自 2005 年起，中国数字经济在 GDP 所占比例逐年提升，其中，2016 年占比首次超过 30%，2019 年占比达到 36.2%左右，数字经济在国民经济中的地位进一步提升。从全球来看，发达国家数字经济 GDP 占比高达 51%，而发展中国家数字经济 GDP 占比约为 26.8%。其中，德国、英国、美国数字经济 GDP 占比均超过 60%。由此可见，中国数字经济在国民经济中的比例还有进一步提升的空间。2005—2019 年我国数字经济总体规模及 GDP 占比见图 8-1。全球各国数字经济增速与 GDP 增速对比见图 8-2。

图 8-1　2005—2019 年我国数字经济总体规模及 GDP 占比
数据来源：赛迪智库整理，2022 年

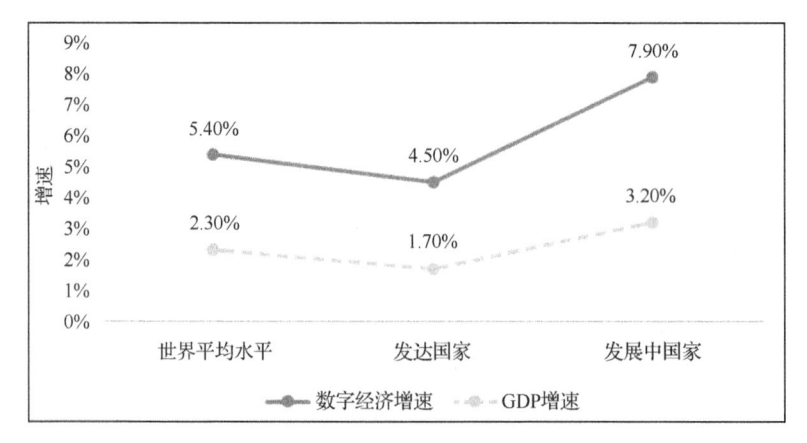

图 8-2　全球各国数字经济增速与 GDP 增速对比
数据来源：赛迪智库整理，2022 年

（三）数字产业化和产业数字化规模差距较大

数字经济有两大主要部分，即数字产业化和产业数字化。数字产业化即信息产业，具体业态包括电子信息制造业、信息通信业和软件服务业等。产业数字化即数字经济融合的部分，包括传统产业由于应用数字技术带来的生产数量和生产效率的提升。目前，这两部分发展尚存在较大差距。2019年，在我国数字经济的总体规模中，产业数字化规模达28.8万亿元，占比约80.2%；数字产业化规模达7.1万亿元，占比约19.8%。从数字经济的构成来看，2016—2019年，我国数字产业化规模和产业数字化规模均逐年上升，但相比之下，产业数字化规模的增速要略快于数字产业化规模的增速。

（四）数字经济的贡献程度始终保持高位

我国数字经济对GDP增长的贡献程度不断上升，2014—2019年，数字经济对GDP增长的贡献率始终保持在50%以上，2019年贡献率为67.7%，成为驱动我国经济增长的核心动力。同时，数字经济对经济增长的贡献率显著高于三大产业对经济增长贡献度，2019年三大产业对GDP增长的贡献度分别为3.8%、36.8%和59.4%，均低于数字经济的贡献。2019年全球数字经济三大产业渗透情况见图8-3。

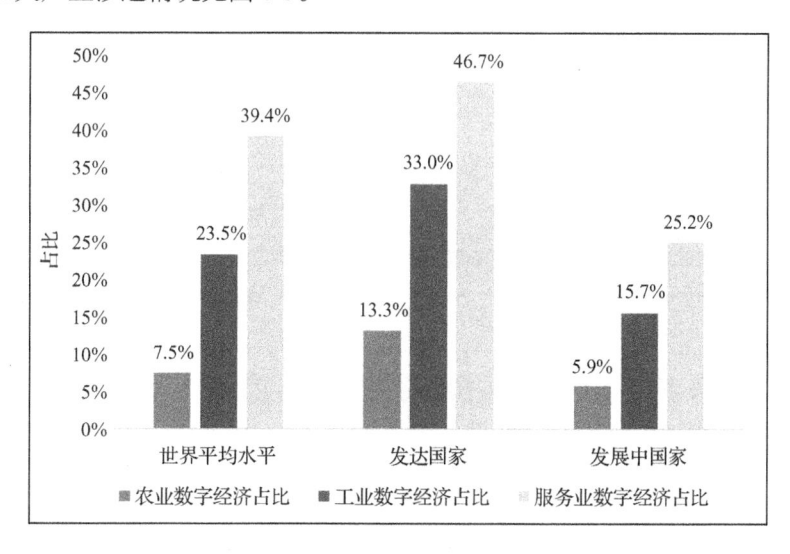

图8-3　2019年全球数字经济三大产业渗透情况
数据来源：赛迪智库整理，2022年

（五）全国各省份数字经济发展各具特色

各地区数字经济与国民经济发展水平具有较强相关性。经济发展水平较高的省份，数字经济发展也较好。长三角地区、江浙沪地区、北京市、福建省等多个中东部地区和省份数字经济增加值超过1万亿元。中西部地区及东北地区省份的数字经济增加值超过5000亿元。2019年，北京市、上海市的数字经济规模占GDP的比例在50%以上，这两个地区的数字经济在当地的经济发展中占主导地位。从增速来看，贵州省、福建省数字经济增长均超过20%，河北省、重庆市、浙江省的数字经济增长率超过15%，其余省份增速为10%~15%。其中，信息产业强省江苏省、广东省在数字产业化方面发展较快，信息产业与地方经济发展和主导产业具有较强的相关性，与此同时，在产业数字化方面，上海市产业数字化GDP占比最高（为40%），福建省、浙江省、北京市、辽宁省产业数字化GDP占比均超过30%。我国部分省份数字经济GDP占比情况见表8-1。

表8-1 我国部分省份数字经济GDP占比情况

占比50%以上	占比40%~50%	占比30%~40%
北京	广东	重庆
上海	浙江	湖北
—	江苏	辽宁
—	福建	河北
—	—	四川
—	—	广西
—	—	江西
—	—	贵州

数据来源：赛迪智库整理，2022年。

二、数字经济对现行税收机制的主要挑战

（一）数字经济改变价值创造模式，引发税收争议

数字经济实现了价值创造从价值链向价值网络的转变，形成了以消费者为中心的商业模式。消费者在数字经济中的作用被重新定义，不仅是数字产品和服务的消费者，而且同时参与某些数字业务创造价值的过程。本质上，消费者又是数据信息的生产者，用户参与成为数字企业核心价值的重要驱动

因素。用户与企业、用户与用户通过高度交互，共同参与数字经济价值创造过程中。无论是基于用户提供内容并参与互动的社交网络平台，还是搜索引擎平台，又或是在线交易平台，其涉及的广告宣传、竞价排名、数据分析报告、会员业务等盈利模式都与用户参与息息相关。传统税收征管框架主要通过无形资产价值来实现征税，但尚难解决数据价值和用户参与价值创造的新模式带来的税收争议问题，跨国数字企业价值产生地与其利润征税地之间不匹配，损害了税制的公平性。

（二）经营主体较为分散，增加了纳税主体界定和监管难度

在税收法律关系中，纳税人是指直接负有纳税义务的单位或个人，征税首先要解决的是"对谁征税"的问题。数字经济的商业模式主要通过交易平台实现，交易过程减少了许多中间环节，大量的个人卖家和小微企业成为平台经济货物或服务的提供者，因此，如何获取数字经济参与者有效、完整的信息，从而认定纳税人的身份是税务机关面临的直接困难。在传统交易中，市场是以实物形式存在的，而当物理存在的市场数字化之后，平台企业则转变为交易双方提供信息、展示商品、流转资金和转移货物的纽带，交易双方无须在同一时间出现在同一地点完成交易，从而跨越了传统交易中地理区域上的限制。消除这些限制之后，平台经济有了巨大扩展空间，吸引了远高于传统市场规模的货物或服务提供者参与其中，交易规模呈指数级增长。

理论上来看，第三方支付平台、网络交易平台、产品提供方均应承担纳税义务。但在平台经济兴起之初，为营造更加开放的平台经济市场氛围，我国相关规定仅要求从事网络交易的自然人向第三方交易平台提交姓名、地址等个人信息，大量电子商务经营者仅在电商平台进行了注册登记，并没有办理工商税务登记，缺乏可追溯信息的源头；加之存在部分交易双方会通过技术手段变更或隐匿身份信息等情况，税务机关想要全面、及时地获得平台交易信息、确定纳税主体可谓困难重重，对我国税收征管也造成了较大影响。

2019年《中华人民共和国电子商务法》正式施行，其中第十一条虽然明确了"电子商务经营者应当依法履行纳税义务，并依法享受税收优惠。依照前条规定不需要办理市场主体登记的电子商务经营者在首次纳税义务发生后，应当依照税收征收管理法律、行政法规的规定申请办理税务登记，并如实申报纳税。"，但是对"不需要办理市场主体登记的电子商务经营者"如何办理税务登记、在何处办理税务登记、如何申报纳税等问题，缺乏明确具体

的规定，数字经济纳税义务人监管问题仍未有效解决。

（三）新业态、新模式层出不穷，导致课税对象复杂

数字经济主要依靠信息技术和互联网平台的兴起，与其相关的新业态、新模式不断更新迭代，可以说，数字经济领域已经成为与创新创意联系最为紧密的领域。一方面，数字经济领域的新业态、新模式通常涉及传统业务模式和新型经济形态的融合，导致现行税制中课税对象的判定标准难以适用于数字经济的新型业态。例如，传统出行业务是指出租车公司提供出行服务，而随着网约车服务的兴起，出行服务公司将为司机提供的信息技术服务和为乘客提供的交通运输服务融合为一体，这种综合性服务具有信息技术服务和交通运输服务的双重性，两种服务在目前的税收体系中是两类不同的课税对象，因此，网约车服务中的课税对象尚存争议。另一方面，数字经济交易活动涉及较多无形资产、知识产权、数据传输及其他数字产品流转，课税对象界限相对于传统产品或服务更为模糊，数据价值、服务价值的评估难度较高，现行税制下难以明确征税对象和税收优惠的适用性，也给征税中课税对象的确定和税费的准确计量带来挑战。

（四）交易多以远程化形式出现，难以确定纳税地点

在现行税收制度中，纳税人的机构所在地、登记注册地或居住地是判定纳税地点、划分税收管辖权的主要标准。在传统商业模式中，跨地区经营主要通过异地设立分支机构来实现，分支机构在注册地完成经营、销售、纳税等活动，从而保证企业主体的税收征收。但在数字经济业务中，基于数字技术的产品和服务通过互联网平台进行传播和流转，电子支付体系通过虚拟形式运营，物流体系以信息形式在独立平台汇总并提供相应运输服务，企业可以绕过设立实体机构的形式，向不同地区甚至国家提供相应的产品和服务，销售和消费的分离导致纳税义务发生地存在较大争议，在现行的税收制度下无法合理划分税收管辖权。在没有明确的法律规定下，不仅容易引起各地税务机关对税收管辖权的争夺，而且会产生各地税务机关监管不到位的情况。

以线上提供承运服务平台企业为例。该平台以承运人身份接受客户载货订单，但自身不运营车辆服务，而是以托运人身份向实际承运人委托承运，承诺对货物运输安全负责，运输完成后向客户收取运费，同时向实际承运人支付运费，作为中介服务者赚取运费差价。平台企业以收取运费差价为计税

依据申报纳税，然而收到运费的实际承运人在其常住地税务机关则未必进行纳税申报。现行税制规定中对于平台企业对会员承运人的扣缴义务也没有明确规定，很容易造成这部分税收流失。

（五）数字经济中企业数据信息获取存在较大困难

目前，我国仍然采用以"以账控税"和"以票控税"等为主要的税收征管模式，这些方法无法实现对平台经济领域税收的"应收尽收"。一方面，互联网平台业务涉及海量的数据信息，如何保证获取企业真实透明的业务数据，并且通过大数据提升税收监管的效率成为税收征管的挑战。另一方面，现行税制中，纳税义务主要以应税行为发生并且收到销售货款或发票来确定。从平台经济中3种主要业务来看，无论是企业对企业业务（B2B）、企业对个人业务（B2C）还是个人对个人业务（C2C）的情况，纳税人倾向于少开发票或不开发票以尽可能少交纳税款，税务机关想要通过发票信息确定征税标准难以实行，只能通过应税行为发生并收讫款项来确定，但相关信息只有平台企业或第三方支付平台掌握，这些平台企业或第三方支付平台是否愿意提供，以及是否会准确提供相关信息也存在较大的不确定性。因此，在现行税制下，税务机关难以充分掌握企业交易信息，增加了税收流失的风险。

（六）有关数字经济征税的法律依据和税收政策缺失

以我国税制为例，《企业所得税法》仅就"企业取得的应税收入包括以货币形式和非货币形式从各种来源取得的收入"进行了明确规定，但对转让数据取得的收入没有明确规定。数据是数字经济的关键要素，同时数字货币也可能成为个人财产，数据或与数字货币相关的财产权益也就会产生纳税义务。当前，我国税制中缺乏对数据交易及数字货币相关财产权益征税的规定，税收流失风险也难以避免。与此同时，由于针对数字经济征税的法律政策缺失，对税收征管能力也提出了更高的要求，基于传统支付方式的应税收入管理已难以适应对网上支付、电子货币等新兴支付方式的税收监管要求。

三、数字经济税收问题对我国经济发展的潜在影响

（一）从宏观经济来看，与数字经济相关的税收流失不利于经济长期健康发展

税收作为国家财政收入主要来源，决定着国家在基础设施、教育、卫生

等各方面的总体投入。数字经济税收问题导致国家税收收入流失，进而间接影响整体经济增长能力。2018年，财政部发布的会计信息质量检查公告中指出，互联网行业"部分企业跨境转移利润、逃避缴纳税等问题比较突出"。相关数据显示，2004—2014年间，网络零售导致的税收流失规模总额就达近万亿元。

（二）从市场机制来看，数字经济引起的税收中性问题影响经济效率

税收中性是税收制度的基本原则，即国家征税不能对市场经济运行造成不良影响，特别是不能超越市场成为影响资源配置和经济决策的力量，而使经济资源脱离最有效的使用途径。目前，数字经济已经对传统商业模式和现行税制形成挑战，税收体系难以在数字经济和实体经济之间保持中立，税收无法保证市场机制发挥资源配置的决定作用，对于市场经济正常运行造成干扰，不利于经济的长期健康发展。

（三）从产业层面来看，现行税收机制下，数字经济与传统产业面临不公平税负

根据欧盟委员会公布的数据，传统行业平均税率为23.2%，而数字经济相关行业有效平均税率只有9.5%。在现行税制下，数字经济由于税收主体、课税对象、纳税地点难以界定，个人经营者无须工商税务注册而脱离税收征管体系等问题，"通过现行税收规则漏洞避税"的现象较为严重，既不利于数字经济的可持续竞争，又影响传统产业发展的不公平性，必须通过税收制度改革逐步将数字经济纳税问题纳入税收改革中，逐渐消除税负不公平问题。

（四）从地区层面来看，数字经济发展水平不同的地区间存在税收分配不合理现象

我国数字经济企业主要分布在东部地区，北京、上海、杭州、深圳、广州的互联网企业数量合计占比为66.6%，电子商务零售商也主要集中在东部地区，2019年，我国东部地区的网络零售额占全国比例高达84.3%。同时，我国数字用户遍布全国，北京、上海、广州、深圳等一线城市数字用户仅占比12%，大量数字用户来自全国其他地区。在目前的税制下，数字经济经营活动产生的税收将主要贡献于东部地区，数字经济欠发达地区在数字税收收入分配中处于劣势，影响区域间均衡发展。

（五）从企业层面来看，数字经济税收行为将增加数字经济相关企业合规成本

一旦数字经济税收法律法规正式落地实施，必然会造成数字经济企业合规成本的上升。一方面，企业为符合数字经济税收新规则的要求需要加大技术投入，包括设计新系统并对用户数据进行跟踪，对各税收管辖区域的数字收入重新进行核算。另一方面，目前，过渡性的数字税收政策增加了企业运行的不确定性风险，特别是国外多个国家出台的单边数字税收政策给企业海外经营造成困扰，企业税收合规制度改革无法明确方向，后续合规成本可能将成倍增加。

（六）从税负承担来看，针对数字经济征税很可能会使税负最终转嫁至消费者

由于征税存在"税负转嫁"作用，税款的承担最终往往会落到消费者身上，违背了数字经济征税的初衷。根据 2019 年 3 月发布的《法国数字税经济影响评估报告》数据，55%的数字税将转移至消费者，40%的数字税转移给网络平台的卖家或参与者，而大型交易平台仅承担约 5%的数字税。大型数字经济企业在面对数字税收时均表示，将通过更新系统解决税收带来的挑战。亚马逊公司在面对法国数字税时就宣布，将对其电商平台上的法国中小企业征收 3%的税收，实质上将法国政府征收的数字税税收转嫁给了零售商和消费者。

四、数字经济税收对我国产业的影响

（一）短期内我国开征数字税可能性不大

我国制造业数字化过程中，企业购买的设备、零部件，以及研发设计、人员培训等行为，都已纳入增值税征税范围，我国征收数字税将会引发重复征税问题。此外，多数国家和地区的数字税征税对象主要针对跨国数字企业，即跨国数字企业在线广告收入和用户数据销售收入等获取的"用户在消费过程中生产的价值"，基本不涉及制造业数字化改造。但长期看，如果未来出现数字经济发展所引发的新技术、新业态、新模式，我国可根据数字经济整体发展情况，适时将上述行为纳入增值税征收范围。

（二）传统通信服务相关业务受影响有限

传统通信服务业务是我国数字经济产业重要组成部分。"中国移动 2019 年度业绩报告"数据显示，2019 年，中国移动营业收入达 7459 亿元；其中，移动话音、数据、互联网等传统通信服务收入占营业收入比例近 90.4%。按照我国税收管理规定，通信服务业已纳入我国增值税征管范围。我国对此类行为征收数字税，将引发重复征税问题。此外，到目前为止，全球多数国家和地区未将传统通信服务业务纳入数字税征收范围，我国传统通信服务业受数字税的影响总体可控。

（三）国内移动支付相关业务受影响程度将会有所增加

随着数字经济蓬勃发展，移动支付（特别是跨境支付相关业务）日益发展壮大，正逐步改变企业销售和居民消费模式，使用范围越来越广，创造的税收也日益增多，已成为各国当前数字税征管的关注点。就我国从事移动支付相关业务的企业而言，2018 年 6 月 30 日起，我国已将支付宝、微信等非银支付机构网络支付业务纳入央行监控管理，与银行机构一起接受国内相应的税收征管，按金融服务业的标准缴纳增值税，因此，短期内国内相关企业不会受到数字税冲击。但随着企业跨境支付相关业务领域不断拓展，如果其他国家和地区开征数字税，势必会将我国相关企业跨境业务纳入征税范围，增加企业成本，也会对我国增值税征收管理体系带来挑战。

五、我国与数字经济相关的税收政策存在的问题

（一）现行税制中缺乏针对境外互联网企业业务的征税措施

我国现行税制已涵盖部分数字经济活动，但实际征收中较少涉及境外互联网企业业务。基于《营业税改征增值税试点实施办法》，我国现行税制对数据生产处理加工活动等可按信息技术服务税目征收增值税；对网络数据传输活动可按增值电信服务税目征收增值税；对转让网络游戏虚拟道具，可按转让无形资产征税；对数据销售可按销售无形资产征税。征税主要针对国内互联网企业，对与数据服务相关的境外企业征税较少。

（二）企业所得税法中缺乏有关数据的征税法律依据

《企业所得税法》规定，企业取得的应税收入包括以货币形式和非货币

形式从各种来源取得的收入，但对转让数据取得的收入没有明确规定。基于《企业所得税法》，企业数据取得的收入可归入"其他收入"，征收企业所得税；个人与数据相关的收入可纳入"财产""偶然所得"的征税范围。可见，我国目前没有专门针对数字经济的税收政策，对与数据相关的所得征税缺乏法律依据。

（三）数字经济税收公平竞争性还有待提升

税制对数字经济公平竞争的考量还有待进一步提高。一方面，数字经济与实体经济之间税负差异较大，数字经济的快速发展对实体经济造成冲击，不利于全社会整体福利改善，应通过税收手段进行调节。另一方面，数据将成为重要的生产要素，数字货币也有望成为财产，数据或与数字货币相关的财产权益会产生纳税义务，需适时考虑通过立法对数据财产征税。

六、完善与数字经济相关税收的政策建议

（一）积极参与国际规则制定，保障我国税收权益

征收数字税已成为国家税收改革的大势所趋。中国作为世界第二大数字经济大国，应把握数字经济发展态势，积极参与国际税收规则的制定。中国作为数字经济提供大国和接受大国，不应被各国既有方案所束缚，要从国家利益大局出发，基于我国数字经济发展和税制的实际情况，顺应国际税收规则改革方向，适时提出数字税改革的"中国方案"，提升中国在国际税收制度改革中的国际话语权。同时，中国要与各国协商对话，建立争端解决机制，为中国数字企业"走出去"创造公平的竞争环境。同时要密切跟踪国际数字服务税发展态势，做好相应准备，以保证在国家税收规则达成共识的情况下，迅速将国际税收的成果转化为适应本国的税收政策。

（二）完善法律保障体系，推动数字经济良性发展

数字税的开征应建立在完善明确的法律法规保障的基础上。随着数字经济的发展，数据资源蕴藏的价值将进一步被市场发掘。从要素价值角度看，围绕数据资源具有增设新税种的潜力。然而，当前数据权属等相关法律基础层面问题尚未有明晰界定，围绕公民数据的人格权（包括数据知情同意权、修改权、删除权等）、数据财产权（包括数据采集权、使用权、交易权、挖

掘权、收益权等）、国家数据主权（包括数据管理权、控制权、防护权、反制权、司法权等）尚缺乏有效的法律体系的支撑，不仅制约数字经济的持续、健康发展，而且限制对数字经济的监管效能。数据权属问题是数字经济条件下的生产资料所有制问题，围绕数据的价值挖掘与相应税制调整，都需要建立在夯实相关法律支撑的基础上。因此，相关部门应该尽快研究出台数据产权、数据使用相关的法律法规，规范数字化交易行为，引导数字经济健康发展，为数字税的开征奠定坚实基础。

（三）着眼税收中性原则，识别数字经济价值创造

随着数字经济的快速发展，新技术、新业态和新模式不断涌现，用户和市场不再仅仅是价值的实现之地，更成为价值形成和创造之地。从税收公平的角度来看，当这些新技术、新业态、新模式发展成熟时，理应承担纳税义务，将企业获取的"用在消费过程中创造的价值"纳入税收范围。当前，我国互联网企业主要集中在长三角、珠三角、京津冀等地区，企业业务范围覆盖全国其他省份，各地用户在享受服务过程中，也参与了互联网企业的价值创造，但税收主要集中在上述互联网企业所在地，其他省份并未分享数字经济税收红利。建议充分考虑税收中性原则，从数字经济价值创造出发，完善我国数字企业纳税与税收区域分配制度，维护跨区域税收公平性。与此同时，在全球数字税改革大势下，在涉及数字经济的跨境业务中，也要遵循税收中性原则和税收公平原则，有效识别数字企业供应链中价值创造环节，明确消费者在数字经济中的角色和价值创造作用。

（四）完善国内税收制度，构建数字经济税收体系

尽管国际上的数字税多边解决方案已获多国共识，但距离各国达成一致方案仍面临政治、立法、技术等多层面的困难。同时，我国数字经济所获得的收益主要来自国内，我国推行数字税的潜在收益低于欧盟各国，短期内，我国暂无推出数字税的可能。因此，短期内，应统筹数字经济与传统经济形式，完善国内税收制度，构建数字经济税收体系，营造公平的税收环境，引导数字经济健康发展。加强与数字经济有关的业务税收监管力度，对现有税制进行合理调整与升级，规避可能出现的数字经济税收红利区域分配不公问题。一方面，从立法层面入手，将数据交易、数据资产、跨境数据流动涉税事项纳入税法，对纳税主体、征税对象、税率等税收要素进行细化规定，规

避"税收收入"逃税等问题，为数字经济发展营造良好环境。另一方面，重新评估对互联网企业等大型科技公司的税收优惠政策，营造公平的竞争环境。同时，针对部分国家的数字税单边措施，考虑将跨国互联网企业缴纳的国外数字税计入企业成本，抵免部分增值税，以减轻其税负，提高数字化企业的国际竞争力。

（五）建立数字税征管体系，提高征管的公平和效率

我国数据交易频率尚低、规模尚小，数据市场机制尚不完善，数据交易价格不透明等问题给税收征管带来了一定困难。建议进一步完善数据交易市场机制，推动数据交易市场健康发展，从而实现数据交易的公开化和透明化，提高数据征收征管的公平与效率。数字经济衍生的大量虚拟数字化产品和跨境数字服务，传统的应税资金监控等税收征管方式已经难以适应数字化背景下的征管需求，增加了企业偷税、逃税风险。因此，要加快税收征管领域的基础设施数字化升级改造，提升国家的数据治理能力；同时重视区块链等技术在税收征管中的应用，加强跨国税源监控，提高税收征管效率；以增值税电子发票为基础，加大与数字经济相关业务的税收监管力度，对现有税制进行合理调整与升级，规避可能出现的数字经济税收红利区域分配不公问题。

（六）在发展成熟具备基础的行业和地区开展先行先试

随着我国对外开放进一步深化，未来，如果分阶段逐步开放通信互联网等领域的外国投资，相关行业的市场竞争将更加激励。积极研究数字经济利益分配，平衡数字产业和传统产业发展速度，加强与国际相关数字税规则对接，探索数字税制度势在必行。我国在短期内出台对所有行业和地区的数字经济相关法律可能存在一定困难，若"一刀切"将无助于推动数字经济良性发展，可采取渐进式改革路径，对发展成熟的行业和地区先行先试，采取不同领域分行业施策的方法。例如，考虑到生产制造行业数字经济处于起步阶段，数字化转型困难，暂时不适合推行数字税；生活消费行业数字经济发展迅猛，对传统数字经济很大冲击，暴露出不公平竞争问题，可在条件允许的情况下适时试点。

第二节 从欧盟《数字服务法案》《数字市场法案》看平台经济反垄断

数字经济蓬勃发展，全球各国日益关注数字市场规则，抢占标准化"制高点"，提高数字经济国际话语权。2020 年 12 月 15 日，欧盟委员会出台了《数字服务法案》和《数字市场法案》两部草案，旨在打破互联网企业垄断，推动欧洲数字经济健康、可持续发展。我国已是世界公认的数字化大国，数字经济规模 GDP 占比超 30%，数字经济对国民经济贡献率不断提高，构建良性的数字生态体系已成当务之急。深度剖析欧盟委员会的《数字服务法案》和《数字市场法案》，为我国明确数字服务提供者的责任与义务，遏制大型互联网平台恶性竞争行为等提供了可借鉴的方向。

一、《数字服务法案》和《数字市场法案》要点

《数字服务法案》界定数字服务的范畴，从内容、商品和服务等维度明确在线平台的责任和义务[①]，构建用户基本权利的保护机制。该法案对数字服务内涵进行法律界定，主要包括在欧盟运营的在线平台，如线上交易市场和社交媒体网络等，旨在平等保护欧盟所有用户，使用户免受非法商品、内容或服务侵害。《数字服务法案》正式通过后，将直接适用于为欧盟提供服务的在线中介服务提供者，主要涉及 4 类网络服务。一是提供网络基础结构的中介服务，即互联网访问提供商和域名注册商提供的服务。二是托管服务，包括云服务和网络托管服务。三是网上交易平台，包括在线市场、应用商店、协作经济平台和社交媒体平台等。四是传播非法内容和产生社会危害方面带

---

① 《数字服务法案》主要涉及 7 个方面内容。一是打击包括商品和服务在内的网上非法内容。例如，用户标记网上非法内容，使平台与"可信标记者"（trusted flaggers）合作。二是设立可追溯的平台交易人，帮助识别销售非法商品的卖家。三是对平台内容的审核决策提出质疑的可能性。四是要求在线平台对广告来源和数据访问、推荐算法等采取透明度措施。五是大型在线平台有义务采取风险管理措施，防止系统滥用，并对风险管理措施进行独立审计。六是对未履行义务的线上平台实施最高处罚不超过年收入 6% 的惩罚。七是依托欧洲数字服务委员会（European Board for Digital Services），欧盟成员国负主要监管责任，同时，欧盟数字服务委员会加强对大型在线平台的执法和监督作用。

来风险的大型线上平台,要求其用户数达到欧盟4.5亿消费者的10%。因此,中国互联网和科技公司若在欧盟区域内提供服务,也适用于该法案。

《数字市场法案》界定"守门人"概念和义务,强调要加强"守门人"的规制与监管,防止科技龙头企业差异化对待企业和消费者,造成不公平竞争环境。基于业务规模(营业收入或市值)、用户数量、预期地位三大标准,该法案判断大型在线平台企业是否为"守门人"。一是企业过去3个财政年度在欧洲经济区(EEA)实现的年营业额等于或超过65亿欧元,或在上一财政年度其平均市值或等值公平市价至少达650亿欧元,并在至少3个成员国提供核心平台服务。二是在上一财政年度,企业核心服务平台在欧盟建立或位于欧盟的月活跃终端用户数量超4500万,并在欧盟建立的年活跃商业用户数量超1万。三是享有或预期享有稳固而持久地位,在过去3个财政年度中,企业每个财政年度都符合其他两个标准。如果上述条件没能满足,还可以通过市场调查方法认定"守门人"。此外,"守门人"义务主要包括"允许用户在'守门人'平台之外推广其服务,并与客户签订合同""用户可以访问'守门人'平台活动所生成的数据权限"等规定性义务,以及"不得阻止用户卸载任何预装软件或应用程序""不得限制用户获得'守门人'平台之外的服务"等限制性义务构成。

综上,如果《数字服务法案》《数字市场法案》两部法案生效,有助于降低分散执法的合规成本,提高欧盟数字服务市场的公平性和开放水平,但也将不利于亚马逊、苹果、谷歌、脸书等科技龙头企业和潜在大型互联网企业在欧盟拓展市场。根据《数字服务法案》《数字市场法案》两部法案的提议规则,谷歌、脸书、亚马逊和苹果等大型互联网平台需共享数据,并禁止在平台上偏向自主服务。这将有助于打破大型互联网平台垄断,遏制亚马逊、苹果、谷歌、脸书等科技龙头企业和潜在大型互联网企业的恶性竞争行为,优化数字营商环境,赋能数字经济发展。

二、两点启示

当前,我国多家大型互联网平台企业经过多年快速发展,已具有垄断优势。为有效解决"大数据杀熟""利用海量平台数据谋取不正当竞争优势"等侵害消费者及平台商家合法权益的难题,我国已制定出台《平台经济领域反垄断指南》,但可能与现行《反垄断法》存在一定差异,目前仍存在争议。欧盟制定出台的《数字服务法案》《数字市场法案》两部法案,为我国如何从数字服务的法律视角制定规则提供了可借鉴的方向。

完善互联网平台经济法律治理体系，为数字经济良性竞争制定新的游戏规则。多年来，欧盟各成员国法律监管不一致，数字经济企业发展存在障碍。《数字服务法案》《数字市场法案》两部法案制定了统一、明确的数据规则，在法律层面与"竞争法"和"反垄断法"相辅相成，为数字经济企业减轻不必要的法律负担，优化公平竞争市场环境。为确保大型互联网平台完成合规义务，上述两部法案提出严格的约束性要求，包括对大型互联网平台实施更严的内容审核规范和监管，在一定程度上打破互联网平台的运营模式，有助于数字经济健康、可持续发展。

为大型互联网平台企业封禁行为奠定法律依据，防止互联网龙头企业进一步加剧垄断。微软、谷歌、脸书、亚马逊和苹果等大型互联网平台曾被各国反垄断执法机构调查或处罚。例如，2020 年 12 月，因脸书利用社交平台的支配地位限制和屏蔽开放平台接口、妨碍第三方 App 参与竞争，美国联邦贸易委员会向法院提起诉讼。针对上述行为，《数字市场法案》提出，"'守门人'在特定情况下应该允许第三方与自己的服务进行交互"，奠定了大型互联网平台企业封禁行为的法律依据，约束大型科技龙头企业不正当的竞争行为，打破市场垄断，为中小企业发展营造良好的竞争环境。

第九章

新能源汽车及智能网联汽车专题研究

第一节 东盟国家汽车市场分析及中国企业"走出去"研究

当前，随着我国汽车产业逐步发展和壮大，尤其已在电池、电机等新能源汽车核心零部件实现自主可控，我国汽车企业走出国门并深入参与国内国际"双循环"发展新格局的需求日益迫切。东南亚地区和我国一衣带水，山水相连，东盟地区也是全球经济增长最快的地区之一。2020 年，中国和东盟发展成为相互最大的贸易伙伴之一，双边经贸关系活跃，最新数据显示，2020 年中国—东盟进出口额达到 4.74 万亿元，同比增长 7%。因此，本章重点考察印度尼西亚、泰国、马来西亚、菲律宾、越南等东盟国家（以下简称"东盟五国"）汽车市场，并以泰国作为重点，分析各国汽车消费特点，希望为汽车企业开拓东盟市场、加快"走出去"步伐提供借鉴。

一、东盟国家汽车产销整体情况分析

当前，新冠肺炎疫情在全球蔓延，并将在较长时期内持续抑制市场消费，全球汽车消费呈现负增长态势，2020 年，我国汽车出口量为 99.5 万辆，同比下降 2.9%。因此，挖掘全球汽车市场消费和投资的新亮点具有重要现实意义。

从经济总量（主要是 GDP）、人口规模（常住人口）、经济增长势头（经济增速）三大指标看，"东盟十国"中汽车市场规模较大（考虑出口）、汽车产业相对具有发展潜力（考虑投资）的国家主要为印度尼西亚、泰国、马来西亚、菲律宾、越南 5 个国家，分析主要围绕这 5 个国家展开。东盟五国经济发展情况见表 9-1。

表 9-1　东盟五国经济发展情况

东盟五国	GDP/亿美元	人均 GDP/美元	经济增速/%
印度尼西亚	11201.4	4135	5.0
泰国	5436.5	7808	2.4
马来西亚	3646.95	11414	4.3
菲律宾	3593.54	3485	5.9
越南	2599.17	2715	7.0

数据来源：wind，赛迪工经所整理，2022 年。

从整体消费看，东盟五国的每年汽车销量在 300 万辆以上，仍在保持一定的增长速度，但增速正在下滑。据统计，2000—2016 年，东盟五国的汽车销量的年均增速为 7.1%，是全球汽车销量增长最快的经济体之一（同一时期，全球汽车销量年均增速为 3.5%，中国汽车销量年均增速为 17.6%，印度汽车销量年均增速为 9.7%，欧洲、美国、日本发达经济体汽车销量年均增速为 0.4%）。2016 年以后，随着全球汽车市场进入滞涨状态，2019 年全球乘用车销量约为 6434 万辆，同比减少 6.3%，比 2016 年下降 9.3%。分析发现，东盟五国的汽车销量增速明显放缓，但在全球汽车销量负增长的情况下能够实现增长已属不易。统计数据显示，东盟五国于 2019 年汽车销量约为 335 万辆，同比下降 2.53%，但总体趋势保持增长，2016—2019 年的年均增速为 3.4%。2005—2019 年东盟五国的汽车销量情况见表 9-2。

表 9-2　2005—2019 年东盟五国的汽车销量情况（单位：万辆）

年份	印度尼西亚	泰国	马来西亚	菲律宾	越南	东盟五国	全球乘用车销量
2005 年	53.39	70.33	55.10	9.71	3.53	192.05	4540.73
2010 年	76.47	80.04	60.52	17.03	11.22	245.28	5581.86
2014 年	119.54	88.18	66.65	23.47	13.46	311.30	6570.82
2015 年	103.14	79.96	66.67	28.86	20.86	299.49	6631.42
2016 年	104.81	76.88	58.01	35.96	27.18	302.85	6946.44
2017 年	106.97	87.16	57.66	46.90	21.20	319.89	7069.48
2018 年	115.28	103.92	59.87	40.13	24.65	343.85	6869.05
2019 年	104.30	100.76	60.43	41.58	28.07	335.14	6434.17

数据来源：wind，赛迪工经所整理，2022 年。

从消费习惯来看，东盟五国的山川地貌和经济发展水平差异较大，每个国家的汽车产业发展和消费极具特色，消费者喜好差别很大。具体看，泰国以农村地区为中心，皮卡车需求旺盛；印度尼西亚、菲律宾的需求主要以小型化车型为主；马来西亚和越南对三厢轿车需求旺盛。东盟五国汽车产销比、单位GDP产出能力见表9-3。

表9-3 东盟五国汽车产销比、单位GDP产出能力

东盟五国	产量/辆	销量/辆	产销比（自供能力）
印度尼西亚	1286848	1043017	1.23
泰国	2013710	1007552	2.00
马来西亚	571632	604287	0.95
菲律宾	369941	415826	0.89
越南	286600	280742	1.02

数据来源：wind，赛迪工经所整理，2022年。

从汽车市场规模、本国汽车自供能力看，东盟五国也各不相同。在东盟五国中，印度尼西亚本国汽车销量最大，泰国汽车产量最大。具体看，汽车自供率水平方面，第一档是泰国，其汽车自供能力为200%，一半以上汽车出口；第二档是印度尼西亚、越南、马来西亚，汽车自供能力约为100%，尤其是越南，2010—2019年的年均产量增长率达到10.6%；第三档是菲律宾，汽车自给率不足，需要进口。

二、东盟五国汽车市场分析

（一）泰国汽车市场分析

1. 汽车生产分析

泰国被誉为"亚洲底特律"，是全球重要的汽车制造基地之一，在东盟五国中汽车产业规模位列第一，汽车产业规模大致和法国、英国等老牌工业强国汽车产业规模基本相当，在全球位列第12名。

因20世纪90年代的经济高速发展，泰国和印度尼西亚、马来西亚、菲律宾被称为"亚洲四小虎"。在2010年之前，泰国的人均GDP高于中国，从2011年起被中国反超。泰国经济在东盟国家中增长较快，2019年人均GDP为7808美元，比上一年增长7%，比2015年增长33%。

汽车是泰国的支柱型产业。据统计，2019 年，泰国汽车总产量达 201.37 万辆，较前一年下降 7%，占全国 GDP 10%以上。与中国汽车产业以内需为主不同，泰国汽车产业是出口导向型。据测算，2019 年泰国汽车出口总量为 115 万辆，所生产的汽车有 50%以上用于出口，出口地区主要包括亚太地区和墨西哥。受新冠肺炎疫情影响，2020 年 1—9 月，泰国汽车产量为 96 万辆，同比下降 38.76%。其中，出口汽车 50.9 万辆，占汽车产量的 53.0%。2014—2019 年泰国汽车产销量见图 9-1。

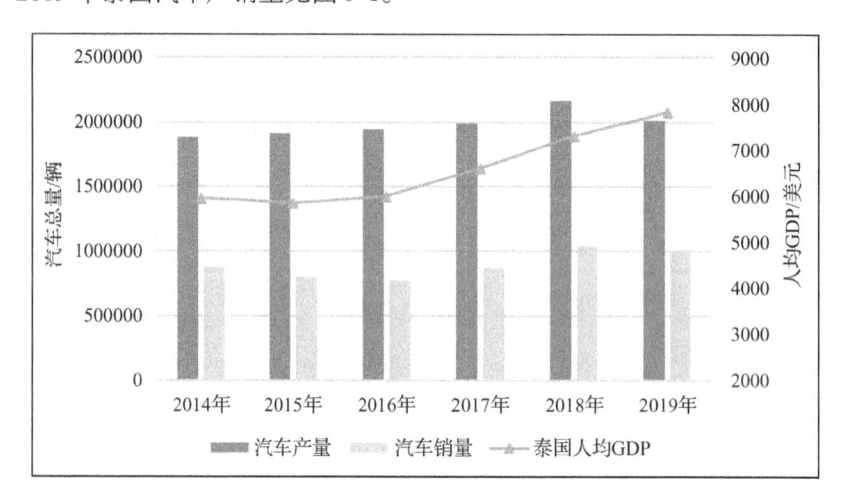

图 9-1　2014—2019 年泰国汽车产销量

数据来源：wind，赛迪工经所整理，2022 年

2. 汽车销售分析

2019 年，泰国汽车销量为 104 万辆，较 2018 年略有下滑，但比 2015 年增长 26%。泰国人喜欢皮卡，适合城乡路况，因此，皮卡成为为泰国汽车行业的重要车型，销量占比达到 40%以上。

皮卡不仅具备了越野车的通过性，而且兼具了货车的承载能力，泰国人喜欢的皮卡类型是紧凑型皮卡，主要是日系品牌五十铃的 D-MAX 皮卡和丰田海拉克斯皮卡。泰国政府也鼓励国民购买使用皮卡，其中，以五十铃和丰田品牌为主，占到皮卡销量的 2/3 左右。此外，轿车销量占据泰国汽车市场 34%的份额。其他车型以 SUV 为主，卡车、MPV 等占比相对较小。

3. 汽车品牌分析

丰田、本田、五十铃、三菱、福特、马自达、日产、名爵、铃木和雪佛兰等汽车品牌销量相当可观，其中，日系品牌占据了 2019 年泰国汽车品牌

销量前 10 位中的 9 个席位。丰田汽车在泰国 2019 年销量为 319822 辆，占据市场份额的 30.75%；其次是五十铃和本田，五十铃商用车（柴油发动机、皮卡车型）的市场认可度高，2019 年，五十铃销量为 177864 辆，市场占比为 17.1%；本田汽车销量为 128651 辆，市场占比为 12.37%，主要销售入门级别车型。泰国政府希望通过日系车企庞大的体量和实力带动经济发展，因此，泰国成为日系品牌的主要海外生产基地、出口基地和销售市场，泰国自主品牌汽车产品销量相对很少。2019 年泰国汽车车型销量前 10 位见表 9-4。

表 9-4　2019 年泰国汽车车型销量前 10 位

名次	车型	销量/辆	同比变化
1	Toyota Hilux（丰田海拉克斯）	152611	1.1%
2	Isuzu D-MAX（五十铃 D-MAX）	143355	-10.5%
3	Ford Ranger（福特 Ranger）	44240	-20.3%
4	Mazda2（马自达 2）	43862	-4.6%
5	Toyota Yaris（丰田致炫）	42332	18.1%
6	Mitsubishi Triton（三菱 Triton）	35087	-12.2%
7	Honda City（本田锋范）	32023	-6.8%
8	Honda Civie（本田思域）	28523	6.3%
9	Toyota Yaris Ativ（丰田致炫 Ativ）	28072	-13.4%
10	Toyota Fortuner（丰田穿越者）	25539	-2.2%

数据来源：wind，赛迪工经所整理，2022 年。

4．产业政策分析

据国际能源署预测，2030 年之前，全球汽车销量将暴增至 4500 万辆。新冠肺炎疫情重创汽车产业，部分工厂停产，推动汽车产业向电动化加快转型。2020 年 3 月，泰国政府宣布到 2030 年，电动汽车产量将占汽车总产量的 30%，估计为 75 万辆。目前，泰国正在加快推动落实相关政策，2020 年第 1 季度，泰国投资促进委员会（BOI）累计批准 22 个电动汽车相关投资项目。

此外，泰国政府还推出了一系列电动汽车（又称"新能源汽车"）投资激励措施。目前，泰国鼓励新能源汽车的主要政策要点有以下 3 个方面。第一，泰国投资价值 50 亿泰铢（约合人民币 9.4 亿元）或更大电动汽车项目的公司将免征企业所得税 8 年，投资金额在 50 亿泰铢以下的企业将免征企业

所得税3年。第二，投资生产电动车四大类型核心零部件（包括减速装置和再生制动系统）的企业也能享受该优惠政策。第三，为本土市场生产电池组件和电池的项目，若需要进口泰国没有的原材料等，将享受为期两年的90%的进口关税的减免。2020年6月，卡车底盘制造商Sammitr集团获批价值为1.7亿美元的项目，据悉，项目引进的是一家中国公司成立合资企业，每年生产3万辆电动汽车。近年来，拥有电动汽车技术的中国公司也在泰国取得了进展，包括长城、上汽等。

5. 未来合作空间

2019年泰国的人均GDP为7808美元，已经进入汽车消费快速增长的窗口期，但近年来经济增长开始出现乏力状况，经济增长率在2%~4%波动，因此，泰国汽车消费持续释放仍将是一个长期过程。我国汽车企业若在泰国新建汽车项目，要考虑到长期可持续经营问题，建议品牌走中端化路线，为当前市场放量做好准备。如果我国汽车企业考虑投资泰国的话，应结合泰国整车品牌向中高端走的发展趋势，考虑在5~10年时间完成产品品牌和形象升级，否则可能陷入"廉价车"低端品牌陷阱。泰国、中国人均GDP及增速对比见图9-2。

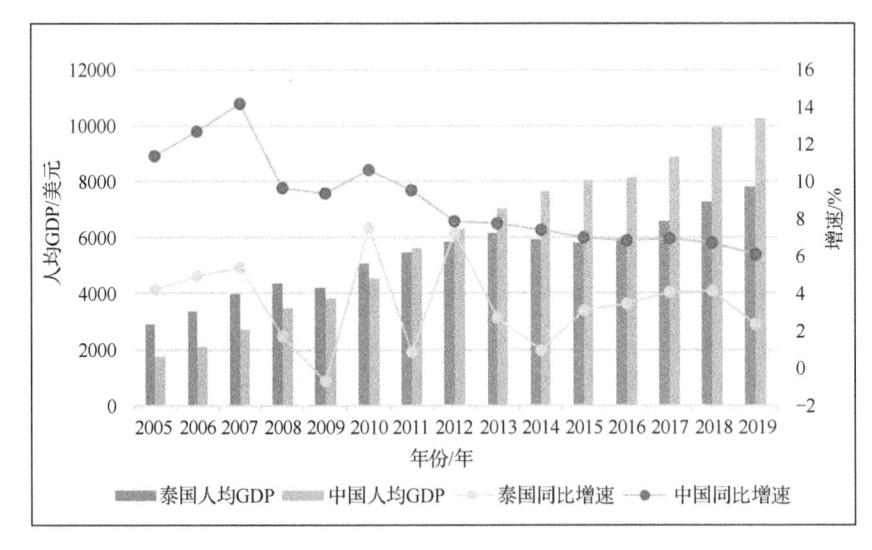

图9-2 泰国、中国人均GDP及增速对比

数据来源：wind，赛迪工经所整理，2022年

此外，泰国汽车消费占东盟五国汽车消费的30%。从东南亚市场看，泰国的产业链成熟，企业协同、产业共生都具有很好的市场基础，因此，我国汽

第九章 新能源汽车及智能网联汽车专题研究

车企业"走出去"方面，可以考虑在泰国建设企业的南亚生产基地，开发产品，尤其是结合泰国当前对新能源汽车的鼓励政策，发展新能源汽车品牌。

（二）其他东盟国家汽车市场分析

1. 马来西亚汽车市场分析

从经济发展水平看，马来西亚开始进入经济增长的瓶颈期，2011 年的人均 GDP 突破了 1 万美元。汽车销量维持在每年 60 万辆左右，尤其 2015 年达到峰值后（66 万辆），逐步保持平稳，2019 年全国汽车销量为 60 万辆，2016—2019 年年均市场销量增长率为 1.4%。马来西亚汽车市场高度饱和，丰田、本田在马来西亚的占有率很高。如果中国汽车企业未来希望开拓马来西亚市场，可以考虑要走高端路线，打造中高端汽车品牌。马来西亚汽车销量和人均 GDP 见图 9-3。

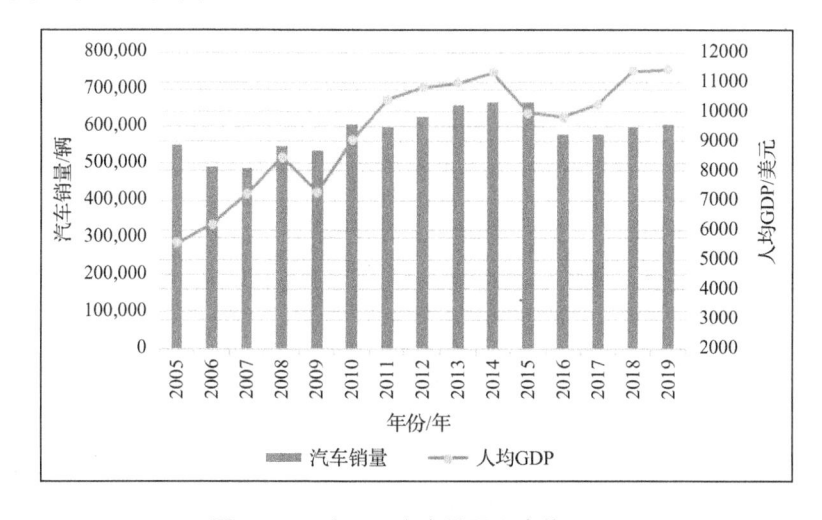

图 9-3　马来西亚汽车销量和人均 GDP

资料来源：wind，赛迪工经所整理，2022 年

2. 印度尼西亚汽车市场分析

印度尼西亚是东盟最大的汽车市场之一，日本品牌汽车销量占比在 90% 以上。近年来，印度尼西亚经济增长乏力，经济发展水平本来就不高，汽车消费负增长，2019 年汽车销量为 104.3 万辆，同比下降 0.5%，已经连续多年呈现萧条状态。从市场结构看，因为消费能力有限，主要以微型商务车等为主。东风、五菱、一汽等中国企业在印度尼西亚建立工厂，但各家企业发展状况不尽相同。2019 年 1—11 月，五菱、东风小康（DFSK）在印度尼西亚

的销量分别为 17731 辆、3391 辆，同比增长 20.8%和 202%；但一汽的汽车销量在大幅下滑，销量为 255 辆，同比下降 19.3%。2005—2019 年印度尼西亚汽车销量见图 9-4。

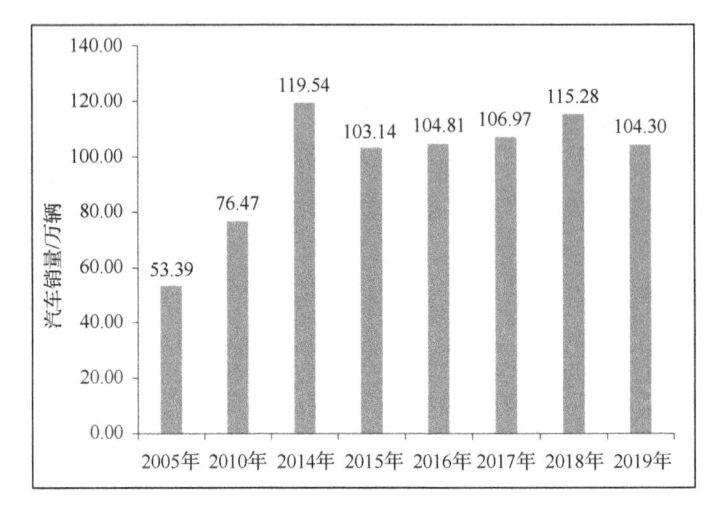

图 9-4 2005—2019 年印度尼西亚汽车销量
资料来源：wind，赛迪工经所整理，2022 年

从汽车产业规律看，对于地域和人口规模较小的国家，一般很难振兴汽车产业，但印度尼西亚的人口数量（2.68 亿）和经济规模，未来汽车发展仍有较大空间。由于印度尼西亚的基础设施较差，如果我国企业赴印度尼西亚投资，应考虑生产适销对路、价廉物美的车型。我国五菱汽车在印度尼西亚的发展具有借鉴意义。

3. 菲律宾和越南汽车市场分析

菲律宾和越南的经济总量、人均收入和经济增长水平都比较相似。2019 年，菲律宾和越南的人均 GDP 分别为 3485 美元、2715 美元，分别增长 5.9%和 7%。考虑到菲律宾的汽车产销比是 0.89，未来，菲律宾汽车市场仍有对外投资的空间，但应充分考虑中菲两国关系的波动性及菲律宾政策的稳定性。越南政府正推出各项汽车产业优惠政策，加大对本国汽车行业的扶持；此外，越南人口超过 9200 万，人口年龄结构呈现年轻型，30 岁以下人口占大多数，劳动力性价比较高，人力成本较低，未来，产业环境将有进一步提升的空间，我国汽车企业可以考虑加快布局越南市场。

三、启示和政策建议

（一）东盟国家汽车产业具有较大发展和投资价值

在通常情况下，人均 GDP 与汽车普及率之间呈现正相关，人均 GDP 增加，汽车普及率就会加快。近年来，东盟地区经济保持较快增长，尤其是越南、菲律宾。全球汽车负增长情况下，东盟汽车销量还是保持上升态势，2019 年东盟五国汽车销量为 335 万辆，比 2016 年增长了 10.6%（同期全球销量下降 9.3%）。

目前，上汽、吉利、长城等中国品牌汽车企业在加快在东盟区域投资，我国的 SUV、皮卡在基础设施尚不完善的东盟市场仍具有较强的竞争力。而且，我国新能源汽车技术已具备输出优势，泰国、马来西亚等国家注重节能减碳，新能源汽车企业到东盟投资也具备一定的技术和产业化优势。此外，东盟国家资源丰富，应成为我国对外投资的重点地区。例如，印度尼西亚的镍探明储量位居世界第一位，也是最大的镍出口国，但印度尼西亚已停止对外出口未经加工的镍矿，我国企业可以考虑到印度尼西亚投资建设动力电池项目。2006—2019 年东盟五国汽车销量见图 9-5。

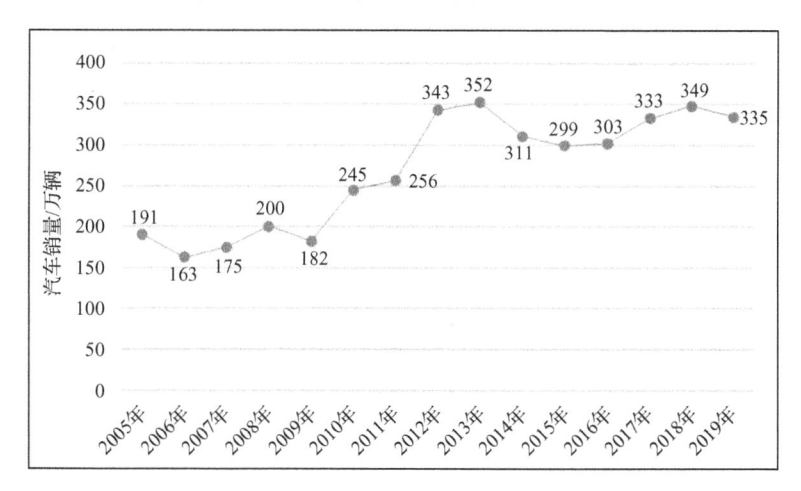

图 9-5　2006—2019 年东盟五国汽车销量
数据来源：wind，赛迪工经所整理，2022 年

（二）利用国家间协议和合作，降低"走出去"风险

东盟国家是中国的近邻，"区位就近选择"对我国开发和投资东盟市场具有先天优势。我国和东盟国家双边经贸关系日益密切，2010 年《中国—东

盟自由贸易区投资协议》的实施为中国企业到东盟投资创造了良好条件。RCEP《区域全面经济伙伴关系协定》的实施将为中国和东盟国家双边经贸往来注入更大的动力。我国汽车企业应充分利用"一带一路"倡议相关的鼓励政策，结合双边合作产业园区政策和项目投资契机，推动东道国开辟产业园区。对接中国产业资本投资活动，优先和亚投行、丝路基金等知名金融机构合作开展联合投资。此外，企业应全面地了解和掌握东盟国家的投资环境，包括自然、经济、政治、政策、社会、法律等方面情况，形成独立的投资地风险评估报告，以便有效降低我国企业对外投资的风险。

（三）东盟各国汽车市场发展差异较大，对外投资要各有侧重

东盟各国发展水平不同，汽车消费特点差异较大。在对外投资方面也应各有侧重：建议可以将泰国作为企业在南亚出口基地，开发品牌中端化可实现市场放量的车型；在印度尼西亚开发适销对路、价廉物美中低端车型；在马来西亚打造中高端品牌；菲律宾和越南人口结构年轻化，人力成本较低，建议企业可重点考察越南市场。我国汽车企业赴东盟投资的参考建议见表9-5。

表9-5 我国汽车企业赴东盟投资的参考建议

国别	"走出去"建议	注意事项
印度尼西亚	适销对路，生产价廉物美的车型	印度尼西亚国内政局不稳、民族问题突出、社会治安有待加强，企业注意不要过高寄望印度尼西亚的经济潜在增长
泰国	作为企业在南亚出口基地，开发产品，包括新能源汽车产品	若在泰国新建汽车项目，品牌走中端化趋势，为当前市场放量做准备。若已有整车项目，结合泰国整车品牌向中高端走的发展趋势，就要考虑在5年或10年之后，完成产品的品牌和形象升级
马来西亚	走高端路线，主打中高端品牌	马来西亚汽车消费进入增长的天花板
菲律宾	具备可行性	需要考虑中菲关系
越南	加快布局	未来全球产业链在此汇集的趋势较为明显

资料来源：赛迪工经所，2022年。

第二节 智能网联汽车产业发展和投融资情况

在人工智能、大数据、5G等技术支持下，自动驾驶、车联网应用领域逐步拓宽，智能网联汽车产业发展获得长足进步，资本市场加大对雷达、芯片、摄像头、高精地图、计算平台等领域投资，推动智能网联汽车行业的投

融资总额不断增加，投融资环境逐渐改善，为后续智能网联汽车产业发展奠定了良好的发展环境。

一、智能网联汽车产业发展情况

（一）全球主要经济体高度重视智能网联汽车发展

智能网联汽车是汽车产业转型升级的重要方向，全球主要经济体均加大对该领域的布局。美国将智能网联汽车作为发展智能交通系统的重点方向，2016年发布《联邦自动驾驶汽车政策指南》，通过制定国家战略和法规，引导产业发展。2020年，美国政府发布《确保美国在自动驾驶汽车技术中的领导地位：自动驾驶汽车4.0》战略，强调从基础研究、关键硬件研发入手，做好基础层面工作。2021年，美国政府提出在先进制造、人工智能与机器学习、人才教育等方面扶持自动驾驶汽车研发，提出重点建设低速无人小货车、高级别自动驾驶乘用车等五大应用场景。

欧盟支持智能网联汽车的技术创新和成果转化，在世界保持领先优势，2018年，欧盟修订车辆相关管理制度，发布《通往自动化出行之路：欧盟未来出行战略》。2019年欧盟成员国达成共识，共同签订自动驾驶指导文件，将自动驾驶车辆的豁免程序纳入新法规，定义自动驾驶车辆安全。其中，德国立法程序领先，2017年5月，德国颁布《道路交通法（第八修正案）》，将自动驾驶汽车测试的相关法律纳入其中；2021年5月28日，德国联邦委员会通过立法，允许L4级完全无人驾驶汽车于2022年在公共道路行驶。

日本较早开始研究智能交通系统，政府积极发挥跨部门协同作用，推动智能网联汽车项目实施。2016年5月，日本IT综合战略本部制定了自动驾驶普及路线图，日本警察厅颁布《自动驾驶汽车道路测试指南》，计划到2025年在日本形成完全自动驾驶汽车市场目标。2017年6月，日本警察厅发布《远程自动驾驶系统道路测试许可处理基准》，允许汽车在驾驶位无人的状态下进行上路测试。2020年4月1日起实施的日本《道路运输车辆法》，允许在高速公路上的L3级自动驾驶。

（二）我国加快发展智能网联汽车产业

我国高度重视智能网联汽车产业发展，在顶层政策方面，工业和信息化部、交通运输部等部委发布多项有关智能网联汽车产业发展政策，加快营造良好政策环境，持续推进标准规范体系建设，加快推动产业健康有序发展，为产业发展注入政策、资金、技术等支持。2016年以来智能网联汽车产业相关文件汇总见表9-6。

表9-6 2016年以来智能网联汽车产业相关文件汇总

年份	文件名称	国家部委
2016年	《关于加强自动驾驶地图生产测试与应用管理的通知》	国家测绘地理信息局
2017年	《国家车联网产业标准体系建设指南（智能网联汽车）》	工业和信息化部、国家标准化管理委员会
2018年	《自动驾驶封闭测试场地建设技术指南（暂行）》	交通运输部
2018年	《车联网（智能网联汽车）产业发展行动计划》	工业和信息化部
2019年	《2019年智能网联汽车标准化工作要点》	工业和信息化部
2020年	《智能汽车创新发展战略》	国家发展改革委等11部委
2020年	《新能源汽车产业发展规划（2021—2035年）》	国务院办公厅
2021年	《国家综合立体交通网规划纲要》	中共中央、国务院
2021年	《智能网联汽车生产企业及产品准入管理指南（试行）》（征求意见稿）	工业和信息化部
2021年	《智能网联汽车道路测试与示范应用管理规范（试行）》	工业和信息化部、公安部、交通运输部

在协同创新方面，工业和信息化部支持成立了"中国智能网联汽车产业技术创新战略联盟"，旨在政策和战略研究、关键共性技术研发、学术交流与国际合作、人才培养等方面展开合作，推动智能网联汽车技术发展。

在标准法规方面，将推动成立全国汽车标准化技术委员会智能网联汽车分标委，已制定《智能网联汽车道路测试管理规范（试行）》。国家智能网联汽车质量监督检验中心（天津）正式揭牌成立，助力智能网联汽车测试、提升和安全保障。

在测试示范方面，全国开放测试区域超过5000平方千米，测试总里程超过500万千米，大型港口货运车辆的自动驾驶应用占比也达到50%。

在产业发展方面，在国家多重政策引导下，我国智能网联汽车正处于技术快速演进、产业加速布局的关键阶段，根据iResearch统计数据，2016—2020年我国智能网联汽车产业规模呈现连续上涨趋势，2020年产业规模为

2556亿元，同比增长54.3%。2020年L2级智能网联汽车乘用车新车市场渗透率为15%；到2021年上半年，L2级智能网联汽车乘用车新车市场渗透率已提高到20%，少数企业在行业内率先推出L3级自动驾驶汽车。

二、智能网联汽车产业投融资全景

（一）从总体看，智能网联汽车产业投融资总额和融资事件数量快速增长

2016—2021年上半年，我国智能网联汽车产业投融资额（见图9-6）从2016年的30亿元，攀升到2018年的108亿元，2019年下降至88亿元。随着全球各国对自动驾驶的投资力度加大，国内"新基建"带动投资信心回升，以及消费者对自动驾驶接受度提高，智能网联汽车走出"资本寒冬"，2020年我国智能网联汽车产业投融资额攀升至225亿元，同比增长115.7%。进入2021年，产业投融资额大幅增长，上半年全国智能网联汽车行业投融资额为220亿元，同比增长118%；上半年投融资事件数量为49件，增长53.1%。

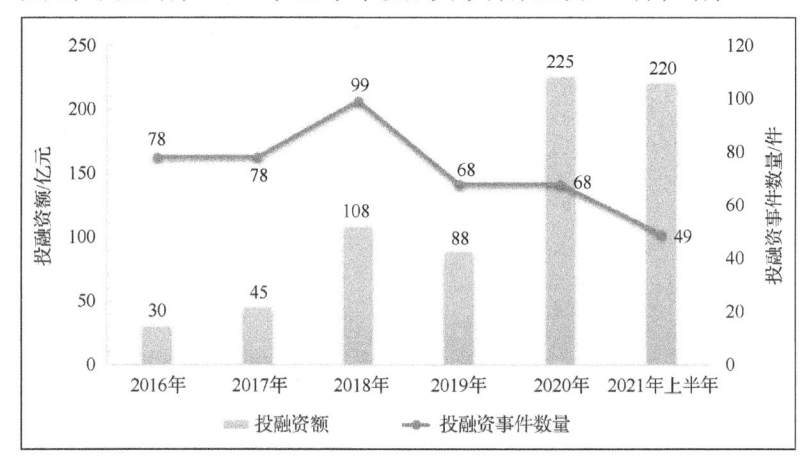

图9-6　2016—2021年上半年中国智能网联汽车投融资情况

数据来源：IT桔子网，赛迪智库根据公开数据整理

（二）从领域上看，投融资活动集中在自动驾驶系统解决方案、自动驾驶出租车和车联网等

行业投融资集中在自动驾驶系统解决方案、自动驾驶出租车（Robotaxi）、车联网、雷达、算法、芯片、摄像头、高精地图8个领域。2016—2021年上半年，自动驾驶系统解决方案、车联网投融资事件数量最多，分别为201件、

131件，两者合计占比为75.5%。从融资额看，自动驾驶系统解决方案领域投融资额最高，达到322亿元，Robotaxi领域投融资额为195亿元，两大领域的投融资额占比高达72.2%。2016—2021年上半年分领域投融资情况见图9-7。

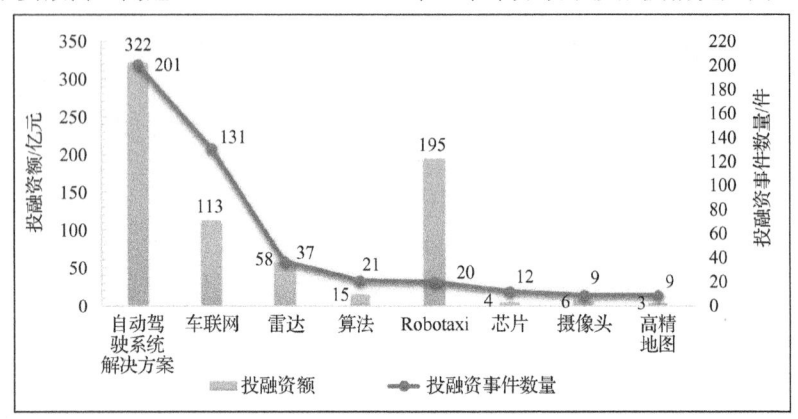

图9-7　2016—2021年上半年分领域投融资情况

数据来源：IT桔子网，赛迪智库根据公开数据整理

2021年上半年，自动驾驶系统解决方案领域的投融资活动最为活跃，事件数量最多，达到28件，占比57.1%；其次是雷达（激光雷达、毫米波雷达等），投融资事件数量为6件，占比12.2%；Robotaxi领域投融资事件数量为5件，占比10.2%。2021年上半年分领域投融资情况见图9-8。

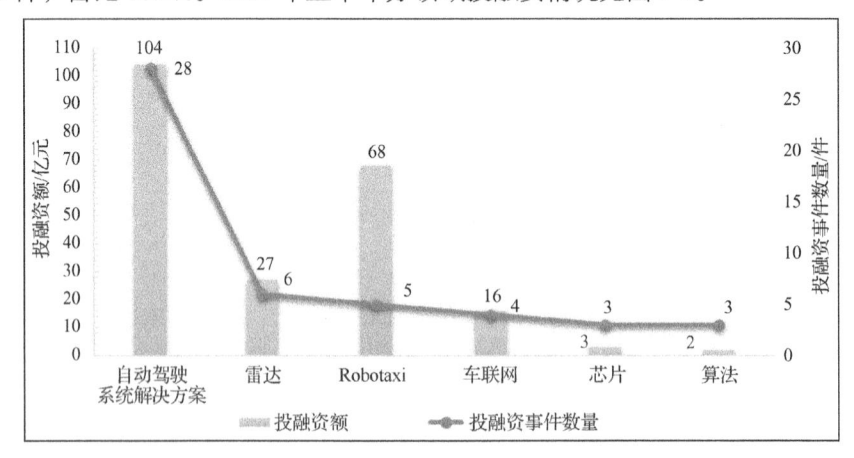

图9-8　2021年上半年分领域投融资情况

数据来源：IT桔子网，赛迪智库根据公开数据整理

2016—2021年上半年自动驾驶系统解决方案领域投融资情况见图9-9。通过对计算平台、操作系统、智能算法及传感设备的多传感器融合解决方案

进行测试和验证，实现不同应用场景下的自动驾驶，自动驾驶系统解决方案成为智能网联汽车产业投融资最活跃的环节，投融资额逐年递增，从 2016 年的 4 亿元增加到 2021 年上半年的 104 亿元。

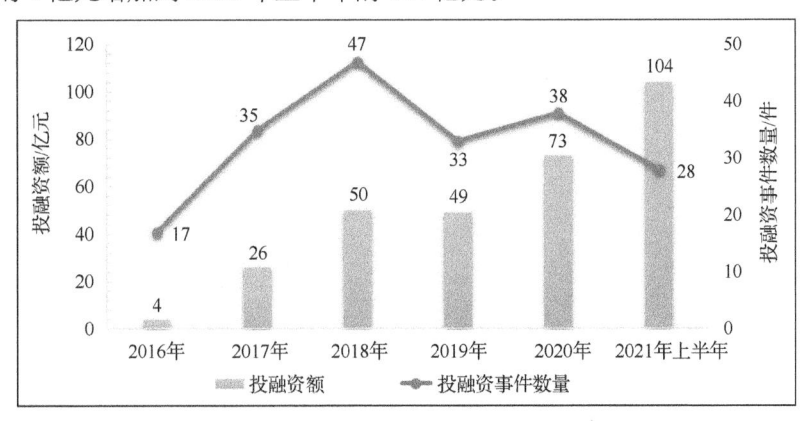

图 9-9　2016—2021 年上半年自动驾驶系统解决方案领域投融资情况
数据来源：IT 桔子网，赛迪智库根据公开数据整理

2016—2021 年上半年自动驾驶出租车（Robotaxi）领域投融资情况见图 9-10。Robotaxi 投融资额呈现明显增长，2020 年达到 102 亿元，甚至高于同期自动驾驶系统解决方案领域的投融资额。总体看，Robotaxi 还处在资本消耗阶段，需要大量资金用于研发和测试，投资企业较少，每年投融资事件数量均为个位数，但单笔金额大。自 2020 年以来，滴滴自动驾驶、文远知行、小马智行等 Robotaxi 企业的单笔投融资额都在 5 亿元以上。

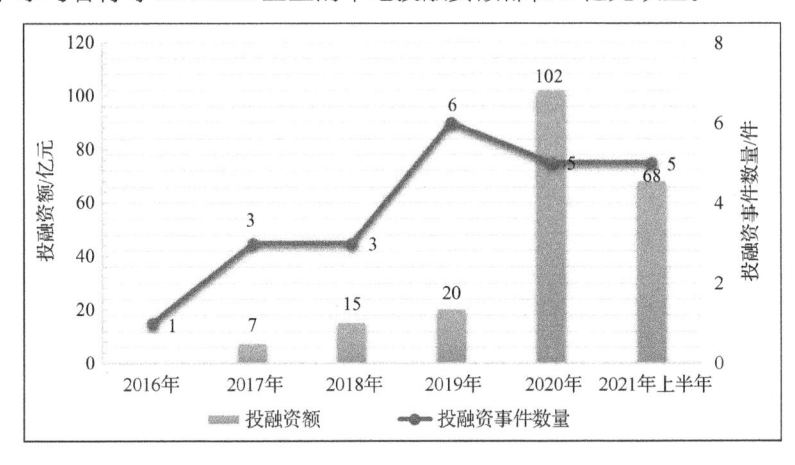

图 9-10　2016—2021 年上半年 Robotaxi 领域投融资情况
数据来源：IT 桔子网，赛迪智库根据公开数据整理

2016—2021年上半年车联网领域投融资情况见图9-11。2016—2021年上半年，车联网领域投融资额整体保持增长，2020年已达到28亿元。投融资事件数量稳步回落，从2016年的35件逐步减少到2020年的21件。

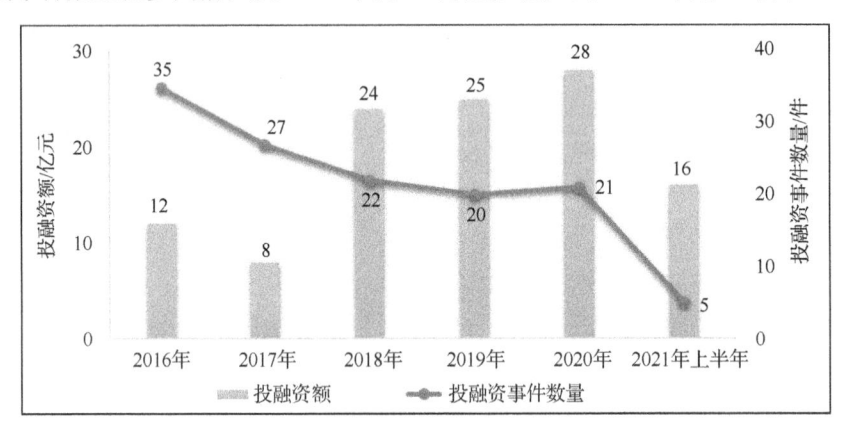

图9-11　2016—2021年上半年车联网领域投融资情况

数据来源：IT桔子网，赛迪智库根据公开数据整理

2016—2021年上半年雷达、算法、芯片、摄像头、高精地图五大领域投融资事件数量见表9-7。五大领域投融资的活跃度相对不高。从融资事件数量看，2021年上半年，雷达、芯片、算法等领域融资活跃度呈明显上升态势。

表9-7　2016—2021年上半年五大领域投融资事件数量（单位：件）

年份	雷达	算法	芯片	摄像头	高精地图
2021年上半年	6	3	3	0	0
2020年	4	3	0	0	1
2019年	6	3	2	2	2
2018年	14	4	3	1	3
2017年	3	5	0	5	3
2016年	4	3	4	1	0

数据来源：IT桔子网，赛迪智库根据公开数据整理。

（三）从区域分布看，智能网联汽车产业投融资活动主要集中在北京、上海等城市

2016—2021年上半年，产业投融资主要发生在北京、上海、深圳、苏州、杭州等城市。其中，北京以167件位居榜首，成为智能网联汽车产业融资事

件数量最多的城市；其次是上海，投融资事件数量达到 81 件，深圳、苏州投融资事件数量分别为 48 件和 43 件。2016—2021 年上半年分城市投融资事件数量见图 9-12。

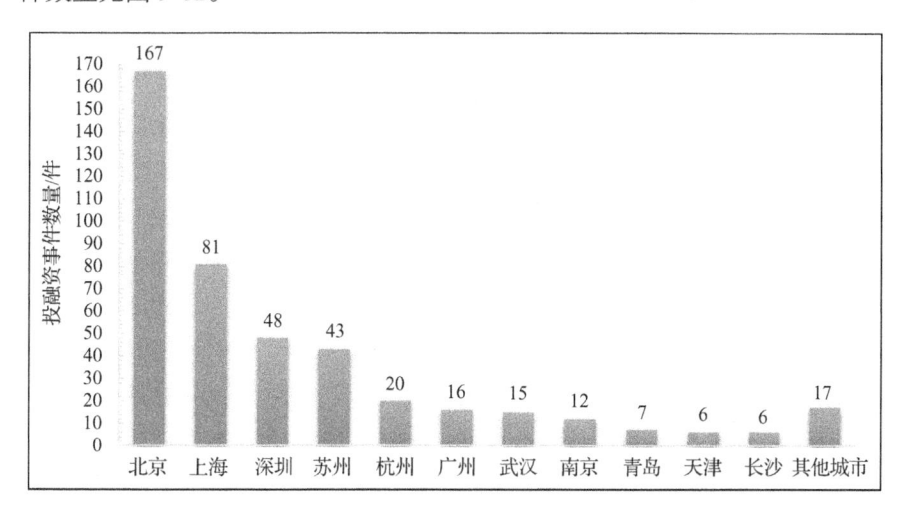

图 9-12　2016—2021 年上半年分城市投融资事件数量
数据来源：IT 桔子网，赛迪智库根据公开数据整理

2021 年上半年，我国智能网联汽车产业投融资事件累计数量为 49 件，主要发生在北京、上海两大城市，两个城市的投融资事件在全国占比之和为 56.6%，明显领先于其他城市。

1. 北京

北京具备较为完善的智能网联汽车产业发展规划、相关政策规范及标准体系。北京正在加快建设自动驾驶基础设施，在海淀、亦庄、顺义等地建有多个智能网联测试场地及开放测试区，推动自动驾驶新应用、新场景落地。2021 年 4 月，北京市政府正式批复《北京市智能网联汽车政策先行区总体实施方案》，依托高级别自动驾驶示范区设立北京市智能网联汽车政策先行区，适度超前并系统构建了智能网联汽车道路测试、示范应用、商业运营服务及路侧基础设施建设运营等政策体系，允许企业开展基于收费的商业运营服务、无人配送车获取路权上路运营、自动驾驶汽车高速测试等，先行先试创新政策，将吸引众多企业投资，北京将继续成为资本市场关注的焦点。

具体地，2016—2021 年上半年，北京智能网联汽车产业投融资事件主要集中在自动驾驶系统解决方案、车联网两大领域，两者的投融资事件总和为

121 件，占比为 72.5%。在自动驾驶系统解决方案领域，具有代表性的企业是北京初速度（Momenta）和图森未来。2021 年 3 月，Momenta 完成融资额 32.55 亿元。

2. 上海

上海是智能网联汽车产业发展的"高地"，尤其在车路协同技术的探索方面。2020 年，上海发布 10 项车联网应用场景，已建成嘉定智能网联开放道路测试区、临港智能网联综合测试区、奉贤多场景示范区，目前，正在加快建设"国家级长三角区域车联网先导区"。2021 年，上海全面推进城市数字化转型，围绕车、路、网协同发展，吸引更多企业投入到车联网领域，推动智能网联汽车产业加快发展。

具体看，2016—2021 年上半年，上海在车联网领域的投融资事件有 29 件，仅次于自动驾驶系统解决方案，占比为 35.8%。2020 年 11 月，车联网方案提供商艾拉比智能获近 0.66 亿元 A 轮融资，由张江高科领投，斑马智行获得阿里巴巴投资的数亿元战略融资。在自动驾驶系统解决方案领域，纵目科技、赢彻科技两家企业最具代表性。2021 年 6 月，纵目科技宣布正式完成累计金额 1.9 亿美元 D 轮融资。

3. 深圳

深圳发展智能网联汽车产业具备良好的政策支撑、区位优势及产业发展氛围，在核心零部件制造、车联网等产业环节发展迅速。依托华为、腾讯、中兴通讯、比亚迪等龙头企业的战略布局及转型升级，推动互联网、通信企业与车企实现强强联合。2020 年 12 月，深圳出台《深圳市坪山区关于加快智能网联汽车产业发展的若干措施》提出，对产业链不同细分领域、不同场景进行资金资助，还加大招商引资力度，重点解决前沿技术工程化和关键零部件研制等瓶颈问题。目前，深圳已实现 5G 独立组网全覆盖，正积极推动前海、福田、坪山等"5G+车路协同"智能网联汽车应用示范区建设，其中，元戎启行获批可在深圳开展自动驾驶载人示范。

2016—2021 年上半年，深圳车联网领域投融资事件数量为 22 件，占比达 84.6%，但投融资额均较低，一般不超过 1 亿元。同时，自动驾驶系统解决方案领域投融资事件有 17 件，主要代表企业有腾视科技、元戎启行、牧月科技、一清创新等。

4. 杭州、广州、武汉等城市

杭州依托阿里巴巴达摩院、之江实验室等技术研发机构，以及阿里巴巴

在云计算方面的技术积累，融合智能网联汽车产业，聚焦智能网联汽车应用场景探索及智慧交通规划，与其他城市形成差异化。目前，杭州已建成云栖小镇 LTE-V 车联网示范区。

广州智能网联汽车产业发展主要聚焦在 Robotaxi 领域，已吸引小鹏汽车、小马智行、文远知行、百度 Apollo 等多家科创企业。2019 年 12 月，广州在黄埔区、南沙区开展自动驾驶出租车（网约车）试运营；截至 2021 年 7 月中旬，广州已累计向文远知行、小马智行、百度阿波罗、广汽集团等 10 家测试企业旗下的 127 台智能网联汽车发放了允许测试通知书，开展道路、载客、远程及货车等测试。

武汉是我国汽车工业重镇，抢抓信息技术、人工智能、新能源、新材料等产业发展机遇，布局智能网联汽车与智能交通产业，向下一代智能网联汽车转型升级。目前，武汉建成国家新能源和智能网联汽车基地，吸引人工智能研发、自动驾驶测试、5G 通信等 30 多家企业入驻；建成"智慧小镇"示范区，5G 信号深度覆盖，实现无人驾驶技术真正落地，加速推动智能网联汽车商业化应用。

（四）从融资类型看，智能网联汽车产业投融资活动仍以风险投资为主

智能网联汽车产业是新兴技术和新型产业，大部分企业处在产业发展初期，在早期投融资活动中，主要是风险投资，2016 年风险投资事件数量占比高达 94.9%。随着企业孵化培育开始成熟，产业资本进入，股权投资（D 轮以上）趋于活跃，股权投资事件数量占比从 2016 年的 5.1%，大幅攀升到 2020 年的 27.9%。2021 年上半年股权投资占比为 24.5%；风险投资依然是行业的主要融资途径，占比为 75.5%。2016—2021 年上半年分轮次投融资情况见图 9-13。

（五）从上市情况看，智能网联汽车产业上市融资数量总体较少

2016—2021 年上半年，我国智能网联汽车企业实现成功上市的共 9 家，主要集中在自动驾驶系统解决方案、车联网两大领域。其中，自动驾驶系统解决方案领域成功上市企业 4 家，车联网领域成功上市企业 5 家。上市企业分布在上海、深圳、北京、南京、杭州 5 个城市，其中，上海、深圳的投融资事件数量最多，均为 3 件。

2016年	5.1%	94.9%
2017年	2.6%	97.4%
2018年	6.1%	93.9%
2019年	10.3%	89.7%
2020年	27.9%	72.1%
2021年上半年	24.5%	75.5%

股权投资事件数量占比
■ 股权投资　■ 风险投资（C轮及C轮以下融资）

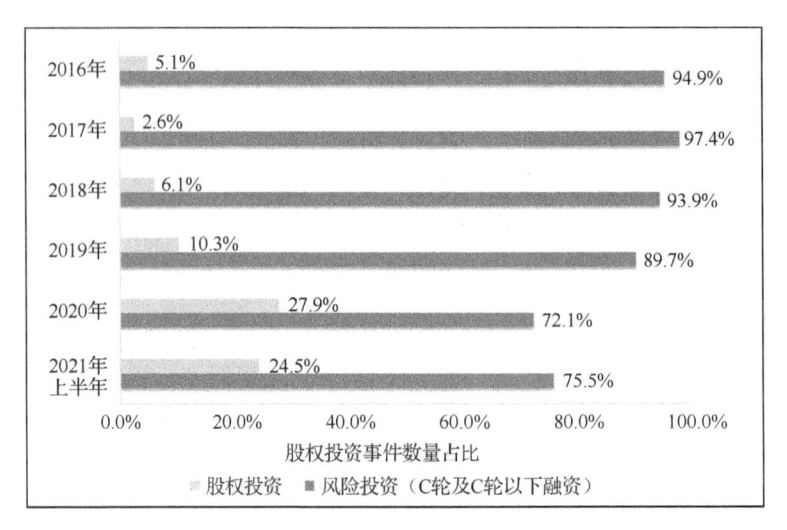

图 9-13　2016—2021 年上半年分轮次投融资情况
数据来源：IT 桔子网，赛迪智库根据公开数据整理

（六）从并购情况看，智能网联汽车产业并购事件总体较少

2016—2021 年上半年，我国智能网联汽车领域并购事件共 7 件，其中，自动驾驶领域 4 件，车联网领域 3 件。从主要城市看，深圳发生 3 起并购事件，北京、广州、杭州、天津各 1 件。

三、智能网联汽车产业发展面临的问题

（一）自动驾驶的商业化模式还不清晰

目前，智能网联汽车发展还处在道路测试和商业化应用示范阶段，在城市出租车、干线物流、封闭园区物流、公交、环卫、末端配送等场景示范应用。但受到交通标识、行人和车辆、路线复杂程度、通信信号质量等干扰，加之静态障碍物识别还受到传感器功能局限，可实现的自动驾驶应用还处在探索当中。目前，自动驾驶技术实现路径还不明确，除港口、物流场站等少数的封闭和半封闭场景实现应用落地，高级别自动驾驶的商业化落地还不具备条件。

（二）自动驾驶技术实现路径还不确定

自动驾驶技术依赖传感器感知环境，要利用算法加上高算力芯片处理器识别环境。但目前各类技术方案发展还不成熟，存在一定的功能安全风险，

例如，高清摄像头存在视觉感知的局限，毫米波雷达识别分辨率低。由此，"单车智能"难以解决准确感知识别、高精度定位问题，我国鼓励发展基于车路协同的自动驾驶方案。目前，受路侧协同感知定位能力有待提高、道路智能化设备的覆盖范围有限等问题，自动驾驶的大范围推广还存在较大挑战。各类方案技术环节的不确定性，导致对关键零部件领域的投资热度不高。

（三）自动驾驶存在信息安全问题

车载系统连接网络可实现汽车与制造商之间的信息交互、车车通信、汽车与基础设施之间的通信及车与智能手机和设备的通信，但同时存在网络漏洞风险，威胁用户财产和生命安全。2020年赛迪研究院测试汽车车辆发现，主要在软件升级安全校验、第三方应用劫持篡改、车载信息交互系统工程模式、OBD（车载自诊断系统）接口、蓝牙、调试模式安全认证、USB接口、无线钥匙等方面存在网络安全问题。智能网联汽车还具有高精度地图和精准定位功能，采集周边场景、重要地理信息、个人信息等敏感数据，涉及关键信息基础设施安全保护问题，存在信息安全问题。

（四）自动驾驶责任归属存在争议

自动驾驶还处于立法阶段，现行法律对自动驾驶车辆的规定基本处于空白状态。例如，《道路交通安全法》关于车辆测试、机动车拼装、改装及驾驶证照、主体等规定，不适用于自动驾驶车辆。关于交通事故造成人身伤亡、财产损失后的责任分担问题，对于自动驾驶汽车的责任分担，也处于空白状态。尤其2021年，国内发生数起启动自动驾驶功能后发生的交通事故，围绕交通事故责任归属存在争议。如同马车时代的交通法规不适用于机动车时代，引入人工智能的自动驾驶汽车的法律责任承担主体也不能以现行法律体系判断。智能网联汽车技术变革，引发相关法规也需要更新，但由于相关法律跟进慢于产业发展，存在法律适用上的争议，应用场景和相关产品落地限制，相关技术发展和项目融资均受影响。

（五）资本市场退出（IPO上市）渠道不畅

虽然每年我国智能网联汽车产业风险投资和股权投资数量高达百次，但能够实现资本上市的企业数量较少。2016—2021年上半年，我国只有9家智能网联汽车企业成功在证券市场上市，而且主要还集中在"新三板"，有相

当一批企业还是以车载导航等初级功能产品为主,尤其在 2018—2019 年,因自动驾驶商业化落地前景不被看好,受资本市场寒冬影响,没有智能网联汽车企业成功上市。由此,资本市场风险投资退出机制不畅,主要以股权转让和并购退出为主,风险投资的收益和市场预期不理想,行业资本流通性不高,影响相关技术项目的融资规模。

四、智能网联汽车产业发展趋势展望

(一)产业投融资活跃程度大幅提升

智能网联汽车的销量和市场占有率持续攀升,带动摄像头、雷达、智能线控等智能硬件成本下降,以及高精地图、计算平台等软件系统开发也逐步成熟。整车自动驾驶系统的成本大幅下降,企业、投资机构对后期发展呈现乐观态度。此外,随着辅助自动驾驶车型的增多和推广,更多的消费者使用和体验了自动驾驶功能,对自动驾驶的接受程度、支付意愿均有明显提升,促进了智能网联汽车消费氛围的形成。

(二)具体应用场景持续成为投资热点

随着人工智能技术发展,车载感知系统、高精度地图技术取得一定突破,经过应用示范,港口等自动驾驶应用场景逐步落地。未来,资本更加注重"实用性",能在短时间内实现商业化应用的项目更容易获得融资。自动驾驶应用场景划分将进一步细化,资本市场将持续投资相关领域,尤其是交通标识清晰、道路封闭和半封闭、静态障碍物少、路线规划明确、行驶速度不高等简单化应用场景,如物流园区、矿区场景、机场场景、干线物流、配送物流等。同时,资本市场也将关注高价值场景,网约车出行是自动驾驶领域潜在价值最高的应用场景之一,随着国内更多的城市开展无人出租车测试,网约车出行迎来快速发展期。

(三)关键技术瓶颈将是产业布局的重点方向

从整车智能看,突破雷达、视觉等传感器的技术局限,实现多传感器融合算法是产业技术突破的重点。从车路协同看,车辆决策系统、车路协同系统、云平台系统相关的基础硬件架构及配套的软件算法是产业的核心与关键。未来,毫米波雷达、激光雷达、云计算平台、汽车芯片、V2X 通信技术

等智能网联汽车的核心技术领域，尤其是突破车规级芯片、车用高端传感器、车载操作系统等产业短板，将成为关注的重点。

（四）资本市场改革有望破冰和提速

我国加快资本市场改革，2020年推进创业板改革试点注册制，科创板作为我国资本市场"试验田"和支持科技发展的主阵地，注册制改革、允许境外投资者交易是未来科创板的改革方向。上海建设国际金融中心，提出科创板建设并试点注册制改革将继续深入推进。随着改革力度加大，科创板上市标准降低了对企业盈利的要求，注重企业技术创新属性，未来，将有助于处于高科技行业的智能网联技术企业融资，缓解智能网联汽车境内退出渠道较少、上市募资不畅等问题。

（五）车路协同技术路线将获得产业重点关注

国家推进"新基建"建设，公路交通信息化水平大幅提高，智慧公路试点建设取得成效，在京雄高速河北段、杭绍甬高速等智慧高速建设推进，开展智能驾驶、智能路网等典型应用示范。"十四五"时期，我国推进智慧交通建设，建设面向自动驾驶的车路协同基础设施，路侧加装智能传感设备，提高道路智能化设备的覆盖范围，减少传感器的使用数量，降低系统成本。2021年以来，在车联网技术支持下，自动驾驶应用场景建设进一步加快，随着百度、华为、阿里巴巴等科技龙头企业加大车路协同技术研发，资本市场将围绕路测智能单元（如RSU）、交通信号机、边缘服务器等车路协同硬件技术进行投资，车路协同领域将受资本关注。

五、智能网联汽车产业发展几点思考

（一）优化产业布局，提高资源配置效率

由于智能网联汽车产业的关联性、带动性较强，广东、浙江、江苏、上海等国内大部分省份将智能网联汽车作为重点产业进行发展培育，智能网联汽车产业成为各地抢抓的重点产业。为避免"一窝蜂式"上项目、快速产能过剩情况，建议优化产业发展布局，构建优势化、特色化、差异化的格局，在要素资源约束日益增强的情况下，提高资源配置效率，共同构建智能网联汽车良性发展格局。

（二）加强行业管理，构建产业良性竞争环境

发挥协会等中介机构作用，做好智能网联汽车产业发展跟踪分析，为行业发展提供宏观指引，引导龙头企业错位发展，带动上下游中小企业协同发展和融合发展，构建良好的产业发展生态，避免产业内卷。

（三）强化方向引导，重点发展关键核心技术

建立智能网联汽车零部件攻关清单目录，通过国家产业引导基金，采用"揭榜挂帅"等形式，引导研究机构和企业重点突破芯片、智能驾驶操作系统、车载智能计算平台、软件工具等关键环节。此外，引导整车企业使用国产零部件，形成整车企业配套传感器、汽车芯片等自主品牌零部件的产业氛围。

（四）完善产业发展和产品应用的配套政策

推动智能网联汽车与电子信息、通信设备、交通和互联网行业的深度融合，打破行业间的壁垒，通过国家支撑、行业配合、高校合作的方式打造全方位的产学研合作机制，构建多个产业共同参与的协同创新网络；通过产业间科技、人才资源共享，围绕核心技术，建立智能网联汽车试点示范区，搭建研发、测试平台与研究中心，形成以共赢为目标的跨领域创新发展模式。

（五）加强产融合作，建立多层次融资体系

目前，在融资结构中，银行融资占比80%以上，股权融资不超过10%，企业过度依赖银行，而大中型企业过度挤占信贷资源，小微企业融资受阻。要完善智能网联汽车投融资体系，一方面，完善资本市场，鼓励企业在科创板、创业板上市，通过直接融资渠道解决资金问题；另一面，优化间接融资渠道，发展公募、私募、保险、信托等各类机构投资者，丰富智能网联汽车发展金融创新产品，解决不同类型企业的投融资需求。

展望篇

第十章

形势展望

2021年,我国继续科学统筹新冠肺炎疫情防控和经济社会发展,加强宏观政策跨周期调节,工业经济总体保持稳定恢复态势。展望2022年,全球经济和贸易有望强劲复苏,我国经济将回归常态化发展,但也面临能源约束日益趋紧、部分重点行业断供断链风险突出、市场预期普遍谨慎等突出问题。2022年是"十四五"规划的关键之年,工业经济发展要完整、准确、全面贯彻新发展理念,把深化供给侧结构性改革与扩大内需战略有机结合,持续深入推进高质量发展,实现工业经济平稳健康发展。

第一节 对2022年工业经济形势的基本判断

一、全球经济和贸易复苏态势有望加强,将带动我国外贸继续保持较快增长

OECD(经济合作与发展组织)和IMF(国际货币基金组织)在2021年10月份前后发布的报告预测,2022年全球经济将增长4.5%和4.9%,明显高于2012—2019年2.7%~3.8%的增长区间,全球经济复苏势头有望增强。WTO(世界贸易组织)预测,2022年全球货物贸易将增长4.7%,全球贸易将明显恢复,这有助于我国出口持续稳定增长。RCEP(《区域全面伙伴关系协定》)中,关税减免、原产地规则等优惠政策将降低外贸企业成本,成员国间贸易联系有望进一步增强。但一些不确定因素依然存在,例如,美联储收紧货币政策的预期不断增强,其他国家为缓解国际资本外流和货币贬值压力,可能被迫收紧货币政策,将一定程度影响全球贸易恢复;国际物流运输成本短期内预计难以大幅下降,出口企业物流成本仍居高不下等。综合来看,

2022 年我国出口将保持增长，但增速较 2021 年将明显放缓，全年工业企业出口交货值将小幅增长 2%左右。①

二、我国工业投资将保持稳步增长，投资结构将持续优化

一是 2022 年各地正加快编制"双碳"政策体系和加强项目储备，大量清洁能源及节能环保设备等绿色投资将大幅增加，绿色化技术改造将加快推进，但高耗能行业投资将受限制。二是国家发展改革委提出，要将"十四五"规划确定的 102 项重大工程项目进一步细分落实到具体建设项目上，做到"开工一批、投产一批、储备一批"；并且多次表示要认真做好专项债券项目准备，尽早形成实物工作量，这些有利因素将有力带动我国基建投资和制造业投资。三是逆回购和中期借贷便利（MLF）等公开市场操作和融资控制都将更为宽松，有助于缓解企业"融资难"问题，激发企业投资动力。但未来一段时间内，新冠肺炎疫情仍难以完全控制，企业投资预期依然不稳。预计 2022 年，我国工业投资将保持稳步增长，全年增速将稳定在 3%～5%，呈现前高后低态势。

三、促消费政策措施更加完善，将带动我国消费稳步恢复

一是根据战略规划，到 2022 年，我国乡村振兴将取得阶段性成果，并推动农村消费持续增长，以乡村振兴促进共同富裕，消费潜力将进一步释放。二是 2022 年以来，商务部围绕稳住大宗商品消费、促进新型消费加快发展、优化提升消费平台载体等方面出台多项政策措施，各地也密集出台新的促消费举措，如扩大汽车消费、提升商圈消费、发放消费券等，预计新冠肺炎疫情对消费的影响将持续减弱。此外，我国生活资料价格涨幅基本平稳，有助于消费品市场逐步恢复。综合来看，支撑消费恢复的有利因素不断增多，预计 2022 年，我国消费将稳步恢复，全年社会消费品零售额将同比增长 4%～6%。

四、我国工业企业利润有望较快增长，但增速将有所放缓

一是工业生产销售有望保持较快增长势头，2021 年前三季度，我国规上工业企业营业收入同比增长 22.2%；两年平均增长 9.7%，平均增速明显高于

---

① 本章成文时间在 2021 年年底，当时无法预见 2022 年俄乌冲突事件及其影响。

2019年增速水平，生产销售持续恢复将带动利润继续较快增长。二是2021年10月以来，国务院多次会议提出，要针对市场主体（特别是中小微企业、个体工商户）的生产经营困难，研究制定新的阶段性、组合式减税降费政策，普惠直达市场主体，继续引导金融机构向实体经济合理让利，2022年我国普惠性的减税降费政策更具针对性，企业成本负担有望进一步减轻。2021年以来，我国工业利润的快速增长高度依赖原材料和采矿业，国家发展改革委等多部门持续加大对大宗产品价格的综合调控，强化市场预期管理，2022年原材料价格上涨态势一定程度放缓，难以支撑利润持续快速增长，工业利润增速较2021年明显回落，但仍保持较快增长态势。

综合来看，2022年，我国工业经济将延续2021年以来的"稳中加固、稳中向好"态势，发展质量稳步提升。但考虑到全球新冠肺炎疫情防控仍面临较大挑战，加之我国能源约束日益趋紧、部分重点行业断供断链风险突出、市场预期不稳等恐将继续制约工业生产和需求恢复，2022年我国工业经济将承压前行，工业增加值将保持稳步增长态势，运行在5.5%~6.0%区间。

第二节 需要关注的几个问题

一、能源约束日益趋紧，企业成本上涨压力仍然较大

2021年以来，受新冠肺炎疫情、极端天气、地缘政治因素、绿色转型等因素影响，国际大宗商品供需失衡矛盾加剧，主要大宗商品价格持续较快上涨。由于当前全球都处于能源结构转型的阵痛期，未来能源市场仍高度脆弱，预计本轮全球能源价格上涨仍将持续。一方面，我国是全球第一大原油和天然气进口国，也是全球最大的钢铁消费国，原油和铁矿石进口依赖度均超过70%，受国际市场价格上涨影响很大。另一方面，我国正大力推进"碳达峰""碳中和"，传统高载能行业产能受限，工业发展面临的能源约束日益趋紧，价格上行压力仍然较大。2021年，我国采掘工业和原材料工业PPI分别同比上涨34.4%和15.8%，涨幅遥遥领先其他工业品。如果采掘和原材料工业价格持续上涨，工业企业原材料成本压力将进一步加大。

二、断供断链风险突出，部分重点行业生产严重受挫

受新冠肺炎疫情和贸易保护主义等因素影响，全球供应链修复周期进一步延长，部分重点产业的全球供应链仍然非常脆弱，当前表现比较突出的是

汽车、电子领域的"缺芯"问题。一方面,"芯片荒"导致车企纷纷减产,汽车生产遭受重创。我国汽车产量从 2020 年 5 月开始持续下滑,11 月当月同比下滑 7.1%;汽车制造业增加值从 6 月开始负增长,11 月当月同比下降 4.7%,直到 12 月当月同比增速才转正。另一方面,"芯片荒"抬高企业生产成本,挤压企业利润空间。2021 年,我国汽车制造业利润同比增长 1.9%,远低于制造业利润平均增速(31.6%);随着利润增长放缓,汽车制造业利润率也明显下滑,2021 年,汽车制造业利润率降至 6.12%,较上年回落 0.29 个百分点。当前市场普遍预计,芯片短缺现象将持续一段时间,汽车等重点行业生产面临较大困境。

三、市场预期普遍谨慎,消费信心投资信心持续回落

当前,我国经济下行压力加大,是内部和外部、长期和短期、总量性和结构性、供给端和需求端等多种因素同频共振的结果,集中体现为市场预期不稳、市场信心不振。具体看,2021 年第三季度我国消费者信心指数为 118.83,工业企业家信心指数为 132,均连续 2 个季度呈现回落态势;投资者信心指数 9 月回落至 55.4,是 2020 年 4 月以来的最低值。从先行指数看,近几个月来,我国制造业 PMI 指数在荣枯线上下波动调整,其中,10 月份 PMI 新订单指数已连续 4 个月处于收缩区间;生产经营活动预期指数为 53.8%,而 2021 年 1—8 月该指数一直在 57%以上。综合来看,企业家、消费者、投资者的市场预期普遍比较谨慎,会制约未来的生产、消费、投资活动扩张,不利于经济持续、稳定恢复。

第三节 应采取的对策建议

一、畅通供给,保障产业链、供应链稳定运行

加快落实"双碳"方案,保障国内能源供给稳定。一是切实落实好《中共中央 国务院关于完整准确全面贯彻新发展理念做好碳达峰碳中和工作的意见》《2030 年前碳达峰行动方案》,统一各方认识,科学践行双碳战略。二是加快出台煤炭、电力、钢铁、石化、化工、有色金属、建材等一系列实施方案,科学设定各阶段目标,明确基本原则、工作方向和主要任务,压实各行业、各地方主体责任,对达不到标准的产能限期关停。三是深化重点行业能源消耗和碳排放统计监测,建立可测算、可分析、可追溯、可预警的能耗、

排放及环境统计数据库。

强化芯片供应保障，加快推动芯片核心技术攻关。一是继续加强芯片保供工作，持续更新主机厂商芯片缺口清单，排查芯片缺口数量、品牌、规格等相关数据，明确产品优先级，优先满足紧缺车型、紧缺物料的芯片供应，尽可能确保汽车、消费电子等制造业企业生产有序推进。二是加强对汽车芯片经销商囤货、炒货的查处力度，合理控制芯片库存，完善芯片制造业企业与主机厂商直接对接会商机制，引导产业链上下游建立长期、稳定的良性合作关系。三是积极开展芯片核心技术攻关，支持汽车、消费电子等企业与国产芯片厂商加强合作，引导企业积极参与关联芯片项目投资，联合开展芯片技术攻关，实施供应链"备链计划"，加快配置国产化芯片车型的开发、标定、测试等工作。

二、扩大需求，促进供需更高水平循环畅通

加快完善投融资机制，发挥投资"稳定器"作用。一是进一步发挥财政资金引导和放大作用，加强政府与社会资本合作项目储备，加大项目宣传推介力度，落实项目全生命周期绩效管理工作，提升社会资本投资信心。二是加快资本市场改革，培育壮大创业投资基金、天使投资基金、私募股权基金等投资基金，稳步推进注册制，支持符合条件的制造业企业在科创板、创业板上市融资。三是充分发挥技术改造对投资的带动作用，推动传统制造业不断转型升级，谋划布局人工智能、工业互联网、新能源应用等新基建项目，引导社会资金、银行资金转向实体经济。四是加大对小企业智能化改造的支持力度，放宽企业技术改造综合奖补政策申报条件和范围，扩大技改补助覆盖面，支持龙头骨干企业为其供应链上的小企业捆绑申请技术改造和智能化改造资金。

创新产品和消费模式，有效释放消费需求。一是支持自主创业，鼓励灵活就业，积极拓展居民增收新途径，保障居民就业稳定和收入稳步增长，推动消费水平持续恢复。二是顺应新冠肺炎疫情防控常态化背景下居民消费变化的新趋势，完善促进消费结构升级的政策体系，引导形成合理的消费预期；支持绿色食品、生态服装、绿色家电等绿色消费，积极培育重点消费领域细分市场；创新消费信贷模式，支持汽车、大宗耐用消费品等消费需求。三是运用数字技术挖掘潜在消费需求，大力推广无人零售、智能化体验、AR试衣、直播电商、社区电商等新模式，设计更具个性化、定制化的产品；加快

完善跨境电商、农村电商良性发展的产业链和生态圈。四是破除制约出口商品转内销的障碍，引导企业深入挖潜国内消费需求，打造与经济社会发展相适应的自主品牌，扩大内贸销售渠道。

持续强化出口优势，助推外贸继续回稳向好。一是增强医疗物资相关行业出口优势。当前，医疗物资相关行业进入快速发展的机遇期和窗口期，我国医疗物资出口优势逐步放大，应重视推动医疗物资相关行业由低成本优势向高性价比优势转变，由规模总量优势向创新应用优势转变，持续增强医疗物资供给和出口优势。二是大力推进 RCEP 相关技术准备工作。从标准对接、规则推广、人员培训等多方面稳步推进 RCEP 准备工作，指导企业熟悉和研究 RCEP 相关规则情况，从商品税率差异、技术、原产地等方面寻求商机，增强企业参与国际合作的能力。三是继续提升贸易便利化水平，加强物流和港口收费项目的监督检查，有效对冲国际海运价格上升压力。

三、助企纾困，充分激发各类市场主体活力

进一步落实纾困政策，增强企业抗风险能力。一是继续加大对中小微企业的帮扶力度，通过减税降费、提供贷款资金等多种方式缓解成本上涨压力。二是鼓励地方财政通过税费减免、延迟征收、垫付费用等方式，全面降低外贸企业的用工、社保、房租、利息等成本支出压力，减轻因原料价格飙升造成的企业经营压力。三是鼓励和引导制造加工企业开展期货套期保值交易，锁定远期成本，以对冲成本上升带来的风险。

保障中小企业款项支付，缓解资金流动压力。一是引导大型国企和其他龙头企业为私营企业和小企业营造"先款后货"的公平交易环境，支持大型国企开展仓单质押贷款、应收账款质押贷款、票据贴现、国际国内信用证等产业链金融业务，降低私营企业和小企业流动性压力和融资成本。二是发挥中小银行作为中小企业主要信贷提供者的作用，加快落实允许地方政府专项债合理支持中小银行补充资本金政策，支持城市商业银行、农村商业银行资本充足率提升到行业平均水平之上，增强其服务中小企业的能力。

第十一章

政策展望

2022年我国工业经济发展仍面临新冠肺炎疫情的不断冲击，以及突发的地缘冲突影响和部分国家对我国产业升级的持续性打压，产业链、供应链稳定和安全的压力不断增大。在"需求收缩、供给冲击、预期转弱"三重压力之下，如何促进工业经济稳增长成为当下工作的重中之重，亟须从有效提升制造业核心竞争力、加大市场主体培育、稳定制造业投资、加快制造业数字化转型升级等方面寻求政策发力，助力早日实现建设制造强国与网络强国的战略目标。

第一节 形成工业经济稳增长的长效机制

工业是国民经济的主体，工业稳则经济稳。面对错综纷杂的国内外环境，为更好促进工业经济平稳运行，国家发展改革委、工业和信息化部等12部门于2022年2月印发《关于促进工业经济平稳增长的若干政策》。为更好地促进工业经济平稳运行，亟须从以下政策方面发力，形成工业经济稳增长的长效机制。

一、强化财税金融政策支持力度

新冠肺炎疫情暴发以来，工业企业普遍遭受了较大的生产及经营方面的冲击，生产中断、销售收入大幅下滑等现象严重，为更好地支持工业企业渡过难关，需要从延长阶段性税费缓缴、加大中小微企业设备器具税前扣除力度、进一步研究扩大财税减免政策适用范围、降低企业社保负担等财政税收等方面发力，切实为企业减轻负担。此外，近年来，工业企业发展一直面临着"融资难、融资贵"等问题，为根本性缓解这一局面，需要从加强引导金融系统向实体经济让利等方面着手,推动各类银行制造业中长期贷款比例不断提升、鼓励各地银行发放普惠小微信用贷款、积极利用信贷政策支持企业技改及绿色低碳转型等。

二、建立保供稳价、循环畅通政策体系

近年来,受新冠肺炎疫情冲击及国际金融政策变化、突发地缘政治冲突等影响,工业企业面临着较大的原材料稳定供应、国内外物流受阻等方面压力。为有效解决上述问题,应加强对煤炭、石油、关键矿产资源的统筹调度力度,制定能源保供应急预案,引导工业企业与能源企业建立中长期合同机制,鼓励企业用能向绿色能源转型,加强对重要生产原料的市场价格监管力度。此外,加强国家物流枢纽体系及服务网络的建设,不断拓展海运、空运、铁运等国际运输新线路,制定新冠肺炎疫情下保障重点企业、重点物资运输的常态化政策,为企业解除生产经营的后顾之忧。

三、加强土地、人才等生产要素保障

近年来,我国中部地区和东部地区重点城市面临着发展空间有限的压力,在一定程度上制约了企业的进一步发展,应建立工业发展与国土空间规划有效衔接的机制,在国土规划中为重点工业项目预留用地,加快产业用地政策改革,推广"标准地"出让、弹性年限出让等政策以提高配置效率。此外,受我国人口总量与结构等方面影响,工业企业普遍面临"用工难、用工贵"问题,尤其是一些劳动密集型行业,需针对重点地区、重点行业的用工需求开展专项调查,建立东部地区"用工大省"与中西部地区"人口大省"的制造业人才协调对接机制。

四、不断优化制造业发展的营商环境

创造良好的营商环境是支撑制造业高质量发展的关键,近年来,我国在优化制造业营商环境方面已取得显著成效,下一步应继续从以下4个方面发力,进一步优化营商环境,创造促进企业发展的长效机制。一是提供企业全生命周期的系统化服务,涵盖从市场准入、投资建设、生产经营到退出市场的全流程。二是提供高质量的要素供应供给,主要包括土地、人才、资金、技术等要素,以及教育卫生等配套要素。三是促进包容创新环境的优质化提升,鼓励全社会资源更好地加入企业创新。四是为企业提供更加便利化的贸

易服务体系，包括从物流体系、开放政策等方面发力，促进企业发展更好地融入国内大循环及国际大循环。

第二节 提升制造业核心竞争力

近年来，受国际形势变化、新冠肺炎疫情影响冲击等外部，我国制造业发展面临较大内外部压力，2021年中央经济工作会议提出："要提升制造业核心竞争力启动一批产业基础再造工程项目，激发涌现一大批'专精特新'企业。"随后2022年政府工作报告再次强调"增强制造业核心竞争力"，这表明，我国制造业发展"大而不强"的问题仍未得到根本性解决，亟须从加强产业基础再造、打造世界级先进制造业集群、改造提升传统产业等方面着手，着力提升制造业核心竞争力。

一、以产业基础再造推进制造业创新发展

我国制造业发展仍面临诸多关键共性技术的痛点、难点问题，尤其是在近年来以美国为首的西方国家不断加大对中国技术封锁力度，更加剧了部分企业的生产经营困难。因此，要围绕"工业五基"[①]，进一步加快推进我国产业基础再造工程，加快部署一批产业化技术攻关项目，以市场化为手段，以点促面，带动更多的社会资源投入到关键技术创新。同时，继续推动一批制造业创新中心建设，加快突破关键技术瓶颈和短板。

二、打造一批世界级先进制造业集群

自2020年以来，我国已先后评选了两批先进制造业集群，产业范围涵盖新一代信息技术、高端装备制造、新材料、生物医药等战略性新兴产业的关键领域，在培育世界级产业集群方面取得了显著成效，各地涌现一批以重点龙头企业为代表的产业集群。下一步，应进一步加强对先进制造业集群的培育力度，采取"赛马"机制，围绕产业基础再造的关键领域方向，在电子信息、高端装备、新材料等领域继续培育一批国家先进制造业集群。与此同时，做好先进制造业集群的梯度培育工作，引导各省加强对省级先进制造业

---

① "工业五基"指基础零部件和元器件、基础材料、基础制造工艺及装备、工业基础软件、产业技术基础。

集群的打造，不断优化国家层面产业布局优化，打造区域经济新的增长极。

三、以数字化手段加快改造提升传统产业

以钢铁、化工、建材、装备制造等为代表的传统产业仍是我国制造业发展的主体，且对稳定制造业基本盘、带动就业等方面起着至关重要的作用。传统产业在新技术的引领下，也可以迸发出新的发展活力，带来新的产品与技术创新。近年来，我国大力推动传统产业的数字化、智能化改造升级，尤其是在"碳达峰""碳中和"战略目标推动进程中，更需要以数字化"赋能、赋值、赋智"的手段，对传统产业进行全方位全、链条改造升级。例如，在钢铁领域推广工业互联网平台应用，对高耗能设备开展实时监测、工艺优化等服务，以提高设备能源利用效率，减少污染物排放。此外，还应加强数字化改造基础设施的建设，部署更多 5G 基站，建成更多工业互联网标识解析二级节点等，并在采矿、钢铁、电力、石化化工等重点传统行业领域，探索并丰富数字化改造场景，加强新模式、新业态的推广力度。

第三节 加强优质市场主体培育力度

中小企业蓬勃发展，是保持我国工业经济韧性的重要基础，"专精特新"中小企业是市场主体中的佼佼者，也是提升产业链、供应链稳定性和竞争力的关键环节。国家《"十四五"促进中小企业发展规划》已提出下一步市场主体培育的工作思路目标，推动形成 100 万家创新型中小企业、10 万家"专精特新"中小企业、1 万家专精特新"小巨人"企业，并提出 2021—2025 年分 3 批（每批不超过 3 年）重点支持 1000 余家国家级专精特新"小巨人"企业高质量发展。大力加强以专精特新"小巨人"企业为核心的市场主体培育是下步工作的重中之重。

一、进一步完善梯度培育机制

近年来，为更好地促进中小企业向"专精特新"发展，国家层面已构建三级培育体系，具体为由创新型中小企业向"专精特新"中小企业，继而向专精特新"小巨人"企业升级的培育体系，并持续性引导专精特新"小巨人"企业瞄着制造业单项冠军企业、领航企业发展，近年来，各省市也陆续开展"专精特新"中小企业梯度培育工作。为更好地开展专精特新"小巨人"企

业培育工作，应引导各地高度重视此项工作，建立优质企业储备库，对具有"专精特新"优势的中小企业及时收录入库，构建从捕捉寻找、孵化培育、成长扶持到推广壮大的梯度培育机制。

二、加强中小企业高素质人才培养

一流的高素质人才是促进中小企业向"专精特新"方向发展的重要资源。为更好地促进中小企业向"专精特新"发展，应从加强企业家人才培养、加快培养高素质技能人才等方面着手，引导各地工业和信息化主管部门持续开展"中小企业经营管理领军人才培训""企业微课"等课程，为广大中小企业开设数字化转型、创业创新、产业集群发展、精益生产、投融资等专题业务培训，建设优秀企业家队伍，推动中小企业建立多层次、多渠道、多类别、多形式的专业技术人才梯队，为中小企业"专精特新"发展源源不断地输送高质量人才。

三、完善中小企业公共服务平台

2021年，财政部与工业和信息化部联合开展了"专精特新"中小企业高质量发展公共服务示范平台评选工作，遴选一批优质公共服务平台，这些平台可为国家级专精特新"小巨人"企业提供技术创新与成果转化应用、企业上市辅导、知识产权保护与应用、生产设备数字化智能化改造、工业互联网平台搭建以及企业上云等服务，并重点对专精特新"小巨人"企业提供"点对点"服务。上述平台已带动近1万家中小企业成长为国家级专精特新"小巨人"企业，未来，应更好地发挥此类平台作用，助力"专精特新"中小企业发展。

后 记

赛迪智库工业经济研究所长期跟踪研究工业经济，针对我国工业经济发展趋势、制造业发展营商环境、工业高质量发展、工业领域前沿技术创新等方面开展广泛调研、详细论证，经数次修订和完善，完成了《2021—2022年中国工业发展质量蓝皮书》。

本书由刘文强担任主编，关兵、王昊、张文会担任副主编，负责书稿框架设计和审稿，陈致达、秦婧英负责统稿校对。全书共分为5篇，其中，理论篇由王珊（第一章）、张文会（第二章）编写；全国篇由乔宝华（第三章）、张文会、陈致达（第四章）编写；区域篇由乔宝华、杜冠德（第五章）、刘世磊、张淑翠、韩建飞、梁一新、孟凡达、张厚明、张赛赛、张凯、张亚丽、韩力、谢雨奇、周禛、苍岚、李雨浓、乔晓（第六章）编写；专题篇由关兵（第七章至第九章）编写；展望篇由乔宝华（第十章）、王昊（第十一章）编写。同时，本书在研究和编写过程中得到了工业和信息化部各级领导，以及行业协会和企业专家的大力支持与指导，在此一并表示衷心的感谢。

本书以习近平新时代中国特色社会主义思想为指引，围绕我国工业经济当前的重点、热点、难点问题进行研究，特别是对制造业高质量发展过程中所面临的机遇与挑战进行深度分析，构建了成熟的指标体系，旨在推动我国工业经济高质量发展。同时，希望我们的研究能够为探索工业高质量发展新路径提供一些思考，为制造强国战略的进一步落实提供新的监测和评估视角。

赛迪智库
面向政府·服务决策

奋力建设国家高端智库

诚信　担当　唯实　创先

思想型智库　国家级平台　全科型团队
创新型机制　国际化品牌

《赛迪专报》《赛迪要报》《赛迪深度研究》《美国产业动态》
《赛迪前瞻》《赛迪译丛》《舆情快报》《国际智库热点追踪》
《产业政策与法规研究》《安全产业研究》《工业经济研究》《财经研究》
《信息化与软件产业研究》《电子信息研究》《网络安全研究》
《材料工业研究》《消费品工业研究》《工业和信息化研究》《科技与标准研究》
《节能与环保研究》《中小企业研究》《工信知识产权研究》
《先进制造业研究》《未来产业研究》《集成电路研究》

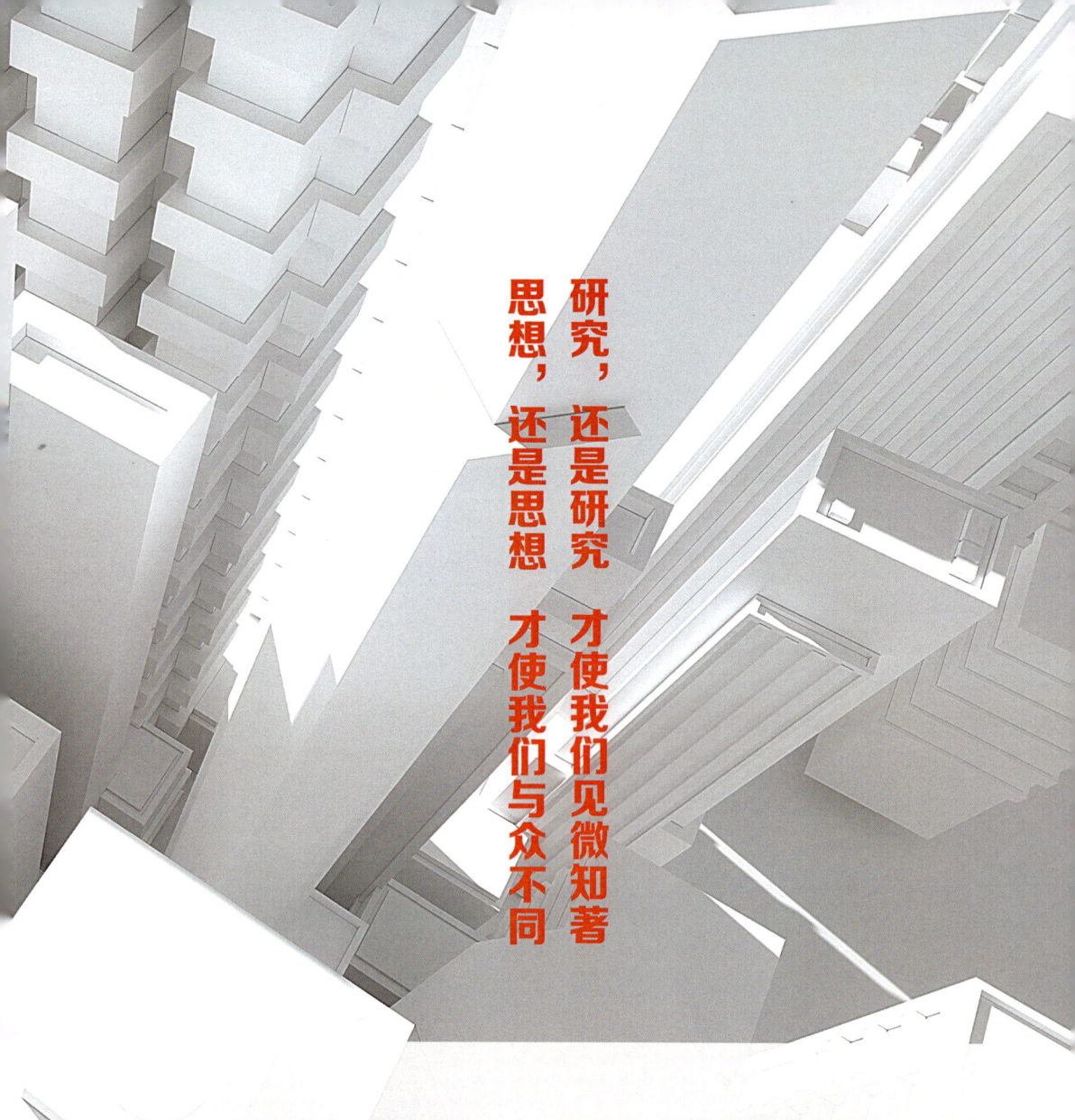

研究，还是研究
思想，还是思想
才使我们见微知著
才使我们与众不同

政策法规研究所　规划研究所　产业政策研究所（先进制造业研究中心）
科技与标准研究所　知识产权研究所　工业经济研究所　中小企业研究所
节能与环保研究所　安全产业研究所　材料工业研究所　消费品工业研究所　军民融合研究所
电子信息研究所　集成电路研究所　信息化与软件产业研究所　网络安全研究所
无线电管理研究所（未来产业研究中心）世界工业研究所（国际合作研究中心）

通讯地址：北京市海淀区万寿路27号院8号楼1201　邮政编码：100846
联系人：王 乐　　联系电话：010-68200552 13701083941
传　真：010-68209616　网址：http://www.ccidthinktank.com
电子邮件：wangle@ccidgroup.com